Vorwort und Einle…

Die Bibel — der Schlüssel zum Weltgeschehen

Die Bibel ist das Buch der Heilsgeschichte. Sie ist das weltumspannendste Buch aller Bücher, der gewaltigste Geschichtsorganismus, **das** Buch der Menschheit. Inmitten der allgemeinen Menschheitsgeschichte beginnt Gott eine besondere Offenbarungsgeschichte, in der Er Sich den Sündern als Erlöser und Herr gegenwärtig macht. „Der Zug des Evangeliums durch die Welt ist das eigentliche Thema der Weltgeschichte."

Diesen Seinen Heilsplan vollführt Gott in Zeitaltern und Perioden. Was **vor** den Äonen in Ihm ewiger Beschluß war, wird **in** den Äonen zur Durchführung und Vollendung gebracht. Darum nennt Paulus den Heilsplan den „Vorsatz der Äonen" (Eph. 3, 11 wörtl.) und preist Gott, den Herrn Selbst, als den „König der Zeitalter" (1. Tim. 1, 17 wörtl.).

Von dieser gewaltigen Entwicklung ist die Heilige Schrift Gottes Zeugnis und Urkunde. Nur der wird ihrem eigentlichen Hauptanliegen gerecht, der sie in diesem Sinne liest und auf sich wirken läßt. Dann aber wird ihm eine wunderbare Geschichtsschau aufgehen. Er lernt, die Menschheitsentwicklung unter dem Gesichtspunkt der Ewigkeit zu betrachten. Er erkennt einen einheitlichen, allgemeinen, von Gott gelenkten Geschichtsplan, der sich in lebendiger Mannigfaltigkeit, etappenmäßiger Ordnung und kosmischer Weltweite im Ablauf der Jahrtausende zielsicher entfaltet. Die Bibel aber, als die Urkunde dieses Ganzen, wird ihm damit nicht nur Wegweiser zum persönlichen Heil in Christo, sondern zugleich auch Heilsruf für alle, Buch für die Gesamtmenschheit, Schlüssel zum Weltgeschehen.

Diese Geschichtseinheit der Bibel sucht das vorliegende Buch umrißartig zur Darstellung zu bringen. Entscheidende Grundvoraussetzung ist der Glaube an den göttlichen Offenbarungscharakter und die geschichtliche Glaubwürdigkeit der Heiligen Schrift, einschließlich der Buchstäblichkeit der biblischen Urgeschichte, der Echtheit der Weissagungen Daniels und der Zuverlässigkeit der alt- und neutestamentlichen Endprophetie. Wer diesen Glauben nicht teilt, muß heilsgeschichtliches Bibelstudium schon von vornherein ablehnen und dann auch naturgemäß jeden Versuch einer Darstellung göttlicher Heilszeiten verneinen. Für ihn sind das vorliegende Buch und der beigefügte Plan nicht berechnet. Nur dies sei gesagt, daß Christus, der Sohn Gottes Selbst (!), Sich eindeutig zum Glauben an die Geschichtlichkeit der ersten Kapitel der Bibel bekannt hat,[1]) desgleichen zum Buche Daniel[2]) und ebenso zur Zukunftserwartung der alttestamentlichen Prophetie.[3]) Darum kann nur derjenige die Geschichtseinheit der Bibel verneinen, der die Absolutheit der Autorität Jesu nicht voll anerkennt.

Gliederung und innerer Aufbau des vorliegenden Buches

Der ersteTeil dieser unserer Arbeit ist zugleich Neuauflage des Buches „Der göttliche Erlösungsplan von Ewigkeit zu Ewigkeit". Hierbei ist diese zweite Ausgabe eine erweiterte. Besonders sind zwei völlig neue Kapitel hinzugefügt worden: „Das Christuszeugnis des Alten Testaments" und „Das gegenwärtige, völlige Heil in Christo". An einigen Stellen wurden kleinere Textveränderungen und Textzusätze vorgenommen, letztere meist evangelistischer oder praktisch erbaulicher Art. Dabei wurde angestrebt, die Ausdrucksweise hier und da noch mehr zu vereinfachen, um so das Buch einem noch weiteren Leserkreis zugänglich zu machen.

Der zweite Teil bringt eine zeugnishafte Darlegung über den Inspirationscharakter der Bibel und ihre heilsgeschichtliche Geltung. Hierbei ist besonders der Zusammenhang zwischen Inspirationsglauben und biblischer Endgeschichte berücksichtigt. Dies geschieht namentlich im Hinblick auf die Erwartung eines sichtbaren Gottesreiches, des sog. „Tausendjährigen Reiches", noch auf dem Schauplatz der unverklärten Erde zwischen der Erscheinung des Herrn in Herrlichkeit und dem Eintreten von Weltgericht, Weltuntergang und Weltverklärung.

Der dritte Teil bespricht die wichtigsten Bedenken, die auch von bibelgläubiger Seite gegen die Erwartung eines solchen endgeschichtlichen Gottesreiches des öfteren erhoben werden.

Demnach enthält des Buch drei Hauptteile:

I. Gottes Heilsplan in Christo
II. Die Bibel — das Buch der Heilsgeschichte
III. Das kommende Reich Gottes

Der erste Teil ist vornehmlich geschichtlicher, die beiden anderen Teile sind mehr grundsätzlicher Art.

Teil II behandelt, als Stellungnahme zur biblischen Inspiration, zugleich die Grundlage und Berechtigung alles heilsgeschichtlichen Bibelstudiums überhaupt.

Teil III beleuchtet, als Stellungnahme zum Tausendjährigen Reich, zugleich die Frage nach der Struktur und dem Gesamtaufbau dieser Heilsgeschichte,

---

[1]) Matth. 19, 8; 24, 37; 38.
[2]) Matth. 26, 64 vgl. Dan. 7, 13; 14; Matth. 24, 15.
[3]) Apg. 1, 6; 7; Matth. 19, 28; 25, 31 ff.

in Sonderheit der neutestamentlichen. Denn von der grundsätzlichen Stellung zum Millennium hängt die ganze Auffassung von der allgemeinen Periodeneinteilung der neutestamentlichen Heilsentwicklung ab und folglich auch die zeitliche Einordnung hochbedeutsamer Einzelereignisse in diesen Geschichtszusammenhang, z. B. Entrückung der Gemeinde, Antichristentum.

So bilden die drei Teile des Buches untereinander eine Einheit. Teil I bringt die Geschichts**darlegung**, Teil II und III bezeugt ihre **Berechtigung** und **Begründung**, und zwar Teil II die Berechtigung jeder Heilsgeschichtsschau **überhaupt**, Teil III die Berechtigung der **Art und Weise** unserer Schau, wie wir glauben, sie in der Schrift zu erkennen.

Teil I steht in besonderer Beziehung zu den beiden früheren Büchern des Verfassers „Das Morgenrot der Welterlösung" und „Der Triumph des Gekreuzigten". Ein Gang durch die alt- und neutestamentliche Offenbarungsgeschichte. Er bringt — unter Beifügung einer Heilskarte in Fünffarbendruck — den zugrundeliegenden Plan für den Gedankeninhalt dieser beiden Bücher und deckt damit ihre Wurzeln auf. Zugleich bemüht er sich, ihre Darlegungen unter neuen Gesichtspunkten zu erweitern und die Richtigkeit ihrer grundsätzlichen Haltung von der Schrift und vom Glauben her zu untermauern.

Dabei aber ist gleichzeitig seine Gedankenlinienführung, seine Einteilung und sein Aufbau wesentlich anders gestaltet und neu. Vor allem bringt er — im Unterschied zu den anderen Büchern — die Entfaltung der Heilsgeschichte nicht im breiten **Quer**schnitt der jeweilig zusammengehörigen, zeitgenössischen Entwicklungsstadien, Personen und Ereignisse, sondern beschreibt sie mehr im **Längs**schnitt des Ablaufs einer Anzahl in sich selbst geschlossener Sonderentwicklungen. Diese stellen sozusagen im Gesamtgebiet gewisse eigene Strömungen und Einzelflüsse dar, so besonders die Geschichte der göttlichen Offenbarungsgrundsätze, die Geschichte der Tempel Gottes, die Geschichte Israels, die Heilsgeschichte der Nationen, die Geschichte des Christus, die „Tage" Gottes, die verschiedenen Endgerichte.

Demnach ist dieser erste Teil, trotz selbstverständlich zahlreicher, inhaltlicher Übereinstimmungen und Gleichheiten, eine selbständige und unabhängige Arbeit. Schon die Inhaltsangabe zeigt sofort, daß er, seinem ganzen Plan und Aufbau nach, anders angelegt ist. Er bringt eine in sich geschlossene und abgerundete Botschaft auch für diejenigen Leser, die die anderen Bücher des Verfassers nicht kennen.

Es erschien angebracht, im Zusammenhang dieses Buches unsere grundsätzliche Glaubenshaltung zum Wort der Heiligen Schrift zeugnishaft darzulegen. Gerade in der Gegenwart ist die Frage nach dem Offenbarungscharakter des geschriebenen Wortes neu gestellt worden. Im gleichen Zusammenhang wird darum auch die Frage nach seiner Geltung in heilsgeschichtlichen und prophetischen Grundbeziehungen neu bewegt. Dies ist nicht nur in Kirche und Theologie allgemein, sondern auch in Gemeinschaftskreisen und freikirchlichen Bewegungen weithin der Fall, und zwar sowohl im deutschen wie auch im angelsächsischen Raum diesseits und jenseits des Ozeans.

Mit der Geltung des geschriebenen Bibelwortes steht und fällt aber auch alles heilsgeschichtliche Bibelstudium. Ein wesentlicher Hauptteil der Kritik, die sich — abgesehen von klar erkennbaren Auswüchsen und Einzelspekulationen — grundsätzlich auch gegen durchaus vorsichtige und nüchterne Heilsgeschichtsüberblicke wendet, ist in Wahrheit oft nichts anderes als Folge einer gewissen, kritischen Stellungnahme zur Heiligen Schrift selbst. Sie beruht vielfach auf einer durch biblische Sachkritik beeinflußten, sogenannten „freieren" Auffassung von der biblischen Inspiration. Wer eine zuverlässige, biblische Inspiration der Originaldokumente ablehnt, muß schon die reine Existenzberechtigung **jeder** heilsgeschichtlichen Gesamtgeschichtsschau bezweifeln. Und zwar **muß** er dies tun, selbst wenn eine solche überblickartige Gesamtlinienführung sich durchaus von Überspitzungen und Sonderspekulationen fernhält und in bewußter Selbstbeschränkung lediglich von den großen Hauptstufen und Grundlinien der allgemeinen End-Entwicklung spricht. Für eine Auseinandersetzung mit solcher Stellungnahme fehlt hier weitgehend die gemeinsame Gesprächsgrundlage. Das vorliegende Buch ist keine Glaubensverteidigung.

Wir aber halten das gesamte Bibelwort für gottgegeben und zuverlässig und folgen ihm als Führer auch in den Fragen der Prophetie und Endgeschichte. Dabei sind wir uns der Grenzen und des Stückwerkcharakters unserer Erkenntnis bewußt (1. Kor. 13, 10). „Das Verborgene ist des Herrn" (5. Mos. 29, 29).

Dem Buch ist eine prophetische Karte in Fünffarbendruck beigefügt. Auf sie wird im ersten Teil des öfteren Bezug genommen. Wir hoffen, daß sie eine Hilfe zur Erleichterung des Verständnisses darbietet, namentlich für Anfänger im Bibelstudium.

Die Stellungnahme zu zeichnerischen Darstellungen des biblischen Offenbarungsverlaufs ist verschieden. Manche schätzen sie als eine nützliche Handreichung. Andere haben grundsätzliche Bedenken. Auch voller Bibelglaube mag zunächst gewisse Zurückhaltung empfinden. Wir selbst gehen einen vermittelnden Weg.

Gefahren und Berechtigung heilsgeschichtlicher Zeichnungen

Unbestreitbar hat jede solcher Zeichnungen die Gefahr einer gewissen Starrheit und Unbeweglichkeit in sich, die nur dadurch überwunden werden kann, daß sie sich bewußt auf die allgemeinen, klar erkennbaren Haupt- und Grundlinien der heilsgeschichtlichen Gesamtentwicklung beschränkt. Vor allem aber: Wieviel scheinkluge Geheimnistuerei und dilettantische, manchmal geradezu gnostische Spielerei ist mit solchen Zeichnungen doch schon verbunden gewesen! Wieviel Überspitzungen und zahlensymbolische Künsteleien, wieviel starre Schematisierungen, bürokratische Tabellen und oft auch zeichnerische Geschmacklosigkeiten! Wie manchmal hat man — namentlich bei der Darstellung der Endgeschichte — Weissagung mit bloßer Vorhersage verwechselt und stand, gewiß ohne es zu wollen, im Bann vorwitzigen Strebens nach Befriedigung unerlaubter Neugier!

Dennoch sollte man, bei aller Ablehnung solcher Auswüchse, sich bemühen, dem Anliegen an sich gerecht zu werden. Wenn es wirklich wahr ist — und die Autorität Jesu und Seiner Apostel verbürgen dies dem Glauben absolut —, daß die Bibel uns zuverlässige Geschichtsmitteilungen über die Anfangszeiten des Menschengeschlechts gibt und daß sie in ihrer Zukunftsweissagung ebenso zuverlässig die allgemeinen, großen Umrisse der Endentwicklung prophezeit: warum sollte es dann nicht erlaubt, ja nützlich sein, diese Geschichtsperioden von Vergangenheit und Zukunft einmal überblickartig zusammenzustellen und ihre Aufeinanderfolge durch eine Zeichnung auch dem Auge leicht erkennbar vorzuführen? So ist ja auch jedes Zifferblatt einer Uhr eine dem Auge sich darbietende Tabelle aufeinanderfolgender Zeitabschnitte. Daß diese so unvergleichlich viel kürzer sind, macht diesen Hinweis nicht unmöglich. Denn nicht auf die zeitliche Ausdehnung, sondern auf das Grundsätzliche kommt es hier an. Solche Zeichnung oder Tabelle erleichtert es eben ungemein, das Nebeneinander und auch das Nacheinander gewisser Geschichtsereignisse zu erkennen. In diesen Sinne kann es darum nur nützlich sein, eine solche Heilskarte, gleichsam als Zifferblatt einer prophetischen Weltenuhr, zu „lesen".

Darum ist jedes *grundsätzliche* Eifern gegen solche Heilskarten — vorausgesetzt, daß diese wirklich nur *allgemeine* Grundlinien bringen und auch zeichnerisch geschmackvoll sind — durchaus voreilig und unbesonnen. Sie alle gar von vornherein als „prophetische Generalstabskarten" oder „apokalyptische Fahrpläne" zu ironisieren, ist nicht nur Unsachlichkeit, sondern Torheit.

Sinn, Aufgabe und Grenze der prophetischen Heilskarte

In bewußter Beschränkung auf das in der Schrift klar Geoffenbarte möchte die vorliegende Heilskarte die Geschichtseinheit der Bibel und die Aufeinanderfolge der allgemeinen, großen Offenbarungszeiten erkennen lassen. Gleichzeitig möchte sie in dem Nebeneinander der verschiedenfarbigen Einzellinien, die sich durch sie hindurchziehen, auch die geschichtliche Gleichzeitigkeit gewisser Personen, Ereignisse und Entwicklungen aufzeigen. Schließlich soll sie — in der Verfolgung dieser Einzellinien in sich — den geschlossenen Ablauf gewisser, heilsgeschichtlicher Sonderentwicklungen andeuten. So zeigt z. B. die rote Linie die Geschichte Israels, die weiße Linie die Geschichte der Tempelidee, die goldene Linie die Geschichte des Christus, die grünen Felder die Heilsgeschichte der Völkerwelt, die schwarze Schlangenlinie gewisse Entwicklungen in der Geschichte des Dämonischen.

In diesem Sinne mag eine solche Heilskarte dem gläubigen Bibelleser einen bescheidenen Dienst tun können und es besonders dem Anfänger und der Jugend erleichtern, verhältnismäßig schnell einen gewissen Geschichtsüberblick über die biblische Offenbarungsentwicklung zu gewinnen. Sie möchte also eine Handreichung zum Anschauungsunterricht sein sowohl für das persönliche wie auch das gemeinschaftliche Bibelstudium, für die Einzelarbeit wie auch die gemeinsame Bibelarbeit in Bibelstudienwochen, Jugendbibelkreisen, Jugendbibelunterricht, sowie vielleicht auch Fortbildungskursen für solche, die irgendwie praktisch mitarbeiten in der Wortverkündigung in ihren Gemeinden oder Gemeinschaften.

Beim Entwurf der Karte wurde eine Anzahl anderer (deutscher wie englischer) Heilskarten mitbenutzt, besonders die (seit Jahren vergriffenen) heilsgeschichtlichen Zeichnungen von Johannes Warns, dem früheren Leiter der Bibelschule in Wiedenest († 1937). Die inhaltliche Bearbeitung in der hier vorliegenden Form stammt von dem Verfasser dieses Buches, die künstlerische Ausführung — nach dem zeichnerischen Entwurf und den Angaben des Verfassers — von Herrn Johann Legiehn (bis 1948 Bibelschullehrer in Wiedenest, jetzt Bibelschullehrer in Curitiba, Brasilien). Ihm sei an dieser Stelle besonderer Dank gesagt.

Am Schluß ist eine Anleitung gegeben, wie man die Heilskarte „lesen" soll. Es wird gut sein, diesen Anhang beim Studium des ersten Teiles des Buches zu beachten. Auf diese Weise ist die Voraussetzung geschaffen, beim Lesen immer wieder den Text mit dem beigefügten Plan zu vergleichen, was das Verständnis, wie wir hoffen, erleichtert und schnell die erstrebten Hauptüberblicke vermittelt.

Eine ausführliche Darstellung der Heilsgeschichte ist in dieser unserer Arbeit nicht beabsichtigt. Für ein genaueres Studium des Ganzen wie auch für die biblische Begründung gewisser Einzelheiten wird des öfteren auf die beiden anderen Bücher des Verfassers hingewiesen: „Das Morgenrot der Welterlösung". Ein Gang durch die alttestamentliche Offenbarungsgeschichte. Und „Der Triumph des Gekreuzigten". Ein Gang durch die neutestamentliche Offenbarungsgeschichte. Beide Bücher je 240 Seiten. Verlag R. Brockhaus, Wuppertal.[4]) Bei gemeinsamem Studium des Erlösungsplanes in Jugendstunden, Bibelgruppen oder sonstigen Studiengemeinschaften dürfte es sich vielleicht empfehlen, daß die Leiter solcher Arbeitsgemeinschaften diese beiden Bücher mitbenutzen.

Das Buch wendet sich auch des öfteren in kurzen Teilabschnitten evangelistisch und erwecklich unmittelbar an den Leser selbst, um ihn zur Ergreifung des Heils oder zur Hingabe seines Lebens an Christus aufzurufen. Ist es doch, bei aller Wertschätzung des Lehrhaften, stets das eigentliche Hauptziel aller wahren Schriftauslegung, daß — um mit Luther zu reden — „Gottes Wort und des Menschen Herz ein Ding werde".

So senden wir nun diese schlichte Arbeit hinaus. Unser Gebet ist, daß der Herr sie gebrauchen wolle zur Weckung neuer Liebe zur Heiligen Schrift, zur Förderung und Erleichterung ihres Verständnisses, zur Vertiefung lebendiger Einsicht in die Geschichtseinheit der Bibel. Möge sie eine Handreichung sein zum Wachstum in

[4]) Die Verweisungen und Seitenangaben beziehen sich bei „Morgenrot" auf die fünfte Auflage (1948), bei „Triumph" auf die achte Auflage (1948). Vgl. Bücheranzeige am Schluß. — Verweisungen auf ein drittes Buch des Verfassers „Vom Adel des Menschen" (Gedanken über Zweck und Ziel der Menschenschöpfung) beziehen sich auf die vierte Auflage (1948), ebenfalls Verlag R. Brockhaus, Wuppertal.

der Erkenntnis der Heilswege Gottes in ihrer Mannigfaltigkeit, Einheit und Zielstrebigkeit und, vor allem, möge sie dazu beitragen, daß Gottes ewiger Liebesratschluß immer klarer erkannt und schriftgemäß bezeugt werde zur Verherrlichung des großen Gottes Selbst, der Sich in Christus uns kundgetan hat.

Im Wissen um unsere Unzulänglichkeit, zugleich aber in Freude und Dankbarkeit für das empfangene Heil preisen wir den Herrn für alle Lichtstrahlen Seines geistdurchdrungenen, untrüglichen Gotteswortes, und immer wieder darf es unser Gebet sein:

„Öffne mir die Augen, daß ich schaue die Wunder in Deinem Gesetz . . . Deine Zeugnisse sind meine Lust . . . Ich harre auf dein Wort“ (Ps. 119, 18; 24; 81).

Missionshaus Bibelschule Wiedenest
Herbst 1955

Erich Sauer

Inhaltsverzeichnis

Zweiter Teil

Die Bibel — das Buch der Heilsgeschichte

Dritter Teil

Das kommende Reich Gottes

Anhang:

Anleitung zum rechten Lesen der Heilskarte

Erster Teil

Gottes Heilsplan in Christo

ERSTES KAPITEL

Himmel und Erde im Heilsplan Gottes

Der ewige Gott

Als noch kein Stern seine Bahn durchzog, keine Sonne ihre Licht- und Kraftfluten in den Weltenraum sandte, keine Sternen- und Sonnensysteme sich in gemeinsamer Verbundenheit in gewaltigen Kurven durch die Unendlichkeit schwangen, da war Gott, Er, der Ewige, Anfangslose, Er, der, allem Zeitverlauf überlegen, die Überzeitlichkeit in sich trägt, Er, der in ewig unerklärbarer Harmonie Einheit und Lebendigkeit besitzt, der Vater, der Sohn und der Heilige Geist, der Urgrund der Ewigkeit, der Lebendige, All-Eine (Ps. 90, 2). [1])

Drei göttliche Personen und doch e i n Gott, Wesensgleichheit des Sohnes mit dem Vater und doch freiwillige Unterordnung unter Ihn (1. Kor. 15, 28), Ursache aller Ursachen und doch Selber u n verursacht —, wahrlich, hier sind Geheimnisse über Geheimnisse. Hier steht der endliche Geist ewig vor dem Rätsel des Unendlichen. Selbst bis in endlose Ewigkeit gelangt raumzeitliches Denken niemals in die Sphäre der Überweltlichkeit und Überzeitlichkeit Gottes hinein; denn Gleiches wird nur durch Gleiches erkannt, also Gott nur durch Gott.

Niemals erklären, wohl aber dem menschlichen, geistigen Auge gleichsam vergegenwärtigen läßt sich das göttliche Geheimnis der Dreiheit in der Einheit, und zwar durch die Figur des Dreiecks, also gerade durch dasjenige Gebiet des menschlichen Denkens und Erkennens, mit dem es am allermeisten im Widerspruch zu sein scheint, die Mathematik. Schon früh in der Geschichte der Christenheit haben Kirchenväter darauf hingewiesen. Denn das D r e i e ck ist unter allen Formen die e r s t e. Weder der Punkt als ein Gedachtes noch die Linie als bloße Ausdehnung haben Gestalt. Das Dreieck aber, obwohl aus d r e i Linien und Winkeln bestehend, ist unter allen Gestalten die e r s t e Ganzheit und E i n heit, vereinigt also die Zahlen D r e i und E i n s harmonisch in sich und wurde darum schon früh

---

[1]) Über die sog. „Gottesbeweise" (Überblick, Wert und Grenze) vgl. „Morgenrot", S. 18 und „Adel", S. 175—183.

als Sinnbild der Gottheit benutzt. (Vgl. im Plan ganz zu oberst des Gesamtkreislaufs das leicht angedeutete „trinitarische" Dreieck als Hintergrund des A und O).[2])

Von Gott als dem Schöpfer geht der Weltenplan aus. Gott ist der Ursprung alles außer Ihm Seienden. Alles ist durch Seinen Willen entstanden und lebt von Seinen Schöpferkräften (Apg. 17, 24; 28).

Dann aber muß Ihm auch alles gehören. Weil das Universum Sein Werk ist, ist es auch Sein Besitz. Aus der Schöpferherrlichkeit Gottes geht unabweisbar Sein Herrscheranspruch hervor. Alle Kreatur muß, weil sie Sein „Werk" ist, auch zugleich Sein „Werkzeug" sein. Alles muß Ihm untertan bleiben und stets zu Seinen Diensten stehen. Alles ist nicht nur „von" Ihm, sondern zugleich „zu" Ihm „hin" (Röm. 11, 36; Kol. 1, 16).

So muß der Weltverlauf, wie ihn darum auch die Bibel schildert, in seiner idealen Bestimmung einer gewaltigen Kreisbewegung gleichen, die in Gott ihren Ursprung und in Gott ihr Ziel hat. Er ist das Alpha und das Omega, der Erste und der Letzte, das A und das O (vgl. Plan im Gesamtkreis der Karte zu oberst).

Christus — der Heilsmittelpunkt

Alle Seine Pläne verwirklicht Gott im Sohn. So wie der Sohn im göttlichen Wesen — eben als Sohn — die Selbstausstrahlung der Gottheit nach innen und

---

[2]) Über das Wort „Trinität" sowie Inhalt und Selbstoffenbarung dieses Geheimnisses im Verlauf der Heilsgeschichte vgl. „Morgenrot", S. 19 und bes. S. 20 (auch „Adel", S. 169 Anm. 23). —

Die ausführlichste Ausarbeitung dieses „trinitarischen" Dreiecks hat der bekannte, große Mohammedanermissionar Raimundus Lullus gegeben (gest. als Märtyrer 1315). Es ist ein Dreieck mit Schwerpunkt und Winkelverbindungslinien sowie sinnvoller Eintragung der Worte „Gott, Vater, Sohn, Heiliger Geist" und der Wörtchen „ist" bzw. „ist nicht".

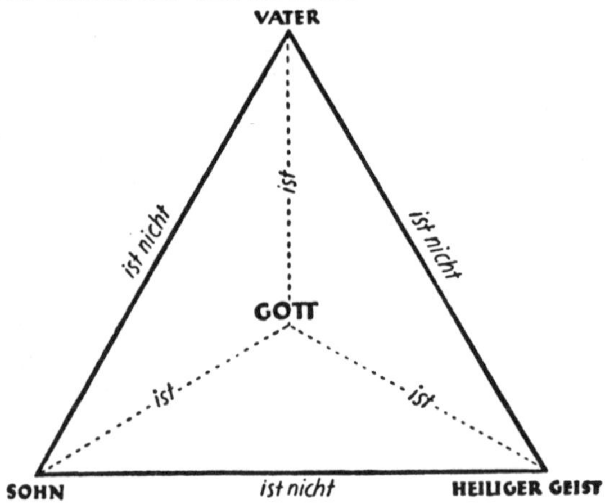

Das heißt: Der Vater „ist nicht" der Sohn; der Sohn „ist nicht" der Heilige Geist; der Heilige Geist „ist nicht" der Vater. (Forts. d. Anm. auf S. 19.)

oben, zu ihr selber hin, ist, so ist Er auch von dem Augenblick an, in dem Gott den Schöpfungsakt vollzog, die Selbstausstrahlung der Gottheit nach außen und unten hin (Joh. 1, 3; Kol. 1, 16; Hebr. 1, 2). Er ist der Mittler, das „Wort", durch das Gott spricht (Joh. 1, 1—3; 14), das personhaft-lebendige Kundgebungsorgan Seines Wesens und Wollens. In der riesigen Kreisbewegung des geschöpflichen Geschehens ist Christus der Mittelpunkt, die strahlende Zentralsonne, das leuchtende Lebenszentrum aller göttlichen Offenbarung (vgl. Plan im Zentrum des großen Gesamtkreises).

Dies war schon von Ewigkeit her Gottes Vorsatz (Eph. 3, 11). Schon „vor Grundlegung der Welt" hat der Vater den Sohn zum Mittler bestimmt. Darum geschah schon die Weltschöpfung selbst sofort durch den Sohn (Kol. 1, 16; Joh. 1, 1—3). Im Sohn sind die Äonen ins Dasein gerufen (Hebr. 1, 2), und weil Gott schon von Ewigkeit her den Einbruch der Sünde voraussah, hat Er auch den Sohn schon vor aller Zeit zum Erlöser bestimmt, zum „Lamm", „zuvorerkannt vor Grundlegung der Welt" (1. Petr. 1, 19; 20).

So muß denn Christus, als Heilsmittelpunkt des Universums, als schon von Ewigkeit her mit dem Kreuz verbunden geschaut werden. Diese strahlende Zentralsonne aller Gottesoffenbarung und das Kreuz gehören ewig zusammen (vgl. das Kreuz im Zentrum der Heilskarte). Darum ist auch das spätere Leben Christi am Kreuz ein Selbstopfer für Gott „durch den ewigen Geist" (Hebr. 9, 14), eine Selbsthingabe in den Tod, die der Sohn, obwohl mitten in der Zeit ausgeführt, dennoch als eine überzeitliche Tat dem Vater darbrachte.

Dieser göttliche Erlösungsplan geht von Ewigkeit zu Ewigkeit. Er hat in Gott Selbst seine Bürgschaft. Kein göttliches Wort fällt hin. Keine gottgegebene Zusage

---

Aber: Der Vater „ist" Gott; der Sohn „ist" Gott; der Heilige Geist „ist" Gott.

Der Satz: „Der Sohn ist nicht der Heilige Geist" gilt im Sinn der innergöttlichen, personhaften Ichheiten des göttlichen Wesens als des Vaters, des Sohnes und des Heiligen Geistes. (Über die Tatsache, daß der Heilige Geist nicht eine bloße, göttliche „Kraft" oder „Eigenschaft" ist, sondern ein bewußt wollendes Ich, eine göttliche Überpersönlichkeit, vgl. „Triumph", S. 61. Anm. 2.)

Daß Paulus in seinem Wort 2. Kor. 3, 17: „Der Herr ist der Geist" nicht etwa die Persönlichkeit des Heiligen Geistes und damit die Dreieinheit des göttlichen Wesens in Abrede stellen will, liegt auf der Hand. Es handelt sich in diesem Pauluswort nicht um eine persönliche Gleichsetzung des erhöhten Herrn und des Heiligen Geistes (im Sinn einer substantiell-hypostatischen Identität), etwa so, daß es nur zwei göttliche Personen, den Vater und den Sohn (= Heiliger Geist), gäbe — Paulus selbst spricht ja sofort hinterher von dem „Geist »des« Herrn", hält also damit beide sogleich wieder auseinander! —, sondern es handelt sich um eine Einheit des Herrn und des Geistes im Sinn einer dynamischen Ineinssetzung: Christus wirkt überall durch den Geist, und der Geist wirkt überall aus Christus. So ist Christus und der Geist einheitlicher, handelnder Ursprung gleicher Wirkungen. Zugleich aber ist die neutestamentliche Heilswirkung, von der Paulus gerade hier im Zusammenhang von 2. Kor. 3, spricht, „Geist" im Gegensatz zum „Buchstaben" des alttestamentlichen Gesetzes (Vers 6!). Auch in diesem Sinne ist also Christus, in untrennbarer Verbindung mit der Person und der Einwirkung des Heiligen Geistes, nicht „Buchstabe" (Gesetz), sondern „Geist", also das personhaft lebendige Grundwesen eines geistdurchdrungenen Lebens in Freiheit und Herrlichkeit (V. 18). „Man kann Christus nicht kennen, ohne den Heiligen Geist zu kennen, und ihm nicht verbunden sein, ohne den Geist zu haben, wie man auch den Geist nicht kennen und haben kann, ohne Ihn. Wo Christus gegenwärtig ist, ist der Geist gegenwärtig; wo Er fehlt, fehlt der Geist. Was Er tut, wirkt der Geist; was Er nicht wirkt, geschieht nicht durch den Geist" (Schlatter). So sind beide unzertrennbar miteinander verbunden, der Herr und der Geist: „Der Herr ist der Geist."

bleibt unerfüllt. In dem ganzen, universalen Weltallgeschehen erweist Sich Gott als der „Ewig Treue",[3]) und Christus ist, als der Sich Selbst offenbarende und geoffenbarte Gott, der lebendige Garant dieser ewigen, göttlichen Heilsratschlüsse.

Als Symbol dieser Bundestreue hat Gott den Regenbogen in die Wolken gesetzt (1. Mos. 9, 13—17). Jedesmal, wenn wir den Regenbogen sehen — diese farbenprächtige Lichtbrücke, die Himmel und Erde miteinander verbindet —, sollen wir an die Zuverlässigkeit und Treue des begnadigenden Gottes denken, des Gottes, der nicht den Tod des Sünders will, sondern der ihm auch nach dem Gericht Seine Sonne wieder scheinen lassen, ihm vergeben und ihn in Seinen Bund neu aufnehmen will. Darum erscheint der Regenbogen in der alttestamentlichen Prophetie (Hes. 1, 28) wie auch in der Bildersprache der Offenbarung (Off. 4, 3) nicht nur als Halbkreis am Firmament in der Natur, sondern geradezu als voller Lichtkreis um Gottes Thron, um damit anzudeuten, daß Gott der „Ewigtreue" ist, der Fels der Heilsoffenbarung, der Versöhner von Himmel und Erde, der Gott des ewigen Bundes.

Das Sternenall Gottes als Hintergrund der Heilsgeschichte

Uns Menschen ist es unmöglich, diesen gesamten Weltenplan Gottes zu überschauen. Als Endlich-Begrenzte können wir das Unendliche nicht voll erfassen (Hiob 38, 4—7; 1. Kor. 13, 9). Als sündhaft Gefallene — weil auch unser Denken von Natur mit in dem Bannkreis des Sündenfalls liegt (Eph. 4, 18) — können wir nicht in die letzten und höchsten Höhen jener reinen und heiligen Überwelt vordringen. Darum thront Gott als der Unendliche und als der ewig Reine in unerreichbarer Höhe über allen Seinen Geschöpfen (1. Tim. 6, 16).

So hält sich denn auch die Bibel frei von allen Spekulationen. Sie konzentriert sich in ihren Aussagen durchaus auf die Erlösungsbotschaft, eben auf das, was wir Menschen wissen müssen, um zum ewigen Heil zu gelangen. Darum beschränkt sie ihre Offenbarungen, der Hauptsache nach, auf Gottes heilsgeschichtliches Walten für Erde und Mensch. Nur soweit es gelegentlich erforderlich ist, gibt sie gewisse Andeutungen über den kosmischen, überirdischen Hintergrund dieses Gesamtgeschehens und auch dies nur im Mysterium, ohne den Schleier hinwegzuziehen, der diese übersinnliche Welt unserm Blick noch verhüllt. „Das Geheimnis ist des Herrn" (5. Mos. 29, 29).

Dabei aber läßt sie es unzweideutig erkennen, daß irgendwie Gottes Königsherrschaft Sein großes Schöpfungsall umfaßt, daß Kosmos und Superkosmos, sichtbare und unsichtbare, überirdische Wirklichkeiten, also Sonne, Mond und Planeten (Jes. 30, 26; Luk. 23, 45), Engel und Sterne (Hebr. 1, 14; Matth. 13, 39 u. a.),

[3]) Daher auch Sein Hauptoffenbarungsname Jehova (Jahweh). Fast 6000mal im Alten Testament. Er bezeichnet (von hebr. hawa „werden, sein" herkommend) Gott als den „Seienden, Bleibenden, Ewigen", als den „Beständigen, Getreuen", als Den, „welcher ist und immer wieder ist" oder, wie ihn der erhöhte Herr Selbst erklärt, als Den, „der da ist und der da war und der da kommt" (Off. 1, 4; 8; 4, 8). — Über die Namen Gottes vgl. „Morgenrot", S. 217—219.

Cherubim und Seraphim [4]), teils als Zuschauer [5]), teils als Gottesdiener [6]) oder in Form anderer Beziehungen [7]) mit der auf der Erde sich entfaltenden Heilsgeschichte des Menschen in Verbindung stehen.

So entfaltet sich diese kreislaufartige Von-Gott-zu-Gott-Bewegung der in der biblischen Heilsgeschichte für Erde und Mensch gegebenen Gottesoffenbarung gleichsam auf kosmischem Weltallhintergrund. Das Sternenall Gottes umgibt das Geschehen auf Erden. Die Sonnen- und Sternenwelten, die in wolkenfreien Nächten vom dunklen, schwarzblauen Nachtfirmament auf unsere Menschenerde herabfunkeln, sind in irgendeiner Weise kosmischer Weltrahmen, Zuschauer und Mitbeteiligte an dem, was von Gott her hier unten geschieht.

Schon in uralter Zeit hat man die kosmischen Kräfte in den Symbolen Löwe, Stier, Adler und Mensch dargestellt. „Vier sind die Höchsten in der Schöpfung: der Löwe unter dem Wild, der Stier unter dem Zahmvieh, der Adler unter den Vögeln, der Mensch ist über allen, Gott aber ist der Allerhöchste.“ So sagt es ein altes, vorchristliches, jüdisches Sprichwort. Es sind hier also wesentliche Hauptreiche des geschöpflichen Lebens in ihren Spitzen zusammengefaßt als Repräsentanten und sinnbildliche Darstellungen der kosmischen Kräfte überhaupt. Die alten, babylonischen Sternkundigen haben diese Symbole sogar auf die Sterne übertragen und in den vier Sternbildern Mensch, Stier, Adler und Löwe — zugleich nach den vier Himmelsrichtungen verteilt — vier Hauptrepräsentanten der ganzen Sternenwelt und des Tierkreises gesehen. Hesekiel sieht die vier „Lebewesen“, wie sie gleichsam den Thronwagen Gottes tragen (Hes. 1, 5; 10; 15; 22—28), Johannes, wie sie als Vertreter der anbetenden Gesamtkreatur in ewigem Lobpreis den Thron des Allerhöchsten umgeben (Off. 4, 7—9; 5, 8—11). Auf das Große gesehen, will diese ganze Symbolik sagen: Gott ist der Herr des Universums. Das ganze All soll Ihm dienen. Alle Schöpfungsbereiche in ihren Gliederungen, Spitzen und Repräsentanten sollen Ihm untertan sein und Ihn verherrlichen, und in diesem Sinne bildet das ganze Universum als Weltallreich Gottes zugleich den kosmischen Hintergrund von Gottes Heilstaten auf Erden. (Vgl. den Sternenhintergrund auf der Heilsplanzeichnung).

Die Erde im Gesamt-Heilsplan Gottes.

Hauptschauplatz der geoffenbarten Heilstaten Gottes ist die Erde. Ihre Geschichte reicht in noch fernere Urzeiten zurück als der Anfang des Menschengeschlechts. Über allen Einzelheiten der Urzeit liegt der Schleier des Geheimnisses. Jedoch dies läßt sich wohl sagen:

Der gegenwärtige Zustand der irdischen Naturwelt zeigt eine verhängnisvolle Disharmonie: Schönheit und Schrecken, Gemeinschaft und Zerrüttung, Leben und

[4]) Off. 4, 6—8; Jes. 6, 2; 3.
[5]) 1. Kor. 4, 9; Eph. 3, 10.
[6]) Apg. 12, 7; Hebr. 2, 2.
[7]) Dan. 4, 13; 14; 23; 1. Petr. 1, 12.

Tod, Jubel und Jammer stehen in gewaltigem Kampf miteinander und lassen erkennen, daß hinter diesem Zwiespalt der Natur ein Zwiespalt im Reich des Geistes liegt. Dieser kann aber nicht erst mit der Geschichte des Menschen eingesetzt haben; denn, wie die Versteinerungen der Erdgeschichte zweifelsfrei beweisen, hat es Tod und Verderben schon in undenklichen Urzeiten v o r dem Beginn des Menschengeschlechts gegeben, und die Bibel selbst läßt erkennen, daß es schon v o r dem menschlichen Sündenfall ein Gegenreich des Bösen gegeben hat, das offenbar irgendwie an der Erde und dem Menschen interessiert war. Daher schon in der Paradieszeit das Gebot, daß der Mensch den Garten nicht nur bebauen, sondern „bewahren" solle (1. Mos. 2, 15). Daher auch dann sehr bald darauf das Auftreten des Versuchers (1. Mos. 3), der eben schon v o r der Versuchung und dem Fall des Menschen Feind Gottes gewesen sein muß. [8])

Wann diese Macht zum erstenmal in der Geschichte des Universums in dieser gottfeindlichen Haltung aufgetreten ist und wie sie — die doch als Geschöpf Gottes ursprünglich anders gewesen sein muß — zum erstenmal so wurde, bleibt restlos unerklärbar. Wie ein furchtbarer B l i t z s t r a h l, gewitterartig und verheerend, muß diese Katastrophe eingetreten sein (vgl. das Wort Jesu in Luk. 10, 18. Siehe den Blitzstrahl auf der Heilsplanzeichnung). Sowohl was die Art als auch was den Zeitpunkt betrifft, bleibt der „Fall Satans" ein Geheimnis. Daß sich jedoch verheerende Auswirkungen auf das diesem Fürsten Gottes unterstellte Schöpfungsgebiet ergeben haben müssen, scheint offensichtlich. Irgendwie werden auch die durch die erdgeschichtlichen Versteinerungen bewiesenen Zerstörungserscheinungen der Urzeit damit zusammenhängen (Tod, Raubtiere, Erdkatastrophen), und es scheint klar, daß sich die vorgeschichtliche Urzeit der Erdentwicklung von diesem Gesichtspunkt aus in zwei unberechenbar lange Hauptzeiten zerlegt:

1. Urzustand der Erde vor Einbruch der Sünde und
2. Urweltliche Weiterentwicklung der Erde bis zum Auftreten des Menschen.

Hier das Genauere zu erforschen, ist nicht Aufgabe der Heilsgeschichte, sondern der Naturwissenschaft.

Wie weit beim Einbruch der Sünde im einzelnen der Schöpfungsvorgang vorgeschritten war — ob der Urzustand der Erde schon das Stadium einer abgeschlossenen Entwicklung erreicht hatte, etwa als „erste Erde", „Lichterde" oder „Urschöpfung" —, läßt der biblische Schöpfungsbericht nicht mit Sicherheit erkennen. Er macht auf den unbefangenen Leser nicht den Eindruck, der Bericht einer „Wiederherstellung" (Restitution) zu sein, die nach einer etwa zwischen Vers 1 und Vers 2 eingetretenen Urkatastrophe erforderlich geworden sei, sondern er gibt sich durchaus und unverkennbar als „Schöpfungs"bericht, als Darstellung eines einheitlichen, von Gott gelenkten, fortschreitenden Zusammenhangs. [9]) Über die Frage, ob der Fall

[8]) Näheres vgl. „Adel", S. 72—80; 91—95.

[9]) Über die Restitutionstheorie, d. h. die Deutung des Schöpfungsberichts als Bericht über eine „Wiederherstellung" der Erde, vgl. „Adel", S. 81—83 und bes. S. 223—231.

Satans zwischen Vers 1 und Vers 2 oder an einem anderen Zeitpunkt anzusetzen sei, schweigt er völlig. Darum lassen wir es auch in unserer Darstellung dabei bewenden und reden nicht von einer einst schon fertig gewesenen „Urerde", „Lichterde" oder „ersten Schöpfung", sondern nur — ganz allgemein — von einem „Urzustand der Erde vor Einbruch der Sünde", ohne nähere Spezialisierungen. [10])

Dennoch aber eröffnen uns auch schon diese bescheidenen Erkenntnisse gewaltige Perspektiven. Auf diese Erde hat dann Gott später den Menschen gesetzt. Seine Berufsbestimmung muß darum auch im Zusammenhang mit dieser urzeitlichen Vorentwicklung geschaut werden. Diese Erde sollte er sich untertan machen und dabei Gottes Diener bleiben (1. Mos. 1, 28). Als „Statthalterkönig" Gottes sollte er seine Herrschaft ausbreiten. Das aber hätte bedeutet, daß in wachstümlichem Maße Gottes Wille auf Erden zur Durchführung gebracht und die Erde immer mehr für Gott in Anspruch genommen worden wäre. Die Ausdehnung der Erdenherrschaft eines Gott untertan bleibenden Erdenkönigs wäre nichts anderes gewesen als die Vollendung der Pläne Gottes auch mit der irdischen Schöpfung und der Triumph Seines Reiches über das Gegenreich Satans.

Dies gehört zur hohen Berufung des Menschen. Dies erklärt auch die Feindschaft Satans gegen dieses neue, besondere Werkzeug Gottes. Dies deutet auch das Geheimnis, daß es einen neuen Himmel und eine neue Erde erst bei der Vollendung der Pläne Gottes mit dem Menschengeschlecht geben kann, eben erst nach dem Großen Weißen Thron, nach dem Abschluß der sich auf den Menschen beziehenden Offenbarungsgeschichte Gottes. [11])

Damit aber gewinnt unsere kleine Erde eine Bedeutung für die Geschichte des ganzen Universums. Auf dem Schauplatz dieses kleinen Planeten wird der Entscheidungskampf ausgetragen zwischen Gott und dem Teufel. Obwohl winzig — im Vergleich zu den Sternkolossen des Weltenraums — ist sie, wenn auch nicht der räumlich-materielle, so doch der heilsgeschichtliche Mittelpunkt des Weltalls. Auf *ihrem* Gebiet offenbarte sich der Höchste in Bundesschließungen und Gotteserscheinungen; auf *ihrem* Boden fand die Menschwerdung des Sohnes Gottes statt; auf einem *ihrer* Hügel stand das Kreuz des Welterlösers, und auf *ihr* — allerdings dann der „neuen" Erde, aber in jedem Fall doch eben der „Erde" — wird einst der Thron Gottes und des Lammes sein (Off. 21, 1; 2; 22, 3). [12])

Diesem Ziel geht der ganze Offenbarungsverlauf entgegen. Gott gibt Seinen Plan mit Seiner Schöpfung nicht auf, und wie es im Anfang einen Erdzustand gegeben hat „*vor* Einbruch der Sünde", so wird es einst eine erneuerte und verklärte Erdschöpfung geben, einen „Vollendungszustand der Erde nach Überwindung der Sünde", und das Letzte wird das Erste übertreffen. Die Gegenwart Gottes wird sich voll offenbaren. Das himmlische Allerheiligste wird auf der neuen Erde sein — dargestellt in der Offenbarung nach der Art alttestamentlicher Bildersprache als

---

[10]) Über die Bedeutung der Worte „wüst" und „leer" s. „Adel", S. 227; 228.

[11]) Über die Zurückgewinnung der Erde durch die Herrschaft des Menschen vgl. „Adel", S. 109—116.

[12]) Näheres über die Erde als heilsgeschichtlichen Mittelpunkt des Weltalls vgl. „Adel", S. 100 u. 101.

gewaltiger Würfel, als Ausdruck der vollen Harmonie nach allen Seiten, also als raumsymbolische Vergegenwärtigung der absoluten Vollendung. Das himmlische Jerusalem wird herniederkommen. Der Thron Gottes wird auf der neuen Erde sein. Damit aber wird die Erde zum Himmel; denn wo Gottes Thron ist, da ist der Himmel. Gott aber wird dann in dieser erneuerten, verklärten Welt Seinen vollendeten Heiligen „in den kommenden Äonen" den überschwenglichen Reichtum Seiner Gnade in Güte erweisen (Eph. 2, 7). Aus Seiner unerschöpflichen Unendlichkeitsfülle wird Er eine Herrlichkeit nach der anderen hervorströmen lassen, und so wird es fortgehen in unendlicher, unübersehbarer Folge gotterfüllter Äonen. Auch hier — wie in der Urzeit — verliert sich für unseren Blick das Einzelne im Gesamtlichtmeer des Ewigen. Die Lichtkreise der Äonen verschwinden in der Strahlenflut des Göttlichen. (Vgl. im Plan die beiden länglichen Lichtfelder zu beiden Seiten der oberen Hälfte des Gesamtkreislaufs mit den aufleuchtenden bzw. immer mehr zurücktretenden Lichtringen.)

So erlebt es die Ewigkeitsschau des Glaubens — in der Rückwärtsschau bei den vorzeitlichen Äonen der Urzeit, in der Vorwärtsschau bei den nachzeitlichen Äonen der Vollendung: Aus Gott geht alles hervor. Zu Gott strebt alles zurück. Er Selbst ist der ewig Unerklärbare. Er wohnt in einem Licht, da niemand zukommen kann (1. Tim. 6, 16). Darum weihen wir Ihm unsere Anbetung.

ZWEITES KAPITEL

Sieben Hauptoffenbarungswege Gottes mit der Menschheit

Groß war der Plan Gottes mit dem Menschen. Als Stellvertreterkönig Gottes auf Erden, als Bild Gottes und Untertan Gottes sollte er Gottes Willen ausführen, Gottes Bild widerstrahlen, Gottes Schöpfungspläne auf Erden, königlich dienend, zur Durchführung bringen, Gottes Wesen verherrlichen und anbeten. Das war seine paradiesische Berufsbestimmung.

Doch dann kam die Sünde und hat alles verheert. Der „Baum der Erkenntnis", an dem der Mensch seinen Gehorsam gegen Gott hatte betätigen und seinen Sieg über den Versucher hatte erringen sollen, wurde zum Gegenstand seiner Niederlage (1. Mos. 3). Fortan gehen dunkle Mächte von dieser Katastrophe in seine Geschichte hinein. Es ist, als wenn von diesem Ereignis am Erkenntnisbaum eine schwarze Schlangenlinie, nach drei Hauptrichtungen züngelnd, ihren Ausgang nimmt (vgl. Zeichnung).

Drei Nachtbezirke des Dämonischen

Da ist die dunkle Linie des Todes, in die nunmehr der Gang seiner Geschichte eingebettet ist. Denn „der Sünde Sold ist der Tod" (Röm. 6, 23; Hebr. 2, 14; 15).

Da ist die Dämonisierung der Weltgeschichte, die in erschütterndem Maße, schlangenartig züngelnd, Politik und Religion, Kultur und Zivilisation, Erfindungen und Entdeckungen, Weiterentwicklung und Fortschritt in ihren Bann zieht. Ohne den Glauben an das Dasein wirklicher, dämonischer Gewalten, die irgendwie das Handeln der Menschen, sowohl der einzelnen als auch der Gruppen, beeinflussen, inspirieren und lenken, ist die Völkergeschichte bis in unsere Gegenwart hinein einfach nicht erklärbar (vgl. Dan. 10, 13; 20). Satan ist der „Gott dieser Welt". [1])

Da sind es schließlich die geistigen Mächte der Bosheit „in den himmlischen Örtern", die von diesem ihrem Standort aus auf die Erde einwirken

[1]) 2. Kor. 4, 4; Joh. 12, 31; 14, 30; 16, 11.

(Eph. 6, 12) und denen darum unser Kampf gilt, ein organisiertes Reich des Bösen (Off. 12, 7) mit Satan an der Spitze, dem „Fürsten der Gewalt der Luft" (Eph. 2, 2).

Ihn zu besiegen und das von ihm geknechtete Erden- und Menschenreich zu befreien, ist fortan das Ziel der geoffenbarten Erlösungsgeschichte. Dabei aber muß dem Menschen die Furchtbarkeit seines Falls, die Unzulänglichkeit seiner Kraft und damit die Unmöglichkeit aller Selbsterlösung gezeigt werden. Nur so kann er dahin gebracht werden, zu erkennen, daß Gott allein sein Erretter sein muß, daß alles von oben her gegeben, daß alles „Gnade" sein muß.

Damit aber wird es notwendig, daß Gott ihm immer wieder neue Gelegenheiten gibt, seine Kraft nach allen Seiten hin zu versuchen und so seine Ohnmacht selbst praktisch und unwiderleglich zu erkennen. Dies ist der Sinn der Verschiedenartigkeit der Offenbarungswege Gottes und der Jahrtausende langen Entwicklung, bis der Welterlöser kam, ja bis schließlich das Endziel der Gesamtvollendung erreicht ist.

Deutlich zerlegen sich die geoffenbarten Heilszeiten unter diesem Gesichtspunkt in drei Zweiheiten.

Zwei Zeitabschnitte der Uroffenbarung

In der ersten Zweiheit umfaßt Gottes Offenbarung die Gesamtmenschheit. Es ist die Zeit der **„Uroffenbarung"**. Sie währt von der Austreibung aus dem Paradiese bis zur Berufung Abrahams und zerfällt in zwei Hauptabschnitte.

Zunächst gibt Gott dem Menschen die Freiheit. In der Zeit zwischen dem Sündenfall und dem Flutgericht sprach Gott zu dem gefallenen Menschen vornehmlich durch das Gewissen. Eine festgefügte, obrigkeitliche Kontrolle der gesamten, menschlichen Gesellschaft und ihrer Einzelgruppen oder eine gottverordnete, sittlich-religiöse Gesetzeseinrichtung (wie später seit Mose) gab es zunächst noch nicht. Der Mensch stand im Zeitalter der Selbstbestimmung. Das Ende aber war — trotz des Glaubenszeugnisses einzelner, besonders Henochs[2]) — auf das Große gesehen, Zügellosigkeit, Willkür, sittlicher Tiefstand, Brutalität und Mordgeist (vgl. Lamechs Schwertlied: 1. Mos. 4, 19; 23; 24), und der Abschluß dieses Zeitabschnitts darum das Flutgericht 1. Mos. 6).

Nun wandelt Gott das Prinzip und gibt dem Menschen Gelegenheit, seine Kraft nach einem Grundsatz zu erproben, der dem Grundsatz der freien Selbstbestimmung polar entgegengesetzt ist, nämlich dem Grundsatz der menschlichen Obrigkeit und Kontrolle. Seit Noah wird der einzelne unter die Aufsicht und Gerichtsbarkeit der Gesamtheit gestellt. „Wer Menschenblut vergißt, dessen Blut soll durch Menschenhand vergossen werden" (1. Mos. 9, 6). Damit wird der Grundsatz der Obrigkeit eingeführt. „Alle Obrigkeit ist von Gott" (Röm. 13, 1).

Aber auch hier versagt der Mensch völlig. Er mißbraucht das Prinzip der Obrigkeit zur Aufrichtung gottfeindlicher Weltreiche. Das urbabylonische Reich, das im

---

[2]) Jud. 14; 1. Mos. 5, 22; Hebr. 11, 5; 6.

Turmbau das Wahrzeichen seiner gottgelösten Selbstherrlichkeit aufrichten wollte (1. Mos. 10, 8—12; Kap. 11), sowie Nimrod sind der Anfang einer verhängnisvollen Weiterentwicklung, die nur durch die Sprachenverwirrung und Zerspaltung eine Hemmung erfuhr — ein Gerichtsweg Gottes, der um der Aufrechterhaltung der Erlösbarkeit des Menschen willen notwendig geworden war. Die Menschheit in ihrer Gesamtheit aber hatte derartig versagt, daß Gott nunmehr Seine Heilsoffenbarung aus diesem allgemeinen Rahmen herauszog und einen besonderen Weg beschritt in der Beschränkung Seiner Offenbarung auf einen Einzelmann. Aus diesem sollte dann ein Gottesvolk hervorkommen, das, als „erstgeborener Sohn" Gottes (2. Mos. 4, 22), der Anfang sein würde einer immer größer werdenden, übernationalen Familie von Gottessöhnen (Jes. 19, 25; Mal. 1, 11; Mich. 4, 1—4). [3])

Zwei Zeitabschnitte der Heilsvorbereitung

So beginnt mit Abrahams Erwählung die zweite Zweiheit erlösungsgeschichtlicher Hauptepochen. Es ist die Zeit der in besonderer Weise unmittelbar auf Christus hinzielenden, alttestamentlichen **Heilsvorbereitung.** Hier muß, dem inneren Wesen der Erlösung gemäß, ein Zweifaches erstrebt werden. Dies tritt denn auch tatsächlich in der Form von zwei neuen, großen Zeitabschnitten hervor, so daß sich die alttestamentliche Heilsvorbereitung notwendigerweise in zwei Hauptoffenbarungsperioden zerlegt.

Der Sünder muß errettet und wiedergeboren werden. Dies kann aber nur geschehen, wenn er sich bekehrt. Bekehrung aber ist Umkehr und schließt als solche ein Doppeltes in sich: eine Abkehr vom Alten und eine Hinkehr zum Neuen, ein Nein zu sich selbst und ein Ja zu Gott, also Trauer und Absage in Bezug auf die Sünde und Vertrauen und Hingabe an den Sünderheiland, oder, biblisch ausgedrückt, Buße und Glaube.

Dies ist nun in der Tat der eigentliche Sinn der seit Abrahams Erwählung von Gott gegebenen, beiden Hauptoffenbarungen.

---

[3]) Diese Abkehr vom Universalismus der Gesamtmenschheit durch Beschränkung der unmittelbaren Heilsoffenbarung auf einen Sonderkreis (Israel, Gemeinde) wird auf unserer Heilskarte dadurch ausgedrückt, daß die grünen, die allgemeine Menschheit darstellenden Hauptfelder im Gesamtkreislauf von Abrahams Berufung ab nur noch den halben (unteren) Raum einnehmen, während die obere Hälfte durch eine andere (blaue) Farbe als getrennter Sonderweg göttlicher Grundsätze gekennzeichnet ist.

Diese Zweiteilung in doppelfarbige Parallelfelder hört erst da auf, wo der Gesamtkreislauf der Zeichnung an dasjenige Feld kommt, das das sichtbare Gottesreich darstellt, also da, wo, nach der Vollendung der Gemeinde, der Sonderweg der Offenbarungsbegrenzung aufhört und einmündet in die Wiederannahme der Völkerwelt (Jes. 19, 23—25; Mich. 4, 1—3; Mal. 1, 11). Folglich ist dann dies Tausendjährige Reich dargestellt durch ein wieder ungeteiltes, einheitliches, durchgehend einfarbiges (grünes) Gesamtfeld mit der Goldsilberkrone des hohenpriesterlichen Gottkönigs der Gesamtmenschheit in der Mitte (Sach. 14, 9; 6, 11—13).

Die nebeneinanderlaufenden, doppelfarbigen Halbfelder bezeichnen also die Zeit des heilsgeschichtlichen Sonderweges (Partikularismus) mit Israel und der Gemeinde während der Beiseitesetzung der Nationen; die ungeteilten, durchgehend einfarbigen, vollgrünen Gesamtfelder bezeichnen den urgeschichtlichen und endgeschichtlichen Offenbarungsuniversalismus für die Gesamtheit.

Glaube an Gott — das war der Sinn und der Adel des abrahamitischen Verheißungsbundes (1. Mos. 15, 6). Hinführung zur Buße durch Aufdeckung der Schuld und Wirkung von Sündenerkenntnis war das Ziel des mosaischen Gesetzes (Röm. 3, 20; 7, 7).

Jahrhunderte hindurch spricht Gott das Wort „Glaube" in die Heilsgeschichte hinein — das ist der Sinn des Abrahamsbundes. Er ist eine fast zwei Jahrtausende lang währende Erziehung zum Glauben. Und

Jahrhunderte hindurch spricht Gott das Wort „Buße" in die Heilsgeschichte hinein — das ist der Sinn des mosaischen Gesetzes. Es ist eine anderthalb Jahrtausende lang währende Erziehung zur Buße.

„Tut Buße" und „Glaubet an das Evangelium" (Mark. 1, 15), sagt Christus und umschließt somit alle beide zu erlösender Einheit. Das ist der neutestamentliche Sinn des Alten Testaments.

Aber auch hier hat der Mensch wieder versagt. Aus Glaube wurde Unglaube, [4]) statt Sündenerkenntnis kam Pharisäertum, und als Christus erschien, hat das Volk der Offenbarung Ihn, den lebendigen Heilsmittelpunkt, abgelehnt und verworfen. „Er kam in das Seinige, und die Seinen nahmen Ihn nicht auf" (Joh. 1, 11).

Zwei Zeitabschnitte der Heilserfüllung

Darum kam es nun zu einer neuen Wende in den Offenbarungswegen Gottes. Die dritte Zweiheit göttlicher Heilswege setzte ein. Zugleich war sie die Zeit der **Heilserfüllung.** Zuerst baut Gott Seine Gemeinde; dann richtet Er Sein Reich auf. In der ersten neutestamentlichen Heilszeit wird der leiblich abwesende Christus bezeugt; in der zweiten, dem „Tausendjährigen Reich" (Off. 20, 2—7), regiert Er als der sichtbar Anwesende. In der ersten geschieht alles durch das Wort und den Heiligen Geist, in der zweiten zugleich durch Sein unmittelbares Königsregiment. Der Wendepunkt ist die Parusie (Ankunft), die Erscheinung des Herrn in Herrlichkeit (Epiphanie; 2. Thess. 2, 8), Seine glanzvolle Enthüllung und Offenbarung (Apokalypsis).

Was aber ist die Antwort des Menschen auch auf diese beiden Erlösungswege der neutestamentlichen Erfüllungszeit? Wieder völliges Versagen! Die Zeit, in der der Geist Gottes den abwesenden Christus verklärt, endet mit der Hinwendung der Kulturmenschheit zum — Antichristentum! [5]) Die Zeit, in der Christus nach Seiner Wiederkehr als anwesender Gottkönig Jahrhunderte hindurch der Welt sichtbare Segnungen geschenkt haben wird, endet — nach der Loslassung des Teufels zur Erprobung der Menschheit — mit der größten Revolte aller Zeiten, mit einer noch nie dagewesenen, teuflisch inspirierten, vom Satan selbst angeführten Völkerrevolution gegen Gott! (Off. 20, 7—10). Katastrophaler kann des Menschen Verlorenheit nicht offenbar werden.

---

[4]) Vgl. bes. das 10 mal ungehorsame und murrende Israel in der Wüste am Ende des Zeitabschnitts der grundlegenden, patriarchalischen Glaubensverheißung (Hebr. 3, 17—19; 4, 6 b).

[5]) 2. Thess. 2, 3—12; 1. Joh. 2, 18; Off. 13.

Dennoch geht Gott siegreich Seinen Weg! Durch Weltuntergang, Weltgericht, Weltverklärung wird das Endziel erreicht: der ewige Zustand, der „Tag Gottes" (2. Petr. 3, 12; 18), die letzte Vollendung (Off. 20, 10—22, 5).

So vollzieht sich die neutestamentliche Heilsentfaltung in einem gewaltigen, dreifachen Stufengang. Dieser umfaßt

die Heilszeit der besonderen Wirksamkeit des Geistes Gottes während der Abwesenheit Christi in der Zeit der Gemeinde,

die Heilszeit der sichtbaren Königsherrschaft des Sohnes Gottes nach Seinem glanzvollen Erscheinen zur Aufrichtung Seines Reiches,

das ewige Herrlichkeitsreich Gottes des Vaters, dem einst der Sohn alles übergibt, „auf daß Gott alles sei in allem" (1. Kor. 15, 28), und es wird klar, daß die neutestamentliche Heilsentfaltung trinitarisches Gepräge hat. Aus dem Urgrund des göttlichen Seins treten die drei göttlichen Wesenheiten immer klarer hervor, und das stufenweise Fortschreiten in der Offenbarung der Erlösung wird zugleich eine stufenweise Selbstoffenbarung des Erlösergottes.

Nun aber gehört das letzte — das Reich des Vaters — nicht eigentlich zur Heilsentwicklung, sondern ist Heilsziel, ist also nicht Geschichte, sondern Ewigkeit. Andererseits ist die Paradieseszeit vor dem Sündenfall, wenn auch nicht „Erlösungs"geschichte, so doch „Geschichte" und muß folglich mit den zwei Dreiheiten der eben genannten sechs Heilszeiten als ein menschheitlicher Gesamtgeschichtsverlauf zusammengeschaut werden. Daher stellt sich dieser Gesamtverlauf dar als eine Folge von (1+6=) sieben großen Offenbarungsperioden. Diese beginnen mit der Schöpfung des Menschen und enden mit dem Anbruch der Ewigkeit nach dem Großen Weißen Thron. Sie gehen von der vormenschlichen Ewigkeit aus und münden in die nachweltliche Ewigkeit ein. Diese sieben Heilsgeschichtsperioden sind:

1. Die Zeit des Paradieses —
   von der Erschaffung des Menschen bis zu seinem Fall.
2. Die Zeit der menschlichen Selbstbestimmung —
   vom Sündenfall bis zur Sintflut.
3. Die Zeit der menschlichen Herrschaft —
   von der Sintflut bis zur Erwählung Abrahams.
4. Die Zeit der (patriarchalischen) Glaubensverheißung —
   von Abraham bis Mose.
5. Die Zeit des Gesetzes —
   von Mose bis Christus.
6. Die Zeit der Gnade (der Gemeinde) —
   vom ersten Kommen Christi bis zu Seiner Wiederkunft.
7. Die Zeit des sichtbaren (Tausendjährigen) Gottesreiches —
   von der Erscheinung des Herrn in Herrlichkeit bis zu den Ereignissen der Weltvollendung (Weltuntergang, Weltgericht, Weltverklärung).

Alles, was über diese sieben Heilszeiten hinausgeht, ist uns verhüllt. Aus der Fülle der göttlichen Äonen (Eph. 2, 7; Off. 22, 5) hat uns der ewige Gott nur diesen Ausschnitt geoffenbart. Damit müssen wir uns bescheiden. Aber schon diese Erkenntnisse genügen, um unser Herz zur Anbetung zu bringen. Groß ist unser Gott. Wundersam sind Seine Wege. Von Seiner Unendlichkeitsfülle zeugt auch dieser verhältnismäßig kurze Geschichtsverlauf zwischen den Ewigkeiten.

Der Gnadencharakter und die Alleinmöglichkeit des biblischen Heilsweges

Zugleich wird der Gnadencharakter des Heils großartig beleuchtet. In immer neuen Formen wird es erwiesen, daß der Mensch zu seinem Heil nichts beitragen kann. In einem geradezu gewaltigen, universal-historischen, Jahrtausende umspannenden Geschichts- und Erfahrungsbeweis wird es aller Welt offensichtlich vor Augen geführt, daß Gott Recht gehabt hat, wenn Er bei der Erlösung restlos des Menschen Kraft ausgeschaltet und alles auf Sein Tun in geschenkweiser Gnade gestellt hat (Röm. 3, 24; 28). Damit aber steht Gott vor Seiner ganzen Kreatur im Himmel und auf Erden als gerechtfertigt da, daß Er gerade diesen Heilsweg bestimmte (Röm. 3, 4). Sein Heilsweg in Christo erscheint nunmehr nicht nur als der einzige, sondern geradezu als der einzig mögliche und notwendige, und der ganze Geschichts- und Offenbarungsverlauf wird zu einem unwiderleglichen, ja handgreiflichen Nachweis, daß es nur einen Weg geben kann, der die Menschheit zum Frieden führt: Gottes Gnade allein und das Kreuz von Golgatha. „Es ist in keinem anderen Heil, ist auch kein anderer Name unter dem Himmel den Menschen gegeben, darin wir sollen selig werden“ (Apg. 4, 12). Hast du diesen Heiland als deinen persönlichen Erretter ergriffen? Bedenke: Es gibt keinen anderen Weg zu Gott. Nur wer Jesus Christus erlebt hat, und zwar Ihn als den Gekreuzigten und Auferstandenen, steht im Heil. Darum hängt von der Stellungnahme zu Ihm restlos alles ab. Jesus Selbst spricht: „Ich bin der Weg, die Wahrheit und das Leben, niemand kommt zum Vater denn durch mich“ (Joh. 14, 6). Darum ergreife Ihn, und mit Ihm hast du das Glück.

DRITTES KAPITEL

Das Geheimnis des Volkes Israel

Israel ist Gottes „auserwähltes Volk“ (1. Chron. 16, 13; 2. Mos. 19, 5; Am. 3, 2). Wie eine rote Linie zieht sich seit Abraham seine Geschichte durch die Heilszeitalter hindurch. Allerdings ist diese Linie nicht immer gleichmäßig, nicht gerade und eben fortlaufend, sondern verschiedentlich nach unten absinkend, ja zum Teil abgerissen und dem Augenschein verschwunden, doch dann wieder auftauchend (vgl. Plan). Denn wechselvoll sind Israels Geschicke wie bei keinem anderen Volk der Welt, teils im Lande, teils außerhalb, teils im Unglück, teils im Glück, bedingt durch Sünde und Buße, Gericht und Begnadigung. Bei dem allen aber hat Israel seinen Auftrag und seine ihm von Gott zugesagte Hoffnung. Beim Erscheinen des Messias wird es seine Sünde erkennen und sich zu Gott bekehren. Der Messias wird triumphieren und die Krone empfangen. [1]) Das Reich Gottes wird offenbar werden und die Gesamtmenschheit beglücken. Dies Ganze aber wird nicht zu irgend einer Volks- oder Kreaturverherrlichung dienen, sondern zur alleinigen Selbstverherrlichung des großen Gott-Erlösers als des Gottes der Juden und Nichtjuden. „So spricht der Herr: Nicht um euretwillen tue ich es, Haus Israel, sondern um meines heiligen Namens willen“ (Hes. 36, 22; 32). „Damit sich vor Gott kein Fleisch rühme . . . , sondern wer sich rühmt, der rühme sich des Herrn“ (1. Kor. 1, 31; Jer. 9, 23; 24).

Nicht ein einziges Volk stand Gott zur Verfügung, um dies zu Seinem „auserwählten Volk“ machen zu können, nicht eine einzige Sippengemeinschaft, ja nicht eine einzige Familie! Daher die Notwendigkeit eines völligen Neuanfangs und die Berufung und Erwählung eines einzelnen. Nicht sofort als breiter Strich, sondern gleichsam als Punkt mußte diese Linie beginnen, die sich dann wie ein rotes Band durch die Folgezeiten hindurchzieht (vgl. Plan). Aber mit diesem Einzelmann sollte nun eine vollständig neue Geschichtsführung beginnen — eine Sonderströmung mitten im Gesamtozean der Völkerwelt —, die, unter vorläufiger

[1]) Sach. 6, 11—13. Vgl. Plan: Goldsilberkrone im letzten, grünen Hauptfeld des Mittelabschnitts der Zeichnung.

Beschränkung der Offenbarung auf den begrenzten Kreis der Nachkommenschaft dieses Einzelnen, in unmittelbarer Weise zu Christus und, über Christus und Sein Kreuz, zur weltumspannenden Ausweitung der Erlösung führen sollte. Dies ist der Sinn der Berufung Abrahams. Auf diese Weise wurde Abraham zugleich der „Vater aller Gläubigen“ (Röm. 4, 11).

Sinn und Auftrag der Berufung Israels in der Heilsgeschichte

Dreifach war der Sinn der Berufung Israels: ethisch-pädagogisch (sittlich-erzieherisch), offenbarungsgeschichtlich und missionarisch.

Auf der Schaubühne der Weltgeschichte sollte an seinem Beispiel den Völkern der Welt offensichtlich gezeigt werden, was Sünde und Gnade, Gericht und Erlösung ist. An Israels Verhalten und Geschick sollte — sozusagen paradigma-artig — in unmißverständlicher Weise und unüberhörbar ein Anschauungsunterricht gegeben werden, der das Gewissen weckt, um den Sünder zur Selbsterkenntnis und, durch Buße und Glaube, zur Gotteserkenntnis zu führen. [2])

Für das Herniederkommen der göttlichen Offenbarung sollte Israel die menschliche Aufnahmestelle sein, das „Volk des Ohres“, das Gottes Wort hört, die „Empfangsstation“ für die „Wellen“ aus der Ewigkeit, — eine Berufung, die ihren Mittelpunkt und ihre Krönung schließlich darin findet, daß zuletzt nicht nur Gottes Wort, sondern Gott Selbst kommt, nicht nur Seine Propheten, sondern Sein Sohn (Hebr. 1, 1; 2). Damit aber wird Israel zum Absteigequartier des Welterlösers, zum „Brückenkopf“ des aus der Ewigkeit Erscheinenden, zur Heimat des Gottgesalbten (Messias) und durch Ihn zur Geburtsstätte der christlichen Gemeinde. [3])

In der Ausbreitung des Heils sollte Israel Gottes Zeuge und Mund sein, der Kanal der Heilsoffenbarung, der Bannerträger der Wahrheit, Gottes Herold unter den Nationen. Darin liegt seine Sendung zum Prophetischen und Missionarischen. Seine nationale Geschichtsführung ist zugleich auf das Universale angelegt. „In dir sollen gesegnet werden alle Geschlechter der Erde“ (1. Mos. 12, 3). [4])

Israels Versagen und Gottes Gerichtswege

Immer wieder hat Israel seiner Berufung nicht entsprochen. Darum wurde sein Geschichtsweg zugleich Krisen- und Gerichtsweg. Allerdings hielt Gott, um Abrahams, Seines Freundes, willen, an Seinem Endziel fest (Röm. 11, 16; 24).

Drei waren die Hauptnotzeiten. Von diesen hatte die erste nur den Charakter der Drangsal (5. Mos. 4, 20; 2. Mos. 6, 6), jede der beiden anderen vornehmlich den des Gerichts (2. Kön. 17, 7—23). [5]) Zugleich verteilen sich diese Hauptnotzeiten,

---

[2]) Näheres vgl. „Morgenrot“, S. 103 (Abschnitt: „Gottes Weisheit“) und S. 171 (Israels Geschichte als Anschauungsunterricht).

[3]) Joh. 4, 22; Eph. 2, 19; 20; Röm. 11, 17; 18; Gal. 3, 9. 14.

[4]) Näheres vgl. „Morgenrot“, S. 122—126 („Israels Berufung und Dienstauftrag“).

[5]) Jer. 32, 31; Matth. 27, 25. — „Exil“ = Verbannung.

in denen die Nachkommenschaft Abrahams außerhalb ihres Landes ist und in denen die rote Linie also, bildlich gesprochen, in das grüne Feld der Völkerwelt dreimal absinkt (vgl. Plan), auf die drei Hauptzweige der Menschheit seit Noah, auf Ham, Sem und Japhet.

In Ägypten waren es die Hamiten, [6]) in Vorderasien die semitischen Assyrer-Babylonier (1. Mos. 10, 22) und, seit der Vernichtung des jüdischen Staates durch die Römer, besonders die allgemeine, japhetitische Völkerwelt (1. Mos. 10, 2), in deren Ländern die Nachkommen Abrahams zu wohnen hatten und in deren Machtbereich sie immer wieder der Gewalttat und Unterdrückung ausgeliefert waren.

Die Drangsal in Ägypten fand im zweiten vorchristlichen Jahrtausend statt (wohl ungefähr zwischen 1700 und 1500 v. Chr.).[7])

Die Wegführung nach Mesopotamien geschah in zwei Stufen: zuerst wurde das seit der Reichsteilung nach Salomos Tode (10. Jahrh.) von Juda getrennte, nördliche Zehnstämmereich durch die Assyrer in die Gefangenschaft geführt (Zerstörung Samarias 722 v. Chr.). Von da ab sind die zehn Stämme verschollen und sind somit die „verlorenen" zehn Stämme geworden. Dann, anderthalb Jahrhunderte später, kam das Gericht auch über das Südreich. Nebukadnezar von Babel zerstörte Jerusalem und führte die Bevölkerung des Zweistämmereiches nach Babylonien (606, 597, 586 v. Chr).

In doppeltem Sinne währte die babylonische Gefangenschaft siebenzig Jahre, politisch und gottesdienstlich.

Genau genommen vollzog sich die Wegführung des Südreiches nach Babel in drei Stufen. Sie begann mit dem ersten Einbruch Nebukadnezars im Jahre 606, also genau 70 Jahre vor der späteren Rückkehr des Überrestes aus Babel (536). Das Ergebnis dieser ersten Unternehmung war die Wegführung Jojakims und des führenden, jüdischen Adels. [8]) Dann folgte 597 ein zweiter Feldzug Nebukadnezars. [9]) Bei dem dritten Unternehmen, das schließlich zur Zerstörung der Hauptstadt führte, wurde die eigentliche Hauptmasse des Volkes nach Babylon gebracht (586 — 2. Kön. 25, 8—11). Obwohl also die Gesamtwegführung erst 586 vollendet wurde, hatte sie doch ihren Anfang schon 606 genommen, und darum ist es auch durchaus nur gerechtfertigt, die babylonische Gefangenschaft von diesem ersten Wegführungsereignis als dem eigentlichen Anfang der Verbannung zu rechnen, so daß es also tatsächlich bis zur Rückkehr unter Serubabel — auf Grund des Erlasses des Perserkönigs Kores (536) — genau siebenzig Jahre sind.

Aber auch die Verwüstung des Tempels hat 70 Jahre gedauert. Hier muß naturgemäß das Jahr 586 als Ausgangsjahr gelten, in dem der Tempel selbst zerstört worden war. Abschluß der darauffolgenden sieben Jahrzehnte würde dann das

---

[6]) 1. Mos. 10, 6. — Mizraim = Ägypten.
[7]) Über die Zeit und Dauer des Aufenthaltes in Ägypten vgl. S. 196 Anm. 4.
[8]) 2. Chron. 36, 5—7; Dan. 1, 1—5.
[9]) 2. Kön. 24, 8—17; 2. Chron. 36, 9. 10.

Jahr 516 sein, und dies ist tatsächlich das Jahr, in dem — nach zwanzigjähriger, zeitweise lange unterbrochener Bautätigkeit — der wiederhergestellte Tempel neu eingeweiht und seiner Bestimmung übergeben wurde (im sechsten Jahr der Regierung des persischen Könis Darius, dessen Regierung im Jahre 521 v. Chr. Geburt begann, also 516 vgl. Esr. 6, 15. — Darius regierte von 521 bis 485 v. Chr.).

Im einzelnen entsprechen den drei Stufen der Wegführung dann auch drei Stufen der Rückkehr.

Zuerst kehrte unter Serubabel und Josua ein Hauptteil der Weggeführten des Südreiches nach Jerusalem zurück, um auf Grund des Erlasses des Perserkönigs Cyrus den Tempel wieder aufzubauen (536). Nur eine kleine Zahl Rückkehrer aus dem Zehnstämmereich schloß sich ihnen an. Doch der Hauptteil des Zehnstämmereiches blieb zurück und ist bis auf den heutigen Tag verschollen. Erst bei der Wiederherstellung Israels kurz vor Anbruch des Messiasreiches wird er aus der Völkerwelt wieder auftauchen und sich dann — sozusagen als rotes Band aus dem grünen Feld der Nationen wieder hervortretend (vgl. Plan) — mit dem ebenfalls neu hervortretenden Band des Zweistämmereiches vereinen (Hes. 37, 15—22).

78 Jahre nach der Rückkehr unter Serubabel, im siebenten Regierungsjahr des Perserkönigs Artasasta (Artaxerxes I. 465—424), also 458 kehrte unter Esra eine zweite, allerdings kleinere Gruppe zurück (Esr. 7, 7), und bald hinterher, nach nur weiteren 13 Jahren, im 20. Jahre Artasastas (445) kam Nehemia nach Jerusalem (Neh. 2, 1), um die Stadt und die Mauern wieder aufzubauen. Gleichzeitig war dies der Beginn der auf den Messias hinzielenden 70 Jahrwochen Daniels (Dan. 9, 25). [10])

Tiefgreifend war der innere Wandel, den das Volk in der babylonischen Gefangenschaft erfuhr. War Israels Hauptsünde bis zum Exil der Götzendienst gewesen, [11]) so ist das Volk — wohl ganz stark unter dem Einfluß des Hesekiel, des „Mose des Exils“ — grundlegend von dieser Sünde geheilt worden. Seitdem ist der Götzendienst nie wieder seine Hauptgefahr und Niederlage geworden. Gerade i n Babel wurde Israel v o n Babel geheilt. Gerade Babel, „die Mutter aller Hurerei und Abgötterei“ (Off. 17, 5), wurde die Heilanstalt für das hurerische Volk, und als erneuertes Gottesvolk kehrte Israel in seine Heimat zurück.

Dann aber beschritt es bald einen anderen Irrweg. Das Leben erstarrte. Totes Formenwesen gewann die Oberhand. Aus Glaube wurde Orthodoxie, aus heiligem Streben nach Gerechtigkeit hochmütiges Pharisäertum, und als Christus erschien, Er, die Krone und der Stern, das Ziel und der eigentliche Sinn seiner ganzen Geschichte, hat das Volk Ihn verworfen und ans Kreuz gebracht. Und in unbegreiflicher Verblendung haben sie selbstsicher geschrieen: „Sein Blut komme über uns und unsere Kinder“ (Matth. 27, 25).

Gott hat sie beim Wort genommen. Das Gericht brach herein. Zuerst — im Jahre 70 — zerstörte Titus Stadt und Tempel. Dann — 65 Jahre später — nach

[10]) Über die 70 Jahrwochen von Daniel 9 vgl. „Morgenrot“, S. 180; 181.
[11]) 2. Mos. 32; Richt. 2, 17; 10, 6; 1. Kön. 11, 5; 2. Kön. 16, 3; 4.

einem nochmaligen Aufflammen des jüdischen Widerstandes in dem blutigen Aufstand des falschen Messias Bar Kochba („Sternensohn"; unter Berufung auf 4. Mos. 24, 17) — wurde nach verzweifeltem Ringen das ganze, politische Volksgefüge zerschlagen und die Juden unter Kaiser Hadrian des Landes verwiesen. Damit war, wie es unsere Karte zeichnerisch versinnbildlicht, auch der rote Faden des Zweistämmereiches unterbrochen und ist, ähnlich wie einst das rote Band des Zehnstämmereiches (722 v. Chr.), in das grüne Feld der Nationen versunken. Seitdem ist Israel in der Zerstreuung und furchtbarsten Leiden und Gerichten unterworfen (5. Mos. 28, 65; 67). [12])

Israels Hoffnung und Wiederannahme

Aber am Ende der Zeit knüpft Gott wieder mit Israel an. Deutlich sind schon heute markante Flammenzeichen zu erkennen. Das gegenwärtige Zeitalter neigt sich seinem Ende zu. Der Zeiger auf Gottes Weltenuhr naht sich der Mitternachtsstunde.

Vier Hauptereignisse sind, was Israel betrifft, bisher ganz besonders hervorragende Signale:

1791: Aufhebung aller Ausnahmegesetze gegen die Juden durch die französische Nationalversammlung. Seitdem rasche Entwicklung des jüdischen Einflusses in Politik, Presse und Hochfinanz.

1897: Gründung des Zionismus und damit planmäßiges Streben nach Rückkehr in das Land ihrer Väter.

1917: Balfour-Erklärung. Palästina zur nationalen Heimstätte des jüdischen Volkes unter britischer Oberhoheit erklärt (Konferenz in San Remo 1919).

1948: Gründung des Staates Israel.

Dies alles sind „Zeichen der Zeit". Sie behalten ihre Bedeutung, auch wenn es noch rückläufige Bewegungen geben mag (vgl. 2. Thess. 2, 6; 7). — Siehe die vier Geschichtszahlen am Ende des grünen Völkerfeldes der Heilskarte unter dem blauen Feld der sieben goldenen Leuchter.

Eins ist bei dem allen aber zu beachten: Die Wiederherstellung Israels gelangt nicht durch geradlinige „Vollendung" dieser Zeichen der Zeit zur Verwirklichung. Denn das Reich Gottes kommt in keiner Weise durch menschlichen Fortschritt. Es ist nicht das Ergebnis von Leistungen und Entwicklungen auf Erden, sondern ist Geschenk und Kraftwirkung des Allerhöchsten vom Himmel her (Dan. 7, 13; 14).

So auch bei Israel. Seine letzte Entwicklung vor dem Anbruch des Messiasreiches wird durch Katastrophen gehen. Gottes Gericht wird in erschütterndstem Maße offenbar. Die „große Trübsal", [13]) die „Drangsal Jakobs" (Jer. 30, 7), wird hereinbrechen.

---

[12]) Vgl. die Zusammenstellung der größten Katastrophen und Notzeiten in Israels Geschichte seit 70 n. Chr. in „Triumph", S. 154. Anm. 12 u. S. 155.

[13]) Dan. 12, 1; Matth. 24, 21; 29; Off. 7, 14.

Dann aber wird der Messias erscheinen. Dem im Lande vereinten „Überrest" werden die Augen aufgehen (Off. 1, 7; Sach. 14, 4). In Buße werden sie sich zum Herrn wenden (Sach. 12, 10; Jes. 53, 3—6), und Israel wie auch die Völkerwelt werden innerlich erneuert werden (Jes. 11, 1—10; Zeph. 3, 9).

Christus wird herrschen. Gekrönt mit der goldsilbernen [14]) Doppelkrone (Sach. 6, 11—13) des melchisedek'schen Königs- und Priestertums (Ps. 110, 4; Hebr. 7), wird Er der Gottkönig über Israel und die Völkerwelt sein.

Bekehrung und Vereinigung Israels (Hos. 3, 5; Hes. 37, 15—23), Erneuerung der Nationen (Zeph. 3, 9), Friede unter den Völkern (Mich. 4, 3; 4), Segnungen der Natur (Jes. 11, 6—8; Hos. 2, 23; 24), erhöhter Glanz von Sonne und Mond (Jes. 30, 26) — dies sind einige der Herrlichkeiten dieses goldenen Zeitalters. Am Schluß aber wird das sichtbare Gottesreich der alten Erde durch kraftvolle Gottestaten übergeleitet werden in den Vollendungszustand der neuen Erde, in das Reich Gottes des Vaters in ewiger Herrlichkeit (1. Kor. 15, 24—28).

So erreicht Gott Sein Ziel. Auch in Bezug auf Israel siegt Seine Gnade (Röm. 11, 26; 29). Trotz aller Krisen im einzelnen wird Gottes Gesamtplan vollendet. Das Wanderziel Abrahams leuchtet auf. Die errettete Nachkommenschaft des Patriarchen — sein leiblicher und geistlicher Same durch den Glauben — nimmt teil am Genuß der Erfüllung seiner Sehnsucht. Denn Abraham erwartete „die Stadt, die da Grundlagen hat, deren Schöpfer und Baumeister Gott ist" (Hebr. 11, 10), „Jerusalem droben von Golde erbaut." Wahrlich: „Die Gnadengaben und die Berufung Gottes sind unbereubar! . . . O Tiefe des Reichtums sowohl der Weisheit als auch der Erkenntnis Gottes!" (Röm. 11, 29; 33.) Ihm aber, dem Gott Abrahams, Isaaks und Jakobs (1. Kön. 18, 36, vgl. 31), Ihm, dem Gott Israels und der Nationen (Röm. 3, 29), „Ihm, dem Könige der Zeitalter, dem unverweslichen, unsichtbaren, alleinigen Gott, sei Ehre und Herrlichkeit von Ewigkeit zu Ewigkeit! Amen" (1. Tim. 1, 17).

---

[14]) Vgl. die Goldsilberkrone in der Heilsplanzeichnung im letzten, grünen Feld des Mittelabschnitts. — Gold, gleichsam das „rote" Metall, ist das Sinnbild des Königtums (vgl. roter Purpur), Silber, das „weiße" Metall, ist das Symbol des Priestertums. Die weiße Farbe ist im mosaischen Tempeldienst schlechthin die Farbe der priesterlichen Gewänder als Hinweis auf die Heiligkeit und Reinheit, Geistigkeit und Lichtnatur des Göttlichen und Ewigen, zu dem ja das Priestertum in besonderer Weise in Beziehung stand.

VIERTES KAPITEL

Die Geschichte der Tempel Gottes

Der Zentralquellpunkt der israelitischen Volksberufung ist der Tempeldienst. Israel sollte nach Gottes Willen ein „Königreich von Priestern" sein (2. Mos. 19, 6). Hierbei ging es um das Letzte und Tiefste in dem Verhältnis zwischen Gott und Mensch, um die Wiederherstellung, Pflege und Vollendung heilig-liebender, personhaft-lebendiger, beseligender Gottesgemeinschaft.

Der Schnittpunkt zwischen Ewigkeit und Zeit

Hier aber tut sich die ungeheure Kluft auf, die Gott und Mensch voneinander trennt. Nicht nur: Gott ist der Unendliche und der Mensch der Kleine und Begrenzte, nicht nur: Gott ist der Schöpfer und der Mensch Sein Geschöpf, sondern: Gott ist der Heilige und der Mensch, seit Adams Fall, der Sünder! Gott ist der Gerechte und der Mensch der mit Unreinheit und Schuld Beladene!

Und doch kann nur Anschluß an Gott den Verlorenen retten. Denn Gott ist der Lebensquell, und nur Gemeinschaft mit Ihm gibt der Kreatur Seligkeit und Heil. Andererseits aber muß die Begegnung des Sünders mit dem heilig-gerechten Gott für ihn die Offenbarung strafender Gerechtigkeit bedeuten. Also gerade das, was dem Sünder allein helfen kann — Berührung mit Gott — müßte ihn vernichten! Hier liegt die gewaltige Spannung, die nur dadurch ihre Auflösung erfahren kann, daß auf irgendeine Weise dieser Schnittpunkt von Ewigkeit und Zeit beides zugleich in sich birgt: Gerichtsbarkeit und Heil, Zudeckung der Schuld und Begründung eines neuen Lebens, Vergebung und Heiligung.

Der Sinn des Allerheiligsten

Hier nun offenbart sich, wie in geradezu großartiger Weise die Symbolik des alttestamentlichen Tempeldienstes und überhaupt die gesamte, göttliche Erlösung dem Heilsbedürfnis des Menschen entspricht.

Dieser zentrale Vereinigungspunkt von Ewigkeit und Zeit, heiligem Gott und sündiger Kreatur ist im Mittelpunkt des alttestamentlichen Tempeldienstes symbolisch geoffenbart, das heißt, im Allerheiligsten von Stiftshütte und Tempel. Und in der Tat, er enthielt in seiner Ausstattung sinnbildlich diese notwendige, polare Zwei-Einheit: ein Verneinendes und ein Bejahendes, Abbruch des Alten und Einführung des Neuen, Vergebung und Führung, Sünden-Zudeckung und Heiligung, dargestellt in seiner Symbolsprache durch Versöhnungsdeckel und Gesetzestafeln, Kapporeth und Thora, so wie sie über und in der Bundeslade, diesem Zentralgerät des ganzen Gottesdienstes, harmonisch miteinander vereint waren. [1]) Vollkommener kann diese zentrale Vorausschattung des Heils der Notwendigkeit und dem Ziel der Erlösung tatsächlich nicht entsprechen, und auch hier zeigt sich wieder die Klarheit, Folgerichtigkeit, ja geradezu Zweckmäßigkeit der göttlichen Offenbarung.

Christus hat dann diese polare Zwei-Einheit zur Vollendung gebracht. Sein priesterliches Opfer bringt die „Abschaffung der Sünde" (Hebr. 9, 26). Sein königliches Amt bedeutet Heiligung und Herrschaft. So werden beide in Einem erfüllt: der Versöhnungsdeckel und der Bundesladenthron, Kapporeth und Thora, Zudeckung der Schuld und Neubeherrschung des Lebens, und es enthüllt sich uns hier, im Licht innerer Erfordernisse und prophetischer Symbole, die Notwendigkeit eines priesterlich-königlichen Welterlösers, eines Heilbringers, der, wie Sacharja sagt, gekrönt ist mit einer Goldsilberkrone (Sach. 6, 11; 12), eines gottgesandten Mittlers, der königlicher Hoherpriester ist, nach der Ordnung Melchisedeks (Hebr. 7, 1 bis 8, 2). So aber erweist sich das melchisedeksche Hohepriestertum Christi als innere Notwendigkeit, als zwei-einheitliche, harmonische Erfüllung der Symbolik des Allerheiligsten, als Durchführung und Vollausgestaltung der Zentralidee von Stiftshütte und Tempel.

So ist denn im Allerheiligsten der Schnittpunkt zwischen Ewigkeit und Zeit am vollkommensten sinnbildlich dargestellt. Darum ist es zugleich — auch in seinen Raumverhältnissen — Symbol der Vollkommenheit überhaupt. Dies geschieht durch die Würfelgestalt, und zwar sowohl schon in der Stiftshütte als auch später in den Tempeln, ja hin bis zur Symbolik des Himmlischen Jerusalem. [2]) Denn der Würfel hat das Gleichmaß nach allen Seiten, das Ebenmaß aller Teile, die Harmonie des Gesamten und drückt darum, sozusagen als „der idealste Raum", auf das leichteste sofort erkennbar, raumsymbolisch die Idee der Vollkommenheit aus.

---

[1]) 2. Mos. 25, 17—22; Hebr. 9, 4.
[2]) 2. Mos. 26, 15—20; Hes. 48, 16; Off. 21, 16.

Die heilsgeschichtliche Grundidee der Tempel Gottes

Aber zunächst konnte diese Vollkommenheit des Göttlichen, wegen des Einbruchs der Sünde, im Verlauf der Geschichte noch nicht voll triumphieren. Daher die Notwendigkeit der Darstellung eines zunächst noch durch einen Vorhang verschlossenen (Hebr. 9, 8), ja sogar im Dunkel geheimnisvoll verhüllten Allerheiligsten [3]) und die Notwendigkeit der Beiordnung rangmäßig abgestufter Vorräume, nämlich Vorhof und Heiliges. Erst in der Vollendung ist das *ganze* Gottesvolk *Aller*heiligstes. Darum schwindet dann auch folgerichtig Vorhof und Heiliges. Darum gibt es dann auch überhaupt keinen Sonder-Tempelbezirk mehr (Off. 21, 22); denn die *ganze* Stadt ist selber Allerheiligstes, und zwar ein Allerheiligstes, das nicht mehr im Dunkel des Mysteriums, sondern im ewigen Lichtglanz der göttlichen Volloffenbarung steht (Off. 21, 11).

Bis dahin aber entsprechen die rangmäßig abgestuften Tempelräume den Bezirken des Reiches Gottes, wie sie, in ihrer verschiedenen Stellung in der Offenbarungsgeschichte, Schauplatz göttlicher Heilstaten und Lebensraum göttlicher Kräfte und Wirklichkeiten sind (Hebr. 9, 23).

So ist der Vorhof die Erde, wo Golgatha war; das Heilige ist der Himmel und das Allerheiligste der Thron Gottes.

Auf *Erden* will Gott zweierlei: die *Rechtfertigung* und *Heiligung* der Erlösten. Darum standen im Vorhof zwei Geräte: der Brandopferaltar und das Reinigungsbecken. [4])

Im *Himmel* ist das *Leben* und das *Licht* und die *Anbetung* des Ewigen inmitten himmlischer Geister. Davon zeugen Schaubrottisch (Brot des Lebens) und der Leuchter sowie der Rauchaltar [5]) und die Cherubimfiguren ringsum in Decke und Vorhang (2. Mos. 26, 1).

Aber „*über allen Himmeln*" ist der *Thron Gottes* selbst. Dort ist das Gesetz, das das Weltall regiert, gleichwie die Tafeln des Gesetzes sich im Allerheiligsten befanden (1. Kön. 8, 9). Dort ist auch die Gnade, die die Sünden vergibt und den Herrschaftsthron Gottes zu einem „Gnadenstuhl" macht, [6]) und dort ist, über allem, die Lichtherrlichkeit Gottes, die, wie die Wolke der Schechina, alles andere überstrahlt. [7])

Die Heilsnotwendigkeit des stellvertretenden Opfers

Die Zentralhandlung des Tempeldienstes ist das Opfer. Erst dadurch wurde alle diese Symbolik und Heilswirklichkeit möglich. Denn soll der Schnittpunkt von Ewigkeit und Zeit — um den es ja bei dem gesamten Tempeldienst überhaupt nur geht — rettendes, wirksames Kraftzentrum werden, so muß die in

---

3) 2. Mos. 20, 21; 1. Kön. 8, 12.

4) 2. Mos. 27, 1—8; 30, 17—21.

5) Vgl. Ps. 141, 2; Off. 8, 3.

6) 2. Mos. 25, 17 (Luther); Hebr. 4, 16; Röm. 3, 25.

7) 2. Mose 40, 34;35; 1. Tim. 6, 16. — Nähere Begründungen über „Die Stiftshütte als Abbild des Weltalls", besonders mit Beziehung auf Hebr. 9, 12; 4, 14; 7, 26; vgl. 3. Mos. 16, 11—14, in „Morgenrot", S. 155 f.

ihm sich vollziehende Begnadigungshandlung zugleich rechtsgültig sein. Dies aber kann sie nur sein, wenn sie sich zugleich richterlich und tatsächlich mit der Sünde auseinandersetzt, also zugleich Sühnung in sich einschließt. Die Sünde aber ist, ihrem Wesen nach, Trennung von Gott. Gott aber ist „das Leben". Darum ist Loslösung von Gott zugleich Loslösung vom Leben, also Tod. „Der Tod ist der Sünde Sold" (Röm. 6, 23). Dann aber muß, wenn eine objektive Sühne erforderlich ist, diese Sühne dem Wesen der Sünde entsprechen, also ebenfalls in der Trennung vom Schöpfer und Leben, also im Tode bestehen. Nur durch den Tod kann dem Tode der „Tod" bereitet werden. (Hebr. 2, 14; Eph. 2, 16). „Ohne Blutvergießen geschieht keine Vergebung" (Hebr. 9, 22).

Auf diese zentrale, unerläßliche Heilshandlung weist das Opfer des alttestamentlichen Tempeldienstes hin. Es ist eine von Gott planvoll geordnete, Jahrhunderte hindurch währende, in Hunderttausenden [8]) von Einzelhandlungen stets neu sich betätigende Erziehungsinstitution auf den geschichtlichen Heilsmittelpunkt hin. Christus hat dann als „Lamm Gottes" die Vollendung gebracht (Hebr. 9, 26). Seine Selbsthingabe auf Golgatha war die wahre Darbringung, Sein Kreuz der wahre Altar, Sein Blut das wahre Lösegeld und somit Er Selbst in Seiner Person und Seinem Werk der wahre Tempel, der wahre Hohepriester und das wahre Opfer zugleich.

Weiß — die sinnbildliche Hauptfarbe des Priestertums

In der Farbensymbolik des alttestamentlichen Gottesdienstes ist Weiß die charakteristische Hauptfarbe des Priestertums. Weiß waren die Gewänder der Priester, weiß die Dienstkleider der Leviten. Weiß war auch die Grundfarbe der hohenpriesterlichen Kleidung. Denn Weiß ist die Farbe des Lichts und der Reinheit, die Farbe der Festfeier und Freude, die Symbolfarbe der Welt der seligen Geister. Und zu dieser jenseitigen Welt stand das Priestertum ja in besonderer Beziehung. Es diente dem Herrn der Geister, sollte die Verbindung mit Ihm darstellen und herstellen, sollte in Heiligkeit und Reinheit, Klarheit und wahrer Lichtnatur Ihm dienen und durch seinen Mittler- und Brückendienst zur Gemeinschaft mit Ihm führen und damit Seligkeit und Freude wirken. Darum konnte es hier nichts Passenderes geben, als daß Weiß zum prophetischen Haupt-Farbensymbol des Priesterdienstes wurde. Deshalb haben auch wir auf unserer Heilskarte die Geschichte der Tempel Gottes durch eine weiße Linie angedeutet.

Die Haupttempel Gottes (in geschichtlicher Folge)

Sieben bzw. acht Hauptformen der Tempelidee sind hintereinander in der Offenbarungsgeschichte zu erkennen.

---

[8]) Allein amtliche Opfer alljährlich 1273 (nach 4. Mos. 28 u. 29), von Mose bis auf Christus also fast zwei Millionen (!), ohne die ungezählten Abermillionen privater Opfer (3. Mos. 1; 3; 4; 5).

1. Die Stiftshütte, errichtet durch Mose um 1500 bei der Gesetzgebung am Sinai, dann wanderndes Gotteszelt in der Wüste und schließlich, lange Zeit hindurch, Zentralheiligtum Israels im Lande in der Zeit zwischen Josua und Salomo, besonders in Silo, zusammen von 1500 bis 1000 v. Chr. [9])

2. Der Tempel Salomos, erbaut um 1000, unvergleichbar schöner als die Stiftshütte, doch nach demselben Grundplan (1. Kön. 6, 1). Jahrhunderte hindurch war er der Mittelpunkt der Verehrung Gottes, trotz der mit Jerobeam beginnenden, parallel laufenden, abtrünnigen Anbetungsform im Zehnstämmereich. [10]) Zerstört wurde er durch Nebukadnezar von Babel bei seinem dritten Feldzug gegen Jerusalem (586), und sieben Jahrzehnte hindurch erfuhr der israelitische Tempelopferdienst eine totale Unterbrechung.

3. Der Tempel Serubabels. Erst nach der Rückkehr aus der Babylonischen Gefangenschaft (536) unter Serubabel und Josua konnte man mit dem Neubau eines Tempels beginnen, dem sich jedoch, nach gewissen Anfangserfolgen, so große Schwierigkeiten in den Weg stellten, daß der Weiterbau zunächst nicht fortgesetzt werden konnte. Erst nach 15 Jahren, angespornt durch die Propheten Haggai und Sacharja (Esr. 5, 1), im zweiten Jahr des Perserkönigs Darius (Hagg. 1, 1), wurden die Vollendungsarbeiten wieder aufgenommen und nach fünfjährigem Bau abgeschlossen. So war es genau das 70. Jahr nach der Zerstörung des Tempels durch Nebukadnezar, daß im 6. Jahr des Perserkönigs Darius (516) [11]) der zwar schlichte (Esr. 3, 12), aber doch durch besondere Gottesverheißungen ausgezeichnete (Hagg. 2, 9; 10) Tempel eingeweiht werden konnte. Später wurde er — in 46jähriger Bauzeit — durch König Herodes prunkvoll ausgebaut (Joh. 2, 20). Seine eigentliche Herrlichkeit aber, durch die er auch den Salomonischen Tempel entscheidend überragt (Hagg. 2, 9), empfing er dadurch, daß es gerade dieser Serubabelsche Tempel war, in dem Jesus als Knabe war und dann später als Mann und Prophet lehrte und kämpfte, [12]) vor allem aber dadurch, daß es dieser Tempel war, in dem, in der Todesstunde von Golgatha, der Vorhang zwischen dem Heiligen und dem Allerheiligsten zerriß, wodurch angedeutet wurde, daß die Welterlösung vollbracht, das vollgültige Sühnopfer gestellt und der unmittelbare Weg zu Gott nunmehr frei war. [13]) Bei der Zerstörung Jerusalems durch den Römer Titus — übrigens im selben Augustmonat wie einst in den Tagen Nebukadnezars — ist dann auch dieser Tempel in Flammen aufgegangen. Von nun an ist Israel, das den Messias verworfen und Sein Blut über sich und seine Kinder herausgefordert hatte (Matth. 27, 25), „ohne Opfer, ohne Altar, ohne Leibrock, ohne Heiligtum" (Hos. 3, 4). Gott aber, dessen Heilspläne niemals vernichtet werden können, hielt auch hier an Seinen heiligen Zielen fest. Auch jetzt, mitten in Zusammenbruch und Gericht, gab Er Seinen Grundsatz nicht auf, ja brachte ihn sogar jetzt desto wunderbarer

---

[9]) 1. Sam. 1, 3; 9; Jer. 7, 12; 14. — In Silo bis in die Zeit Samuels hinein.
[10]) 1. Kön. 12, 25—33; Joh. 4, 20.
[11]) Darius regierte von 521—485. Sein 6. Regierungsjahr war also 516 vor Chr. Vgl. Esr. 6, 15.
[12]) Matth. 27, 51; Hebr. 9, 8; 9; 10, 19; 20.
[13]) Matth. 27, 51; Hebr. 9, 8; 9; 10, 19; 20.

und tiefer, eben innerlicher und vergeistigter, zur Durchführung. Er berief Sich Seine Gemeinde und machte sie, durch die Innewohnung Seines Geistes, zu Seinem Tempel.

Schöpferischer Anfang dieses neuen Weges war der Erlöser Selbst. In Christus, dem menschgewordenen Gottessohn, „wohnte" die Fülle der Gottheit „leibhaftig" (Kol. 1, 19; 2, 9). So hat Christus, der Heilsmittelpunkt, als der gottgesandte Immanuel in Seiner Person und Seinem Werk die Tempelwahrheit in vollkommenster Weise zur Verwirklichung gebracht.

4. Der Tempel des Leibes Jesu. Wenn je in der Geschichte des Universums Ewigkeit und Zeit sich harmonisch vereint haben, dann in Jesus Christus, welcher „Gott" war, „geoffenbart im Fleisch" (1. Tim. 3, 16)! Darum war Er Wander„zelt" Gottes und Sein Leib wahrer Tempel. So hat Ihn Johannes geschildert. „Das Wort ward Fleisch und »zeltete« unter uns" (Joh. 1, 14 wörtlich). So hat Er Sich Selbst charakterisiert: „Brechet diesen »Tempel« ab, und in drei Tagen will ich ihn wieder aufbauen." So hatte Er von dem „Tempel" Seines Leibes gesprochen (Joh. 2, 19—22). Er, der der „Herr" des Tempels war, der zugleich schon in der alttestamentlichen Zeit sein eigentlicher Sinn und sein heilsgeschichtliches Ziel war, ist dann in der „Fülle der Zeit" die Vollausgestaltung der Tempelidee Selber geworden, „der Tempel" schlechthin, in Seiner Person und Seinem Verhalten die idealste und vollkommenste Verwirklichung der Verbindung zwischen Himmel und Erde (vgl. Joh. 1, 51).

Die Gemeinde ist dann die Fortsetzung Seines Lebens hier auf Erden. „Christus in euch, die Hoffnung der Herrlichkeit" (Kol. 1, 27). Darum ist auch sie, durch die Innewohnung Christi durch den Heiligen Geist, „Tempel Gottes".

5. Der geistliche Tempel der Gemeinde. In drei Kreisen entfaltet der Herr in diesem Lebensraum diese große Wahrheit. Er wohnt durch Seinen Geist in der Persönlichkeit des Einzelgläubigen, dessen Leib dadurch nunmehr ein „Tempel des Heiligen Geistes" ist (1. Kor. 6, 19). Er wohnt durch den Geist in der Ortsgemeinde der Gläubigen, die somit Stätte Seiner Gegenwart und „Tempel Gottes" ist (1. Kor. 3, 16), und Er wohnt durch denselben Heiligen Geist in der Gesamtgemeinde aller Erlösten, so daß der ganze Leib Christi „heiliger Tempel im Herrn" ist, in dem alle Einzelglieder mitaufgebaut werden zu einer „Behausung Gottes im Geist". [14])

So ist die Ekklesia des Neuen Bundes Gottes Tempel in der gegenwärtigen Heilszeit.

Die Grundlage ist der Herr Selbst. Einen anderen Grund kann niemand legen außer dem, der gelegt ist (1. Kor. 3, 11). Von Ihm spricht das Zeugnis der ersten Generation. Darum ist alles, was darauf folgt, „aufgebaut auf die Grundlage der Apostel und Propheten" (Eph. 2, 20).

---

[14]) Eph. 2, 21; 22; 1. Petr. 2, 4; 5.

Die **S t e i n e** kommen aus zwei „Steinbrüchen", den Juden und Heiden (Eph. 2, 11; 12), und werden zu e i n e m heiligen Tempel zusammengefügt. Sie kommen als tote Steine zu Ihm, dem Lebendigen, und werden durch den Geist Seines Lebens lebendig gemacht (1. Petr. 2, 4; 5). Ihr Glauben „an" Christus ist zugleich Glauben „auf" Christus, ein Sichstützen und „Aufgebautwerden" auf den „Eckstein" in Zion (Jes. 28, 16).

Der Z w e c k dieses Hauses ist, ein „Tempel" zu sein. Es ist ein „geistliches Haus", und die „Steine" in der Wand sind zugleich „Priester" am Altar (1. Petr. 2, 5; Hebr. 13, 10). Sie opfern: ihr Leben ist ein Schlachtopfer (Röm. 12, 1), ihr Dienst ein Trankopfer (2. Tim. 4, 6), ihre Taten geistliche Opfer (1. Petr. 2, 5), ihre Anbetung ein Lobopfer (Hebr. 13, 15). Sie beten für andere; sie „danksagen" für andere (1. Tim. 2, 1; 2), im stillen Kämmerlein umspannen sie die ganze Welt. Sie sind ein Segen für ihre Umwelt; sie bringen andere in die Nähe Gottes, und so darf in jedem einzelnen von ihnen die Verheißung erfüllt werden: „Ich will dich segnen, und du sollst ein Segen sein" (1. Mos. 12, 2).

In dieser Innewohnung des Heiligen Geistes in der Gemeinde liegt ihr Adel und ihre Verpflichtung. Durch diese große Tatsache wird sie der Lebensraum Gottes in der Geschichte, der Berührungspunkt zwischen Ewigkeit und Zeit, die Vorausdarstellung der großen Vollendungswahrheit: „Siehe da, die Hütte Gottes bei den Menschen" (Off. 21, 3).

Schließlich aber — so scheint es — wird Gott wieder an die Geschichte des irdisch-sichtbaren Tempels anknüpfen. [15])

6. D e r T e m p e l d e s H e s e k i e l (K a p. 4 0 b i s 4 4). Jedenfalls schildert Hesekiel in seiner Weissagung vom messianischen Heil einen zukünftigen Opferdienst mit so vielen Einzelbestimmungen [16]) und einen zukünftigen Tempel mit so genauen Einzelangaben und Teilmaßen, [17]) daß es kaum möglich erscheint, dies alles nur bildlich und geistlich zu verstehen. Die Schwierigkeit, daß sich dann n a c h dem vollbrachten Werk von Golgatha — trotz der Belehrungen des Hebräerbriefes (10, 10; 14; 8, 13; 7, 18) — doch noch Opferdienst mit Brandopfern, Speisopfern, Dankopfern, Sündopfern, [18]) ein Priesterdienst [19]) und ein Feiern besonderer Feste (Passah, Laubhütten: Hes. 45, 21; Sach. 14, 16) fände, würde sich dabei möglicherweise so lösen, daß diese Opfer ungefähr auf derselben Stufe ständen wie in der

[15]) Wenn — falls Offenbarung 11, 1; 2 buchstäblich zu nehmen sein sollte — das in der Endzeit in das Land seiner Väter zurückgekehrte, jüdische Volk noch vor seiner Bekehrung den Tempel in Jerusalem wiederherstellen sollte, dann wäre dieser als besonderer Tempelbau außerdem noch zu nennen. Er wäre zwar im tiefsten und wahrsten Sinne nicht ein Tempel „Gottes", da ihn ja das u n gläubige, jüdische Volk erbaut, wohl aber ebenfalls eine besondere Phase in der Geschichte der Tempelidee überhaupt. Mit ihm zusammen wären es dann also nicht sieben, sondern a ch t in der Heilsgeschichte der Bibel genannte Tempel, in denen dem ewigen Gott (wahre oder falsche) Verehrung dargebracht wird.

[16]) z. B. Hes. 45, 23; 24; 46, 4—15.

[17]) Hes. 40, 6—15; 41, 1—4; 43, 13—17.

[18]) Hes. 43, 18—27; 44, 11; 15; 16; 29; 45, 17.

[19]) Hes. 40, 46; 43, 19; 44, 15.

Gegenwart Taufe und Abendmahl, nämlich daß sie Zeichen der Erinnerung wären, Darstellungen des vollbrachten Erlösungswerkes, rückwärtsschauende Sinnbilder, gleichwie die durch das Kreuz abgeschafften, alttestamentlichen Opfer vorwärts schauten auf das erst noch zu vollbringende, von ihnen aus gesehen, noch zukünftige Erlösungswerk. [20])

Zuletzt aber wird die Vollendung kommen und mit ihr auch die Vollausgestaltung der Tempelidee.

7. Das himmlische Jerusalem als Tempel (Allerheiligstes). Deutlich wird in der Bildersprache der Offenbarung die ewige Gottesstadt als das himmlische Allerheiligste geschildert. Daher ihre „Würfel"gestalt (Off. 21, 16 vgl. Hes. 48, 16). Daher überhaupt auch schon das Fehlen jedes Sondertempels in ihr (Off. 21, 22), da sie ja selbst der vollendete Gottestempel ist. Daher auch keine Bundeslade mehr (Jer. 3, 16; 17), da ja der Thron Gottes selbst in der Stadt ist (Off. 22, 1; 3) und folglich der sinnbildliche Thronsitz des Herrn als „erfüllt" seiner Verwirklichung weichen kann. Während aber in den Tempeln der alten Erde das Allerheiligste noch in Dunkel verhüllt gewesen war [21]) — als Zeichen, daß Gottes Selbstoffenbarung noch nicht voll durchgeführt worden war —, ist das himmlische Allerheiligste vom Glanz der ewigen, lichtstrahlenden Jaspis-Schechina erfüllt. [22]) Denn die Vollendung ist erreicht. Gottes Name ist an den Stirnen der Erlösten, das heißt: Jeder einzelne ist gleichsam nicht nur Priester, sondern Hoherpriester. [23]) Seine Knechte werden Ihm dienen und Sein Angesicht schauen. Gottes Selbstoffenbarung ist zur vollen Entfaltung gelangt. Darum schwindet alle Verhüllung, und statt des Dunkels des Mysteriums strahlt das Licht der göttlichen Ewigkeitssonne.

---

[20]) Über das Fehlen von Leuchter, Schaubrottisch, Vorhang und besonders Bundeslade in diesem Tempel (Jer. 3, 16; 17) und die sinnbildliche Bedeutung dieser Tatsache vgl. „Triumph", S. 180—182.

[21]) 1. Kön. 8, 12; 2. Mos. 20, 21; 1. Tim. 6, 16.

[22]) Off. 21, 11; Jes. 4, 5; 2. Mos. 40, 34—38.

[23]) Off. 22, 4; 2. Mose 28, 36; Sach. 14, 20; 21.

FÜNFTES KAPITEL

Das Christuszeugnis des Alten Testaments

Jesus Christus ist die innerste Mitte des gesamten, göttlichen Heilsrates. Alles, was vor Ihm geschah, vollzog sich im Hinblick auf Sein Kommen; alles in der Reichsgottesgeschichte hinterher ward und wird in Seinem Namen vollbracht.

Im Mittelpunkt Seines Heilswerkes steht das Kreuz. Durch die Dahingabe Seines Lebens hat der Gekreuzigte den Kaufpreis der Erlösung bezahlt. „Ihr seid teuer erkauft" (1. Kor. 6, 20).

Wie überragt doch dieser Kaufpreis alle sonstigen Zahlungen der Welt! „Wisset, daß ihr nicht mit vergänglichem Silber oder Gold erlöst seid . . ., sondern mit dem teuren Blut Jesu Christi als eines unschuldigen und unbefleckten Lammes . . ., zuvorersehen, ehe der Welt Grund gelegt war . . ., von Gott auferweckt von den Toten, der ihm Herrlichkeit verliehen hat" (1. Petr. 1, 18—21).

Fünf Unterschiede läßt uns Petrus hier erkennen.

Alle sonstige Zahlung ist zeitlich, der Kaufpreis von Golgatha aber ist ewig. Alles Geld — Silber und Gold — nahm ja seinen Anfang bei der Erschaffung der Welt. Wir aber sind erkauft mit dem Blut eines Lammes „auserwählt vor Grundlegung der Welt".

Alle sonstige Zahlung ist irdisch, der Kaufpreis von Golgatha aber ist himmlisch. Aus den Tiefen der Erde kommen die Metalle, die Zahlungsmittel im allgemein menschlichen Gesellschaftsleben. Aus dem Himmel aber kam Christus, der Sohn des lebendigen Gottes. Er sprach, als Er den Himmel verließ: „Einen Leib hast du mir bereitet . . . Siehe, ich komme . . ., daß ich tue, o Gott, deinen Willen." In diesem Willen sind wir nun geheiligt „durch das ein für allemal geschehene Opfer des Leibes Jesu Christi" (Hebr. 10, 5—10).

Alle sonstige Zahlung ist menschlich, der Kaufpreis von Golgatha aber ist göttlich. Alle Wertmesser im irdisch kaufmännischen Leben werden durch menschliche Übereinkunft festgesetzt. Daher kann es Abwertung von Zahlungsmitteln, Inflation, Währungsveränderung, ja sogar Absetzung von Goldwährung geben, und Menschen sind es hierbei, die das Ausmaß dieser Veränderungen festlegen. Der Kaufpreis von Golgatha aber hat seine „Herrlichkeit", seinen „Wert", von Gott. Gott hat das Lamm, mit dessen kostbarem Blut wir erkauft sind, „auferweckt und ihm Herrlichkeit verliehen".

Alle sonstigen Zahlungsmittel sind unrein; der Kaufpreis von Golgatha aber ist heilig. Es ist das Blut „eines unschuldigen und unbefleckten Lammes". Am irdischen Geld klebt immer irgendeine Sündengeschichte, wenn vielleicht auch nicht in allen Fällen eine Sünde des gegenwärtigen Besitzers, so aber doch irgendwie eine Sünde vielleicht eines früheren Besitzers, zum mindesten aber der Gesamtzusammenhang des Mammondienstes dieser Welt (Luk. 16, 9). Jesus aber ist heilig Er, der Heilige, gab Sein Leben für uns, die Unheiligen, und nun dürfen wir, erkauft durch Sein Blut, in die Welt der Reinheit und Heiligkeit versetzt sein. Und schließlich:

Alle sonstigen Zahlungsmittel sind endlich; der Kaufpreis von Golgatha aber ist von unendlicher Wirkungskraft. Alles Silber und Gold wird einst im Weltuntergang, im Brande der Elemente, aufgelöst werden (2. Petr. 3, 10). Jesus aber bleibt auch in der Herrlichkeit, als das Lamm auf dem Thron mit den Wundenmalen Seiner Liebe, in allen Äonen der Unendlichkeit der Mittelpunkt des Lobpreises und der Anbetung aller Verklärten (Off. 5).

Zu diesem Heilsmittelpunkt hinzuführen, war die Aufgabe und der Sinn des Alten Testaments. Das Alte Testament ist um des Neuen willen da. Christus Selbst ist das Ziel und die Seele der vorchristlichen Offenbarungsgeschichte. Er ist

das Ziel der alttestamentlichen Heilsgeschichte,

der Sinn des alttestamentlichen Gottesdienstes,

die Erfüllung der alttestamentlichen Messiasprophetie,

der schon in der alttestamentlichen Zeit gegenwärtige und wirksame Gott der alttestamentlichen Gesamtoffenbarung.

1. Christus ist das Ziel der alttestamentlichen Offenbarungsgeschichte.

Besonders seit Abraham zielt die vorchristliche Heilsvorbereitung planmäßig auf Christus hin. „Abraham glaubte dem Herrn, und das rechnete er ihm zur Gerechtigkeit" (1. Mos. 15, 6). Abraham ist der „Vater aller Gläubigen" (Röm. 4, 11; 12). Schon vor der Beschneidung, also noch vor jedem „religiösen Werk", erfuhr er das Rechtfertigungsurteil des frei begnadigenden Gottes (Röm. 4, 10—12). Er rechnete damit, daß Gott auch aus dem Tode Leben zu schaffen vermag. [1]) Er erwartete den kommenden „Samen", in dem alle ihm gegebenen Verheißungen erfüllt werden würden (Gal. 3, 16). Er wartete auf die Stadt, die da Grundlagen hat, deren Schöpfer und Baumeister Gott ist (Hebr. 11, 10). So ist Abrahams Glaube ein Glaube an die freie Heilsgnade, an die Auferweckungskraft Gottes, an den kommenden Welterlöser, an das herrliche Ziel der Endvollendung.

Dies alles ist in Christus erfüllt. Er erwarb das freie Heil. Er lebt als der Auferstandene. Er ist der Heiland der Welt. Er führt die Seinen zur himmlischen Got-

---

[1]) Röm. 4, 17—25; 1. Mos. 22, 5 vgl. Hebr. 11, 17—19.

tesstadt (Off. 21, 14; 27). So zieht Abrahams Glaube auf Christus hin. „Abraham sah meinen Tag und frohlockte" (Joh. 8, 56). So ist Christus das Ziel des abrahamitischen Verheißungsbundes.

Vierhundert Jahre später gab Gott das Gesetz. Durch Mose offenbarte Er Seinen heiligen Willen, und nun wurde noch klarer denn je offenbar gemacht, was Heiligkeit und was Sünde ist. „Durch Gesetz kommt Erkenntnis der Sünde" (Röm. 3, 20; 7, 7). Der Sinn dieses Offenbarmachens des menschlichen Versagens war aber nicht etwa, daß der Mensch lediglich geschlagen und gedemütigt würde, sondern daß der Sünder zur Buße käme. Nur so konnte seine schreckliche Not an der Wurzel gefaßt und von Christus, als dem Stellvertreter und Sündenträger, „getilgt" und „abgeschafft" werden (Hebr. 9, 26). Damit aber wird das Gesetz ein „Zuchtmeister auf Christus" (Gal. 3, 24), und es wird klar, daß Christus — wie das Ziel der abrahamitischen — so nun auch das Ziel der mosaischen Bundesschließung ist. Durch dies Ganze ist Er das Ziel beider, das einheitliche Ziel der gesamten, alttestamentlichen Offenbarungsgeschichte in ihrer Zweigipfligkeit und Harmonie.

Vornehmlich ist Christus der Sinn des Tempels. Im alttestamentlichen Gottesdienst war eine Brücke gegeben, die den Sünder, trotz seiner Ohnmacht und Schuld, in eine gewisse Gottesgemeinschaft hinüberführen sollte. Dies geschah durch das Opfer, diese zentralste Handlung in Stiftshütte und Tempel. Auch diese ist in Christus erfüllt.

2. Christus ist der Sinn des alttestamentlichen Gottesdienstes.

Alle Berufung der alttestamentlichen Priester, alle heiligen Salbungen und amtlichen Gewänder, alle Einrichtungen und Gestaltungen gottesdienstlicher Räume und Geräte, alle Handlungen in Vorhof, Heiligem und Allerheiligstem, alle Festzeiten, Sabbate und Sabbatjahre — sie alle dienten dem einen, gottgewollten Ziel, daß Gott mit dem Menschen „zusammenkommt" (2. Mos. 25, 22) und ihn in den Genuß Seiner Bundesgnade aufnehmen könne.

Dazu aber mußte die Sünde voll ernst genommen und richterlich behandelt werden. Handlung jedoch kann nur durch Handlung, Geschichte nur durch Geschichte, tatsächliche Sünde nur durch tatsächliche Sühne getilgt werden. Dies ist der Sinn des alttestamentlichen, blutigen Opfers. In ihm sind die Grundwahrheiten der Sündhaftigkeit des Menschen, der Heiligkeit Gottes, der Stellvertretung durch heilige Sühne, der Notwendigkeit persönlichen Glaubens, der Gemeinschaft des Sünders mit dem Opfer (Opfermahlzeit) und, auf Grund alles dessen, das Geschenk der beseligenden Gewißheit der Vergebung der Sünden vorbildlich ausgesprochen (Ps. 32, 1; 2).

Damit aber wird der alttestamentliche Gottesdienst in dieser seiner bedeutsamsten Zentralhandlung ein Vorbild auf das Kreuz. Denn nur als „Lamm" Gottes hat Christus die Sündenfrage gelöst. Nur als der „Gekreuzigte" ist Er der Heilbringer. Nur als der Stellvertreter ist Er der „Immanuel", der „Gott mit uns".

Weil aber diese Heilstat auf Golgatha so wundersam „andersartig" ist, so staunenerregend, so restlos unfaßbar, hat Gott in der Heilsgeschichte eine Jahrtausende lange Vorschule für das Verständnis gegeben, ein „prophetisches Bilderbuch", eine plastische Vorausdarstellung, und die Hunderttausende und Millionen von Opfertieren, die im Vorhof von Stiftshütte und Tempel ihr Leben zu lassen hatten, wurden zu einem millionenfach wiederholten Hinweis auf das *eine* Opfer des Sohnes Gottes, der durch Seine einmalige Selbstdarbringung auf immerdar alle vollkommen gemacht hat, die an Ihn glauben und durch Ihn geheiligt werden (Hebr. 10, 10; 14). Ohne diese Zielausrichtung auf Christus wäre der alttestamentliche Tempeldienst wesenlos, ja grausam. So aber erlangt er in Christus eine auf die Ewigkeit gerichtete, erlösende Bedeutung. Christus ist der Sinn des alttestamentlichen Gottesdienstes.

So zielen alle „Einrichtungen" des Alten Testaments auf eine Person hin. Die Moralgesetze offenbaren die *Notwendigkeit*, die Gottesdienstverordnungen die *Art und Weise* Seiner Erlösungstat. Er „muß" kommen, weil sonst alles dem Todesurteil verfällt. Wenn Er aber kommt, dann kommt Er als „Lamm Gottes". Nur so hat Sein Erscheinen erlösende Bedeutung.

Darüber hinaus aber spricht das Alte Testament nicht nur diese Glaubens*notwendigkeit* aus, sondern ebenso klar seine eindeutige Glaubens*erwartung*. Er „*wird*" kommen!

Dies ist die Bedeutung jener wundersamen Reihe gottgegebener Aussprüche, die wir die israelitische Messiasprophetie nennen.

3. Christus ist die Erfüllung der alttestamentlichen Messiasprophetie.

Wie ein roter Faden zieht sich die Ankündigung des Welterlösers durch die vorchristliche Offenbarungsgeschichte hindurch. Immer enger werden die Kreise, immer eindeutiger schreitet die Spezialisierung voran. Die Person des Erlösers und Sein Werk, Seine Gottheit und Seine Menschheit, Seine Familie, Seine Heimatstadt und Zeit, Sein erstes und Sein zweites Kommen, Seine Leiden und die Herrlichkeiten danach — auch eine Andeutung einer Zwischen- und Wartezeit zwischen Seinem ersten und zweiten Erscheinen (Ps. 110, 1; Hebr. 10, 13) — dies alles ist wie ein gottgegebenes, farbenprächtiges Mosaikbild, wie konzentrische Kreise, wie eine stufenweise zugespitzte Pyramide.

Planmäßig schreitet im Ablauf der Jahrtausende diese Zugipfelung fort. Zuerst wird angedeutet, *was* geschehen muß; dann wird immer klarer herausgearbeitet, *wer* es vollbringt. So geht es vom Allgemeinen zum Besonderen, vom Sachlichen zum Persönlichen, vom Amt zum Amtsträger, von der Christuserwartung zu Jesus von Nazareth.

Er kommt aus der Menschheit (1. Mos. 3, 15), aus Sems Geschlecht (1. Mos. 9, 26), aus Abrahams Samen (1. Mos. 12, 1—3), aus dem Königsstamm Juda (1. Mos. 49, 10), aus Davids Familie (Jes. 11, 1; 1. Chron. 17, 11).

Seine Heimat ist Betlehem Ephratha (Micha 5, 1). Er kommt zuerst in Schlichtheit und Niedrigkeit, wird dann aber erhöht sein auf Gottes Thron, fortan wartend, bis alle Seine Feinde zum Schemel Seiner Füße gelegt sind (Ps. 110, 1).

Dann aber tritt Er Seine Königsherrschaft an. Israel wird erneuert (Hes. 36, 25—27), die Völkerwelt gesegnet,[2]) die Natur beglückt,[3]) und am Ende gibt es einen neuen Himmel und eine neue Erde (Jes. 65, 17; 66, 22).

Im Mittelpunkt des Ganzen aber steht — wie im Tempelgottesdienst, so auch hier in der Messiasprophetie — die Erwartung Seines Sühnwerkes. Hell strahlt in Jesaja 53, dieser wundersamsten Weissagung des ganzen Alten Testaments, das Bild des Erlösers, des leidenden Gottesknechtes, als der „Lammes Gottes" auf.

Vier Hauptwahrheiten leuchten hier hervor, jede von ihnen in je drei Versen dieser gottgeordneten Erlöserankündigung zum Ausdruck gebracht:

die Tatsache Seines Leidens	– Er h a t gelitten: V. 1—3
der Sinn Seines Leidens	– Er hat s t e l l v e r t r e t e n d gelitten: V. 4—6
die Art Seines Leidens	– Er hat g e d u l d i g gelitten: V. 7—9
der Sieg Seines Leidens	– Er hat z u m H e i l d e r W e l t gelitten: V. 10—12.

Dies ist der Christus des Alten Testaments, der gottgesalbte Prophet, Priester und König, der von Israel bewußt Erwartete, die unbewußte Sehnsucht der Völkerwelt.

In diesem Ganzen ist Christus aber nicht nur „der Kommende", sondern zugleich eigentlich schon der damals Gegenwärtige!

4. C h r i s t u s i s t d e r s c h o n i n d e r a l t t e s t a m e n t l i c h e n Z e i t g e g e n w ä r t i g e, w i r k s a m e G o t t d e r a l t t e s t a m e n t l i c h e n G e s a m t o f f e n b a r u n g.

Es war der „Geist C h r i s t i", der in den Propheten war (1. Petr. 1, 11). „Seine" Herrlichkeit hat Jesaja geschaut, als er gewürdigt wurde, bei seiner Berufung den Thron des Herrn Zebaoth, des dreimal Heiligen, zu sehen.[4]) C h r i s t u s war der „Fels", der in der Wüste mit Israel mitzog (1. Kor. 10, 4). E r war der „Engel Jehovas", der sich schon zur Zeit Abrahams offenbarte (1. Mos. 16, 7), der „Engel des Angesichts" (Jes. 63, 9), der „Engel des Bundes" (Mal. 3, 1), der schon im Alten Testament geheimnisvoll auftrat, so daß er bald als „Jehovah", als „Gott" Selbst, angeredet und angebetet wird, bald aber von Jehovah-Elohim unterschieden wird.[5])

---

[2]) Jes. 2, 1—5; 19, 24; 25.
[3]) Jes. 55, 12; 13; Hos. 2, 21; 22.
[4]) Joh. 12, 41; Jes. 6, 1—3.
[5]) 2. Mos. 3, 2 vgl. 6; 1. Mos. 22, 11 vgl. 1; 1. Mos. 16, 13 vgl. 7; Richter 6, 22 vgl. 24.

Dies Geheimnis wird erst im Neuen Testament klarer geoffenbart. Es gehört zum Mysterium der Dreiheit und doch Einheit der göttlichen Wesenheiten, des Vaters, des Sohnes und des Heiligen Geistes. Der im Alten Testament geweissagte Messias ist „Jehovah-Jesus", der Gott aus Gott und Gott in Gott, der ewige Sohn, das „Wort", das schon im Urbeginn anfangslos und wesensgleich bei Gott war (Joh. 1, 1).

Damit aber wird das alttestamentliche Gotteswort zu einem Selbstzeugnis des kommenden Christus. Der Herr ist nicht nur Thema und Ziel, sondern zugleich Urheber und tragendes Element der ganzen, alttestamentlichen Offenbarung. Das ganze Alte Testament ist „Wort Christi". Christus ist der schon im Alten Bund wirksame wie auch vom Alten Bund erwartete Gott-Erlöser.

So ist Er der Gegenstand alles alt- und neutestamentlichen Glaubens. Von der Stellungnahme zu Ihm hängt alles Heil für Zeit und Ewigkeit ab. „An Jesus Christus kommt niemand vorbei!"

In vierfacher Form wird das Wort „glauben" im Neuen Testament mit der Person Jesu Christi verbunden.

1. Wir glauben **„an"** Ihn, wörtl. **„in** Ihn **hinein"** (griech. eis). Das heißt, Er ist der Gegenstand unseres Glaubens, sein lebendiges Ziel, sein Magnet. Der Glaube ist stets in Bewegung „in Ihn hinein". Wir sind — obwohl bereits gekommen — dennoch andauernd „Kommende".[6]) Im Glauben ist nichts Statisches, sondern ein Dynamisches. Jede Gnade ist eine uns von Gott in Christus durch den Heiligen Geist geschenkte Lebensbewegung. Jesus Christus ist der lebendige, magnetische Mittelpunkt, der uns durch Sein Wort und Seinen Heiligen Geist in Seine Gemeinschaft hineinzieht.

2. Wir glauben **„in"** **Ihm** (Kol. 1, 4). Hier wird ein anderes, griechisches Wort gebraucht, welches zur Bezeichnung der Raumbestimmung gebraucht wird.[7]) Christus ist unser Lebensraum. Er umgibt uns von allen Seiten. Er ist die geistliche Lebenssphäre, „in" der wir sind. Ein Christ ist ein Mensch „in Christo". Er erlebt die selige Wahrheit: „Ich in ihnen und sie in Mir" (Joh. 15, 1—7). Er glaubt nicht nur „an" Ihn und „in Ihn hinein". Sein Glauben und Glaubensleben vollzieht er „in Christo". Er weilt und wohnt in Ihm. Christus ist unsere Heilsburg, unser Schloß, unsere Wohnstatt, unser Element. Was das Wasser für die Lebewelt der Fische, was die Luft für den Menschen ist, das ist Christus für unsere Seele. Er ist über uns und um uns herum. Er umstrahlt uns wie die Sonne. Die Sonne ist im Himmel, und doch sind wir, bei wolkenfreiem Tag, hier auf Erden auch gleichsam „in" der Sonne, „im" Sonnenschein. So ist Christus, der im Himmel Wohnende, zugleich hier auf Erden das uns umflutende Lichtelement unseres Daseins.

---

[6]) Vgl. 1. Petr. 2, 4: „zu welchem kommend" (wörtl.).

[7]) In Kol. 1, 4 wird das griechische Wort „en" gebraucht (nicht: „eis"). „En" (deutsch „in" mit dem 3. Fall) antwortet nicht auf die Frage „Wohin?" (wie „eis"), sondern auf die Frage „Wo?"

3. Wir glauben **„auf"** Ihn. Auch dies ist eine Ausdrucksweise des Neuen Testaments. „Glaube auf den Herrn Jesus, und du wirst errettet werden, du und dein Haus", so lautet das bekannte Apostelwort an den Kerkermeister von Philippi wörtlich (Apg. 16, 31). Unter dem Einfluß der Wortgestalt einer Psalm- und einer Prophetenstelle, wo vom messianischen „Eckstein" und Heilsfundament die Rede ist (Ps. 118, 22; Jes. 28, 16), wird Christus hier als die Grundlage unseres Glaubenslebens bezeichnet, „auf" (griech. epi) den wir glauben, oder, wie wir es im Deutschen zwar nicht unter Verwendung des Wortes „glauben", wohl aber des Wortes „vertrauen" sagen können, „auf den wir vertrauen".[8]) „Einen anderen Grund kann niemand legen außer dem, der gelegt ist, Jesus Christus" (1. Kor. 3, 11). „Auf" diesem Ewigkeitsfundament bauen wir, in der Kraft des Geistes Gottes, das Gebäude unseres Glaubens „auf"! Und schließlich:

4. Wir glauben **„Ihm".** Paulus sagt: „Ich weiß, »wem« ich geglaubt habe" (2. Tim. 1, 12 wörtl.). Hier wird in der Grundsprache des Neuen Testaments das Wort „glauben" mit dem dritten Fall (Dativ) der Person verbunden. „Ich weiß, wer der ist, dem ich Glauben geschenkt habe" (Menge). Christus ist nicht nur Ziel und Lebensraum, nicht nur das tragende Fundament unseres Glaubens, sondern Er ist die Person, der unser Glaube gilt.

Er Selbst hat uns lieb. Es besteht ein geheimnisvolles und doch wunderbar starkes Band, das Ihn und mich, Sein göttliches Ich und mein kleines, menschliches Ich miteinander verbindet. Ich darf Ihm Selbst vertrauen. Seine Person steht vor meiner Person, und meine Person steht vor Seiner Person. Jesus Selbst ist mein Glück! Er ist meine Freude, mein Helfer und meine Kraft. Er ist mein Freund und Berater. Er weiß alles am klarsten, und Er kann alles am besten.

Ich höre auf Ihn. Ich glaube, daß Er es gut mit mir meint. Ich halte Sein Wort und Seinen Plan stets für weise. Ich tue, was Er sagt. Das heißt in Wahrheit: „Ich glaube — Ihm".

Das ist neutestamentlicher Christusglaube. Er ist das Ziel der vorangegangenen Gottesoffenbarungen des Alten Bundes. So offenbart sich im Christus-Jehova-Jesus-Erleben die Einheit beider Testamente: die Christuserfahrung des Neuen Testaments und das prophetische Christuszeugnis des Alten Testaments.

---

[8]) 1. Petr. 2, 6; Röm. 10, 11.

SECHSTES KAPITEL

Die Völker vor Gott

Gott ist der Herr der Welt. Als Schöpfer und Weltregierer ist Er zugleich auch der Gott der Gesamtmenschheit. Zu allen Zeiten — auch seit der Berufung Abrahams und seit dem Einsetzen Seines Sonderweges mit Israel und der Gemeinde — blieb Er von Sich aus in Beziehung zum ganzen Menschengeschlecht und war Lenker der Völkerschicksale und Herr der Geschichte.

Deutlich durchläuft die Entwicklung der Gesamtmenschheit — offenbarungsgeschichtlich gesehen — ganz bestimmte, klar zu unterscheidende Hauptperioden. Sie sind auf unserer Heilskarte durch die Einteilung des grünen Feldes gekennzeichnet.

Die Völker in der Uroffenbarung

Von der Erschaffung des Menschen bis zur Berufung Abrahams.

In dieser Zeit ist die Offenbarung Gottes nicht auf ein Einzelvolk oder auf eine irgendwie anders (d. h. geistlich) zusammengesetzte Einzelgruppe von Menschen (wie die Gemeinde) begrenzt, sondern gilt allen Menschen schlechthin. Zuerst im Paradiese, dann in der Zeit der menschlichen Freiheitsprobe und zuletzt in der Zeit der menschlichen Herrschaft war Gottes Selbstkundgebung an den Menschen schlechthin universal.

Zuerst — nach dem Sündenfall — gab Gott der Menschheit die Möglichkeit allgemein sittlicher Selbstbestimmung, ohne göttliche Sonderbefehle oder Gesetzesoffenbarung, auch ohne die Einrichtung menschlicher Obrigkeiten und Kontrollgewalten. Dann — nach dem totalen, sittlichen Versagen des Menschen in der kainitischen Urkultur und dem dadurch notwendig gewordenen Sintflutgericht — stellte Er ihn, durch Einsetzung der Obrigkeit (1. Mos. 9, 6), unter menschliche Gesellschaftsordnungen.

In Sem, Ham und Japhet, den Söhnen Noahs, kam es nach dem Flutgericht zu einem Neuanfang (vgl. Plan). Da Hams Nachkommenschaft (wegen Hams Sünde:

1. Mos. 9, 21—25) der Segenlosigkeit und, in Hams jüngstem Sohn Kanaan, sogar dem Fluch anheimgegeben war (1. Mos. 9, 25), konzentrierte sich der Segen auf die beiden anderen Söhne. Hierbei war Japhets Segen mehr irdischer Art: geistig-kulturelle und politische Ausdehnung. „Ausbreitung gebe Gott dem Ausbreiter" (Japhet = der Weite: 1. Mos. 9, 27).[1]) Sems Segen aber war vornehmlich heilsgeschichtlicher Art und führte, über Abraham und David, zu Christus, dem Welterlöser. „Gepriesen sei Jehovah, der Gott Sems."[2])

Aber auch in diesem Geschichtsabschnitt versagt der Mensch, wie es der Turmbau von Babel offenbar macht (1. Mos. 11). So hatte sich der Mensch in beiden urgeschichtlichen Perioden — dem Zeitabschnitt der kainitischen wie dem Zeitabschnitt der urbabylonischen Urkultur — als unfähig erwiesen, auf die für diese Zeiten angesetzten Regierungsgrundsätze Gottes einzugehen. Die Freiheit mißbrauchte er zu Willkür und Zügellosigkeit (vgl. Lamech: 1. Mos. 4, 19—24), die obrigkeitliche Gesellschaftsordnung zu gewalttätiger Unterdrückungspolitik und gemeinsamer, eitler Ruhmsucht (vgl. Nimrods Weltreich: 1. Mos. 10, 8—12; ebenso der Turmbau von Babel: 1. Mos. 11).

Darum wurde schließlich ein Wandel in den göttlichen Offenbarungswegen erforderlich. Als die Menschheit sich in ihrem Wahn zusammenrottete, um im babylonischen Turmbau, in zusammengeballter Kraft und in eitler Selbstherrlichkeit, dem Allerhöchsten die Ehre zu rauben (1. Mos. 11, 4), zerschlug Gott diese Einheit, setzte die Gesamtmenschheit beiseite und beschränkte den Strahlenkreis Seiner eigentlichen Erlösungsoffenbarung zunächst auf einen Einzelnen und dessen leibliche und geistliche Nachkommenschaft.

Die Völker in der Beiseitesetzung

Von Abrahams Berufung bis zum Beginn des gegenwärtigen Heilszeitalters.

Aber auch jetzt blieb Gott der „Gott der Nationen" (Röm. 3, 29). Zwar nicht im Sinn unmittelbarer Heilsoffenbarung und Bundesschließung, gottesdienstlicher Einrichtungen und direkter Prophetieen, sittlicher Willenskundgebung (Gesetz) und theokratischer Staatsverfassung,[3]) wohl aber als Lenker und Richter der Völkerwelt (Spr. 14, 34) durch Beeinflussung der Obrigkeit (Spr. 8, 14—16) sowohl in ihren politischen wie ihren militärischen Entschlüssen[4]) durch Ordnung der Welt-

---

[1]) Japhet ist, als Vater der Meder (Madai: 1. Mos. 10, 2) und Griechen (hebräisch „Jawan", „Jonier"), der Stammvater der Indogermanen. Denn die Perser sind das Brudervolk der Meder; die Römer sind stammverwandt mit den Griechen. Mit den Persern hängen die Inder („Aryas", „Arier") und Germanen zusammen, mit den Römern die Romanen (Italiener, Franzosen, Spanier . . .), mit allen weiterhin die Slaven und viele andere. Sie alle heißen, zusammengenommen, „Indogermanen (Arier)".

[2]) 1. Mos. 9, 26; 12, 1—3; Luk. 3, 36; Joh. 4, 22.

[3]) Ps. 147, 19; 20; Röm. 1, 24; 26; 28; 2, 14.

[4]) 1. Kön. 11, 14; 23; 1. Chron. 5, 26; Jes. 45, 1—7.

verhältnisse, Festlegung der Grenzen (Apg. 17, 26), Überwaltung der Geschichtsereignisse (Am. 9, 7), Einwirkung auf das geistige Leben der Völker, besonders Weltanschauung, Moral und Sitte (Apg. 17, 27). Auch in seiner Flucht vor Gott kommt der Mensch von Gott eben nicht los. Auch in der Beiseitesetzung war und blieb die Völkerwelt Gegenstand göttlicher Einwirkungen und Liebe.

Mit Nebukadnezar, der Zerstörung Jerusalems und dem Aufhören des jüdischen Nationalstaates (586 v. Chr.) trat dann noch ein weiteres Moment hinzu. Nachdem fast anderthalb Jahrtausende — erlösungsgeschichtlich gesehen — die Völkerwelt lediglich im Hintergrund der göttlichen Offenbarungen gestanden hatte, wird sie nunmehr wieder direkter Gegenstand göttlicher Prophetie. Bis dahin war in der israelitischen Gottesbotschaft zwar oft schon von den Nationen die Rede gewesen (besonders bei Amos und Jesaja) — in Gericht und Verheißung —; aber fast stets lag auch bei diesen Völkerprophetien der Schwerpunkt auf Israel. Was Gott mit den Völkern tat, tat Er vornehmlich „um Israels, Seines Knechtes, willen" (Jes. 45, 1—7, bes. V. 4). Jetzt aber, als Israel-Juda, seit der Zerstörung Samarias durch die Assyrer (722) und Jerusalems durch die Babylonier (586), sein politisches Eigenleben verloren hatte und in die Hände der Weltvölker hingegeben war, als also „die Zeiten der Nationen" (Luk. 21, 24) begannen, ist es auch nur folgerichtig, daß Gott Weissagungen schenkte, die die Geschichte der Völkerwelt nicht nur hintergrundartig und vornehmlich mittelbar, sondern gleichsam vordergrundartig als Geschichtsgruppe in sich, als selbständigen Gegenstand ihrer Botschaften, behandelten. Dies geschah in den Traumgesichten Nebukadnezars und den Weltreichsprophetien Daniels, des Gottespropheten und Staatsministers (Dan. 2. 4. 7. 8). Hierbei sieht Nebukadnezar, der Heide, das Außenantlitz der Geschichte, das imponierende Kolossalstandbild in seiner Einheit, Humanität und Großartigkeit (Dan. 2, 31—36), während Daniel, der Prophet Gottes, ihr inneres Wesen erkennt, ihre Raubtiernatur, Zerrissenheit und Dämonie (Dan. 7, 1—8).

Vier Weltreiche stehen hierbei im Gesichtskreis der Weissagung:

Das goldene Haupt, der Löwe mit Adlersflügeln (Dan. 2, 32; 38; 7, 4) — das Neubabylonische Reich (612—538), besonders unter Nebukadnezar (605—562).

Die silberne Brust (Dan. 2, 32), der Bär, der sich auf der einen Seite aufrichtet (Dan. 7, 5), der Widder mit den zwei ungleichen Hörnern (Dan. 8, 3; 20) — das Medo-Persische Reich, gegründet von Kores, zerstört durch Alexander den Großen (538—333), besonders durch den entscheidenden Sieg Alexanders in der Schlacht bei Issus (333).

Der kupferne Bauch und die Lenden (Dan. 2, 32), der Panther mit den vier Flügeln und den vier Köpfen (Dan. 7, 6), der Ziegenbock (Dan. 8, 5) mit dem einen, großen Horn (Alexander der Große) — das Griechisch-Mazedonische Weltreich, das sich nach Alexanders Tod (323) in vier Hauptnachfolger (Diadochen)-staaten zerspaltete, die schließlich — besonders im zweiten, vorchristlichen Jahrhundert — von den Römern überwunden wurden.

Von besonderer Bedeutung für Heilsgeschichte und Prophetie waren hier namentlich die folgenden zwei:

Das Ägyptische Reich, der „König des Südens" (Dan. 11, 5; 9; 11). In seinem Staatsgebiet entstand zwischen 250 und 120 v. Chr. die griechische Übersetzung des hebräischen Alten Testaments, die aus noch nicht klar erkannten Gründen „Septuaginta" (70, LXX) genannt wurde und die später die Weltmissionsbibel des apostolischen Urchristentums war. Und:

Das Syrisch-Babylonische Reich, der „König des Nordens" (Dan. 11, 6; 7; 11). Hier kam es im zweiten, vorchristlichen Jahrhundert unter König Antiochus IV. Epiphanes (175—164) zu einer grausamen Verfolgung der Jehova-gläubigen Juden, die 168 den Makkabäeraufstand auslöste (168—141). Der gottfeindliche Antiochus selbst war fortan in der Prophetie ein Haupttypus auf den Antichristen der Endzeit, d. h. das „kleine Horn" des dritten Weltreiches (Dan. 8, 9; 23) war ein Typus auf das „kleine Horn" des vierten Weltreiches (Dan. 7, 8; 20, 24; 25).

Es folgt das vierte Haupt-Weltreich des Buches Daniel. Sein erstes Stadium waren:

Die Beine aus Erz und Eisen (Dan. 2, 40), das Schreckenstier, das alles zermalmt und auffrißt (Dan. 7, 7) — das Römische Weltreich, das alle Kulturvölker der damaligen, bekannten Welt umspannende Imperium Romanum. Besonders nach der Besiegung der Karthager bei Zama (202 v. Chr.) haben die Römer im Verlauf des zweiten Jahrhunderts vor Christus die Unterwerfung der meisten Mittelmeerstaaten abgeschlossen. Seit 133 v. Chr. waren sie die Herren der Welt. Unter ihrem ersten Alleinherrscher Augustus (31 v. Chr. — 14 n. Chr.) wurde Christus geboren (Luk. 2, 1). Unter ihrem zweiten Kaiser Tiberius (14—37 n. Chr.) trat der Herr öffentlich auf und hat dann Sein Erlösungswerk vollbracht (Luk. 3, 1). Die Römer waren dann auch die Werkzeuge in der Hand Gottes, das Gericht an dem abtrünnigen Israel zu vollziehen, das seinen Messias verworfen hatte (Matth. 27, 25). Titus, der Sohn und spätere Nachfolger Kaiser Vespasians, zerstörte Jerusalem im Jahre 70. Und wiederum waren es die Römer, die, einige Jahrzehnte später, nach einem dreijährigen, heißen Ringen gegen den falschen Messias Bar-Kochba[5]) im Jahre 135 den jüdischen Nationalstaat auflösten und die Juden in die eigentliche Zerstreuung schickten. In dieser befindet sich das jüdische Volk dann bis auf die gegenwärtige Zeit.[6])

So entsprechen in den Weissagungen des Buches Daniel die Teile des Monarchienbildes Nebukadnezars den wilden Bestien der Raubtiervision Daniels. Wir haben auf unserer Zeichnung diese Übereinstimmung dadurch zum Ausdruck gebracht, daß jedes der vier Raubtiere auf einem Metallpostament steht, dessen Metallart derjenigen der vier Hauptteile des Standbildes entspricht, das heißt: der babylonische „Löwe" steht auf einem „goldenen" Fundament (vgl. das goldene Haupt),

---

[5]) „Sternensohn", so genannt unter Berufung auf 4. Mos. 24, 17.

[6]) Vgl. 5. Mos. 28, 49 ff.; Hos. 3, 4; Luk. 21, 24.

der medo-persische „Bär" auf einem „silbernen" (vgl. die Brust und Arme von Silber), der griechisch-mazedonische „Panther" auf einem kupfernen Sockel (vgl. Bauch und Lenden von Kupfer) und das vierte Schreckenstier auf einem Postament von „Eisen" (vgl. die Beine von Erz und Eisen). Das Monarchienbild als Standbild selbst in die Heilskarte einzutragen, war aus raummäßigen Gründen zeichnerisch nicht möglich.

Durch das Herabsteigen der Lage der vier Postamente und ihrer Weltreich-Raubtiere ist angedeutet, daß der menschheitliche Entwicklungsgang keine wahre Aufwärtsbewegung zu Gott hin ist, sondern im Gegenteil, ein Weg abwärts, eine erschütternde, trotz allen Kulturfortschritts immer mehr zunehmende Los-von-Gott-Bewegung, eine ernste Wahrheit, die im Monarchienbild Nebukadnezars durch den immer geringer werdenden Wert der Metalle ausgedrückt ist (Gold, Silber, Kupfer, Eisen).

Im Sinne der Prophetie währt dann das vierte Reich bis an das Ende der Welt. Das Eisen im Koloß Nebukadnezars reicht bis zu den Füßen (Dan. 2, 33). Auf das vierte Tier folgt unmittelbar die Aufrichtung des Reiches des Menschensohnes (Dan. 7, 7—14). Daher haben wir auf unserer Zeichnung die Linie des eisernen Postaments des vierten Tieres durch das ganze Feld der gegenwärtigen Heilszeit hindurchgezogen.

In der Tat, trotz allen Wandels im einzelnen hat es sich auch in der Geschichte erwiesen, daß die Idee des vierten Weltreichs niemals tot war. Auch nach dem Zusammenbruch des Weströmischen (476 n. Chr.) und Oströmischen Reiches (1453) hat sich seine Lebenskraft immer wieder erwiesen, besonders in dem Bestand der Römischen Kirche, dem Fortbestehen der römischen (lateinischen) Sprache in Theologie, Jura, Medizin, Naturwissenschaft und Militär, in dem Fortleben und den Auswirkungen des römischen Rechts, ja, auch in ganz bestimmten, klar erkennbaren, welthistorischen Entwicklungen, Einzelereignissen und politischen Sondererscheinungen.[7])

Während dieser Zeit aber geht das Evangelium durch die Welt.

Die Völker unter der Heilsberufung

D a s g e g e n w ä r t i g e H e i l s z e i t a l t e r b i s z u r A n k u n f t (P a r u s i e) C h r i s t i.

Mit der Botschaft vom Kreuz, vom vollen und alleinigen, gegenwärtigen und zukünftigen Heil in Christo als unserm Stellvertreter und Bürgen, dem gekreuzigten und auferstandenen Sündenträger und Sündentilger, gehen die Zeugen Jesu von Land zu Land, und wo Menschen sich finden, die sich dieser Heilsbotschaft öffnen und in Buße und Glauben Christus als ihren persönlichen Heiland

---

[7]) Näheres vgl. „Triumph", S. 151—153.

annehmen, werden sie teilhaftig Seines Heils und eingegliedert in Seine Gemeinde. Das Ziel dieser Verkündigung ist nicht Verchristlichung der Massen, Christianisierung der Kultur, Schaffung „christlicher" Völker und Völkergruppen — dies wird erst in der Missionszeit des kommenden, sichtbaren Gottesreiches der Fall sein[8]) —, wohl aber, „aus ihnen ein Volk zu nehmen für Seinen Namen" (Apg. 15, 14)[9]) und somit Schaffung eines neuen, übernationalen Gottesvolkes. „Da ist nicht Jude noch Grieche, nicht Sklave noch Freier . . . , sondern allzumal einer in Christo Jesu" (Gal. 3, 28; Kol. 3, 11). Damit aber entsteht, an Stelle der bisherigen, offenbarungsgeschichtlichen Zweiteilung der Menschheit, eine Dreiteilung (1. Kor. 10, 32), und zu Israel und den Weltvölkern tritt die Gemeinde als das „dritte Geschlecht" hinzu.

Was aber tut die Menschheit am Ende dieser Heilszeit?

Nachdem sie Jahrhunderte hindurch das Heilsangebot von Christus gehört hat, entscheidet es sich schließlich — für seinen Feind, den Antichrist! Ein gottgelöstes Kultursystem wird aufgebaut, in dem führende Kulturvölker, politisch vereint, wirtschaftlich zentralisiert und religiös-weltanschaulich gleichgeschaltet werden. Nur so ist es durchführbar, daß schließlich „alle", die Kleinen und die Großen, unter Androhung wirtschaftlichen Boykotts, zur Anbetung des „Tieres" und damit zur Verleugnung des biblischen Offenbarungsglaubens gezwungen werden, „so daß niemand kaufen oder verkaufen kann als nur der, welcher das Malzeichen des Tieres hat, den Namen des Tieres und die Zahl seines Namens" (Off. 13, 17). Durch diese Vereinigung von Politik, Geschäft und Glaube wird aber das antichristliche Weltsystem eine Konzentration von drei Konzentrationslinien, eine geradezu ungeheuerliche, geistige Wiederholung des babylonischen Turmbaus. Dies drückt unsere Heilskarte dadurch aus, daß das die antichristliche Zeit darstellende, schmale, grüne Feld eine dem urbabylonischen Turmbau gegenüberliegende, entsprechende, dreiseitige Pyramide enthält, an deren Spitze die geheimnisvolle, zunächst noch nicht zweifelsfrei erklärbare Zahl des Tieres „666" steht.

Irgendwie wird das Kultursystem auch in besonderer Beziehung zu Rom stehen. Zugleich wird es die Zusammenfassung und das Endergebnis aller gottfernen Weltarbeit der von Gott gelösten Völkerwelt sein, die Gipfelung aller Weltreiche der Vorzeit, die Generalsumme aller Raubtierreiche der Weissagungen Daniels. Deshalb wird die antichristliche Bestie auch als Löwe, Bär und Panther zugleich dargestellt, und die Zahl seiner Hörner (7) ist die Gesamtsumme der Hörner aller vier Raubtiere der Vision Daniels (Dan. 7, 2—8). Und wenn schließlich die Offenbarung von zwei „Tieren" spricht,[10]) von denen das erste unverkennbar im Vordergrund steht, indem das zweite seine ganze Aufgabe darin sieht, alle Ehre dem ersten Tier zuzuschieben,[11]) so eben deshalb, weil das antichristliche Weltsystem

8) Jes. 2, 3; 4; 19, 11—25.
9) Vgl. Tit. 2, 14; 1. Petr. 2, 9; 10.
10) Off. 13, 1—10 und V. 11—18.
11) Off. 13, 12; 14; 16 f.

zwei Hauptpersönlichkeiten erkennen lassen wird, die das Ganze zu einem gleichsam leiblich-geistigen Höllenorganismus vereinheitlichen, den politischen Führer und seinen religiös-weltanschaulichen Propagandaminister! (Vgl. auf der Zeichnung die beiden Tiere am Ende der eisernen Linie unterhalb der dreiseitigen, endbabylonischen Pyramide.)

Das letzte Wort aber wird Christus haben. Durch die „Erscheinung Seiner Ankunft" wird Er Seine Feinde vernichten[12]) und Sein Reich aufrichten.

Die Völker im sichtbaren Gottesreich

Das „Tausendjährige Reich".

Als der in Herrlichkeit sichtbar erschienene Gottkönig wird Er dann sitzen auf Seinem Thron der Herrlichkeit und richten alle Nationen der Erde. Sie werden vor Ihm versammelt sein, und Er wird sie scheiden, wie ein Hirt die Schafe und die Böcke voneinander scheidet (Matth. 25, 31; 32). Als Ort für dies Völkergericht gibt die Heilige Schrift das Tal Josaphat an (Joel 4, 12). Die Entscheidung, um die es geht, wird die Frage sein, wer von denen, die den Gerichtskatastrophen entronnen sind, Eingang finden wird in das sichtbare Gottesreich, wer aber andererseits wegen seines Verhaltens dem Gericht des Verderbens anheimgegeben wird (Matth. 25, 34; 46b).

Die aber, die dann zum Gottesreich zugelassen werden, werden mit Segnungen überschüttet. Dann werden die Völker als Völker sich bekehren,[13]) und zum erstenmal in der Geschichte wird es christliche Nationen und Kulturen im Sinne der Heiligen Schrift geben (Jes. 19, 19; 23; 25). Christus aber, dem mit der Goldsilberkrone des Priestertums und Königtums (Sach. 6, 11—13) gekrönten Menschheits-Gottkönig, wird allerorts Anbetung dargebracht werden (Mal. 1, 11).

Innere Erneuerung der Völkerwelt (Zeph. 3, 9),
Friede unter den Nationen (Mich. 4, 3; 4),
Segnungen der Natur (Jes. 11, 6—8; Hos. 2, 23; 24),
soziale Gerechtigkeit (Jes. 11, 3; 4),
körperliche Gesundung (Jes. 35, 5; 6),
patriarchalisches Lebensalter (Jes. 65, 20),
erfolgreiche Berufsarbeit (Jes. 65, 21—23),
Auflösung zu riesiger Großstädte (Sach. 3, 10) —

das sind Segnungen des Alltags, die sie alle genießen.

Die Völker im letzten Aufruhr. Gog und Magog

Und doch! Auch hier erweist der Mensch, wenn die letzte und schärfste Probe kommt, sein totales Versagen! Während der Zeit dieses sichtbaren Gottesreiches ist Satan im Abgrund gefesselt gehalten: Off. 20, 2; 3. (Vgl. auf der Zeichnung

---

12) 2. Thess. 2, 8; 9; Jes. 11, 4.
13) Jer. 3, 17; Sach. 8, 20—22; Jes. 2, 3; Mich. 4, 2; Jes. 42, 4.

die schwarze Schlangenlinie unter dem grünen Feld, das die Menschheitsgeschichte darstellt.) Zuletzt aber „muß“ er losgelassen werden, damit auch auf diese letzte Heilszeit die Probe des Erfolgs gemacht werden kann (Off. 20, 3; 7). Und was ist das Ergebnis? — Nach tausendjährigem Genuß der Segnungen sichtbarer Gottesherrschaft entscheidet sich die Menschheit für — den Teufel und zieht in hellen Scharen, unter Gog und Magog, also unter japhetitisch-indogermanischer Führung, gegen Jerusalem, die Gottesstadt, zu Felde![14])

Hierauf kann es nur eine Gottesantwort geben: Feuer fällt vom Himmel und verzehrt diese gottfeindliche Menschheit. Auch die Erde, der Schauplatz dieser gesamten, menschheitlichen Fehlentwicklung, wird aufgelöst, damit ein neuer Himmel und eine neue Erde entstehe (Off. 20, 9—21, 1).

Dies alles ist für den Menschen außerordentlich demütigend. Es beweist aber auch zugleich, wie Gott Recht gehabt hat, daß Er für des Menschen Heil alle menschliche Kraft ausgeschaltet und nur einen Heilsweg bestimmt hat: Seine Gnade allein und das Kreuz von Golgatha.

Die Völker auf der neuen Erde

Auch auf der neuen Erde wird es noch „Völker“ geben (Off. 21, 24; 22, 2). Auch die erneuerte Menschheit wird noch organische Gliederungen haben. Aber alles wird dann wundersam zusammenklingen. Die himmlische Gottesstadt wird auf der neuen Erde sein (Off. 21, 10). In ihr selber wird der Thron Gottes und des Lammes sein (Off. 22, 3), und um des Königs der Herrlichkeit willen, der das Zentrum und Wesen alles himmlischen Lebens ist, werden die Völker der neuen Erde in dieser vom Himmel herabgekommenen Gottesstadt ihre Hauptstadt und den Mittelpunkt ihrer Anbetung sehen. „Die Nationen werden durch ihr Licht wandeln, und die Könige der Erde bringen ihre Herrlichkeit zu ihr“ (Off. 21, 24).

---

[14]) Off. 20, 8; 9 vgl. 1. Mos. 10, 2.

SIEBENTES KAPITEL

Die Geschichte des Christus

Jesus Christus ist der erlösende Mittelpunkt der Heilsgeschichte. Er war der schöpferische Urgrund schon der alttestamentlichen Offenbarung; denn Sein Geist war in den Propheten. Er war, in geheimnisvoller Einheit mit Gott, Seinem Vater (Ps. 110, 1), der Gott schon der israelitischen Geschichte,[1]) das Ziel des Gesetzes[2]) sowie aller Weissagungen in Tempeldienst[3]) und unmittelbarer, prophetischer Verkündigung (Messiasprophetie, z. B. Jes. 53). Er war, als der „Löwe aus dem Stamme Juda" (Off. 5, 5) und der „Sohn Davids" (2. Tim. 2, 8), die „Wurzel" und Krone des davidischen Königshauses[4]) und somit Fundament, Inhalt und Sinn aller Heilsoffenbarungen schon vor Seiner Menschwerdung.

Und dann, in der „Fülle der Zeit", ist Er Selber erschienen (Gal. 4, 4). Als der „Stern aus Jakob" (4. Mos. 24, 17) ist er in Bethlehem „aufgegangen", als „Aufgang aus der Höhe" (Luk. 1, 78), als die personhaft „erschienene" Güte und Menschenliebe Gottes, unseres Heilandes (Tit. 3, 4). Dies ist Seine erste „Epiphanie",[5]) Sein Kommen zum Heil, zur Errettung der Sünder, „um Sein Leben zu geben als Lösegeld für viele" (Matth. 20, 28), angekündigt von Johannes dem Täufer als „Lamm Gottes", das die Sünde der Welt trägt und hinwegnimmt (Joh. 1, 29).

Das Kreuz Christi als Heilsmittelpunkt aller Zeiten

Das Kreuz ist darum das Zentralereignis Seines Erdenwerkes. Es ist die Zentraltat Gottes in der Erlösungsgeschichte des Universums überhaupt. Es ist die wunderbarste Offenbarung des Retterwillens Gottes, „damit jeder, der an Ihn glaubt, nicht verloren werde, sondern das ewige Leben habe" (Joh. 3, 16; 17). Es ist, wenn auch nicht zeitlich, so doch innerlich-geistig der Mittelpunkt der Menschheitsgeschichte.

---

[1]) Joh. 12, 41 vgl. Jes. 6, 1 ff.
[2]) Röm. 10, 4; Gal. 3, 24; 19.
[3]) Kol. 2, 17; Hebr. 10, 1.
[4]) Off. 22, 16 vgl. Matth. 1, 1—17.
[5]) Erscheinung, 2. Tim. 1, 10.

„Jesus Nazarenus Rex Judaeorum" (INRI), d. h. „Jesus von Nazareth, König der Juden" — diese in lateinischer, griechischer, hebräischer Sprache von ungläubiger Hand über das Kreuz gesetzte Botschaft (Joh. 19, 19; 20) stand darum zugleich unter der Überwaltung des weltregierenden Heilandgottes. Denn indem diese Inschrift in den drei Hauptsprachen der damaligen Weltkultur — der Sprache des Staates, der Kultur und der Religion — über das Kreuz gesetzt war, war zugleich, ungewollt und doch tatsächlich, ausgedrückt, daß der aus dem Volk Israel stammende Jesus von Nazareth zu allen Gebieten des menschlichen Lebens in Beziehung steht, daß Seine Person und Sein Werk äußerlich und innerlich aller Welt gilt, daß Er, der Verachtete, einst dennoch die Krone tragen wird.

In der Tat, wundersam sind die Wirkungen, die von Seinem Heilswerk ausgehen. Es ist, als wenn mitten in allem Dunkel von Golgatha die Sonne aufgegangen ist und mit ihrem Glanz die ganze Vergangenheit und die ganze Zukunft bestrahlt. (Vergleiche auf der Heilskarte die Lichtstrahlen, die vom Kreuz nach allen Seiten ausgehen.)

Die Auswirkungen des Urfalls Satans[6]) können nur überwunden werden durch das Kreuz. Darum reichen die Strahlen, die von Golgatha ausgehen, zurück in die Äonen der vormenschlichen Urzeit.

Das an der Schwelle des verlorenen Paradieses dem gefallenen Menschen indirekt gegebene Urevangelium vom Weibessamen und Schlangenzertreter (1. Mos. 3, 15) kann nur geschichtliche Verwirklichung finden in dem Heilswerk des Gekreuzigten. Darum erhält auch das Dunkel dieses Verheißungswortes erst helles Licht von Karfreitag und Ostermorgen her.

Daß Gott nicht verdammen, sondern begnadigen will, ja daß Er Seinen Bund mit den Menschen errichtet und Gemeinschaft mit ihnen haben will, was Er in Seiner Bundesschließung mit Noah und durch die damals als Bundeszeichen festgesetzte, Himmel und Erde verbindende Lichtbrücke des Regenbogens bezeugt hatte (1. Mos. 9, 12 ff.), wird auch erst ermöglicht durch das Kreuz. Denn nur durch das „Blut des ewigen Bundes" (Hebr. 13, 20) wird die Scheidewand hinweggetan, die Gott und Mensch voneinander trennt, die Sünde, zu deren Abschaffung durch Sein Opfer Christus erschienen ist (Hebr. 9, 26).

Die dem Abraham gegebene Verheißung vom Segen für alle Völker,[7]) Abrahams Rechtfertigung allein durch den Glauben,[8]) das Opfer von Morija (1. Mos. 22), der Auferstehungsglaube des Patriarchen (Hebr. 11, 19) — dies alles empfängt auch erst volles Licht durch die Heilstat des Gekreuzigten und Auferstandenen (vgl. Röm. 4, 23—25).

Und schließlich: Das ganze, mosaische Gesetz, seine sittlichen Forderungen, seine gottesdienstlichen Einrichtungen, seine prophetischen Bilder und

[6]) 1. Joh. 3, 8; Luk. 10, 18.
[7]) 1. Mos. 12, 3; Gal. 3, 13; 14.
[8]) 1. Mos. 15, 6; Römer 4, 9—13.

Messiasankündigungen würden ebenfalls, was den letzten und tiefsten Sinn betrifft, ewig dunkel und unverständlich bleiben, wenn nicht Christus gekommen wäre, als die Erfüllung von Gesetz und Prophetie (Röm. 10, 4) und mit e i n e m Opfer alle anderen Opfer beleuchtet, erklärt und erfüllt[9]) und damit den ganzen, mosaischen Gesetzes- und Tempeldienst für ewig „abgeschafft" hätte.[10])

Aber auch die Zukunft steht unter dem Strahlenglanz der auf dem Hügel Golgatha und am Ostermorgen aufgegangenen Heilssonne. Denn nun kann es eine G e m e i n d e geben, ein durch das Lösegeld des Blutes des Sohnes Gottes erkauftes Eigentumsvolk,[11]) dessen Heilsgrundlage, Krone und Stern, Kraft, Ehre und Ruhm allein das Kreuz ist,[12]) nämlich das Kreuz in Verbindung mit der Auferstehung (1. Kor. 15, 13—19), der von Gott geschenkte Stellvertreter und Bürge, der für uns starb und für uns lebt (Röm. 4, 25; 5, 10), der auf Erden das Heil uns erwarb und vom Himmel her, durch Seinen Geist und Sein königliches Hohespriestertum, uns das Heil zueignet, erhält und verklärt.[13])

Nur so kann es auch ein **s i c h t b a r e s G o t t e s r e i c h** geben. Denn nur wenn die Sünde überwunden ist, kann es eine Gott wahrhaft dienende, erneuerte Menschheit geben. In jedem Fall gehört auch für Christus persönlich die Krone zum Kreuz. Dieselbe Erde, die der Schauplatz Seiner Erniedrigung war, muß auch der Schauplatz und Zeuge Seiner Erhöhung und Verherrlichung werden. Das gehört einfach zur göttlichen Rechtfertigung des Gekreuzigten vor aller Kreatur. So aber ist Christi Erscheinung in Herrlichkeit durchaus Frucht Seiner Erscheinung in Niedrigkeit, und auch das Tausendjährige Reich steht unter den Lichtstrahlen von Kreuz und Auferstehung.

Zuletzt aber wird das Endziel erreicht sein, der ewige Zustand, das verklärte Universum. Und wenn alles nur durch Christus bewirkt wurde — und zwar durch Ihn als den Überwinder der Sünde durch das K r e u z ! —, dann ist es auch nur folgerichtig, daß Er gerade als L a m m in alle Ewigkeiten hinein im Mittelpunkt der Anbetung stehen wird (Off. 5, 6—9). Darum ist Er für die auf die neue Erde herabgekommene Gottesstadt gerade als das L a m m das Fundament (Off. 21, 14; 27), als Lamm der Lebensquell (22, 1), als Lamm die Leuchte (21, 23), als Lamm der Tempel (21, 22), als Lamm der Gegenstand beseligter Liebe (21, 9). Darum ist Er umbraust von himmlischen Lobgesängen als L a m m auf dem Thron mit den Wundenmalen Seiner Liebe (Off. 5, 6). Darum heißt der göttliche Herrschersitz in der Herrlichkeit „Thron Gottes und des L a m m e s" (Off. 22, 1)!

So beleuchtet die Strahlensonne von Kreuz und Auferstehung die ganze Geschichte des Universums. Hinsichtlich der vorchristlichen V o r entwicklung durch-

---

9) Hebr. 10, 14 vgl. Vers 10.
10) Hebr. 7, 18 vgl. Vers 12.
11) Apg. 20, 28; Tit. 2, 14; 1. Kor. 6, 20.
12) Gal. 6, 14; 1. Kor. 1, 18; 2, 2.
13) Röm. 8, 34; Hebr. 8, 1; 2; 1. Joh. 2, 1.

brechen sie gleichsam einen noch vornehmlich dunklen, erst allmählich sich teilweise aufhellenden Wolkenhimmel; hinsichtlich der Zeiten nach vollbrachtem Erlösungswerk durchstrahlen sie ein immer heller werdendes, alle Wolken überwindendes, von Sonnengold und Lichtglanz immer leuchtender durchflutetes Himmelsfirmament. (Vergleiche auf der Heilskarte rechts und links den Himmelshintergrund der vom Kreuz ausgehenden Lichtstrahlen).

Das dreifache Christusamt

Wunderbar ist die geschichtliche Entfaltung des Erlösungswerkes Christi. Sie ist unzertrennbar verbunden mit dem geschichtlichen Weg, den Christus persönlich seit Seiner Menschwerdung durch Zeit und Ewigkeit, durch Erde und Himmelswelt gegangen ist und noch geht. Deutlich entspricht dieser Weg, in den Hauptetappen Seines Vorwärtsschreitens, den drei Ämtern des Erlösers, dem Amt des Propheten, des Priesters und des Königs.

Zuerst steht das Prophetentum im Vordergrund (5. Mos. 18, 15—19). Christus „verkündigt" in Leben und Lehre den Willen Gottes und erweist Sich in der Himmelreichsbotschaft als ein Prophet „mächtig in Worten und Taten" (Luk. 24, 19).

Dann aber geht dieser Prophet an das Kreuz. Er läßt Sich beladen mit den Sünden der Welt[14]) und wird Opferlamm und Priester zugleich (Hebr. 9, 12; 14; 25), und es kommt zu dieser erschütternden Stunde von Golgatha, in der Christus, der Heilige, am Passah des Jahres 30 — am 15. Nisan, nach astronomischen Berechnungen wohl am 7. April 30 — Sein Leben gibt als Sühnopfer für die Sünder. Aus dem Land der Lebendigen steigt Er hinab in die schwarze Linie des Todes (vgl. Plan), um durch den Tod den zunichte zu machen, der die Gewalt des Todes hat, den Teufel (Hebr. 2, 14).

Dann aber hat Gott Ihn auferweckt und erhöht (Phil. 2, 9). Er, der gestorben war, ist auferstanden am dritten Tage, aufgefahren gen Himmel und ist nun König, sitzend zur Rechten Gottes, von dannen Er kommen wird, um Sein Werk zu vollenden (Hebr. 2, 9; Off. 3, 21). Es ist, als wenn aus der schwarzen Todeslinie sich plötzlich eine goldene Herrlichkeitslinie erhebt und dann, nur kurze Zeit nach dem Kreuzesereignis, emporsteigt in die himmlischen Regionen (Eph. 1, 20). Dort bleibt sie dann — über allem Geschichtsverlauf des Reiches Gottes auf Erden — gleichsam als goldene Himmelsparallele, bis hier unten, im Feld des geschichtlichen Werdens, Gottes Ziel für diese Heilszeit erreicht ist: der Aufbau der Gemeinde, die Sammlung Seiner Erlösten, die hier, in dieser Zwischen- und „Warte"-zeit,[15]) als Seine Zeugen Ihn verherrlichen sollen als „sieben goldene Leuchter", die Seine Botschaft und Sein Leben hell ausstrahlen (Off. 2 und 3).

---

[14]) Joh. 1, 29; 1. Joh. 2, 2.
[15]) Ps. 110, 1; Hebr. 10, 13.

Das königliche Hohepriestertum Christi

In dieser Zeit — es ist die Haushaltung des Evangeliums und der Gnade — ist Christus im Himmel Priester und König zugleich. Er verwendet Sich für die Seinen (Röm. 8, 34). Er ist ihr Sachwalter bei dem Vater (1. Joh. 2, 1). „Wir haben einen solchen Hohenpriester, der sich gesetzt hat zur Rechten des Thrones der Majestät in den Himmeln" (Hebr. 8, 1). Er ist der Priester in Ewigkeit nach der Ordnung Melchisedeks (Hebr. 7, 1—25). [16]) Darum sehen wir im Glauben Jesum, der ein wenig unter die Engel erniedrigt war, gerade „um Seines Todesleidens willen mit Herrlichkeit und Ehre gekrönt" (Hebr. 2, 9).

Christi Ankunft (Parusie) und Erscheinung (Epiphanie)

Dabei ist aber dies Priestertum und Königtum des Hocherhöhten (Phil. 2, 9) nur dem Glauben erkennbar. Er Selbst ist zunächst abwesend, dem irdischen Auge unsichtbar. Darum muß auch dies noch seine Entspannung erfahren. Christus muß wiederkommen und Sein Reich aufrichten. Aus Seiner Abwesenheit muß Er heraustreten und Seine Anwesenheit (Ankunft, Parusie) bewirken. Er muß Sein Volk zu Sich nehmen, Seine Feinde besiegen und in glanzvoller Erscheinung (Epiphanie) Sich enthüllen und sichtbar machen (Off. 1, 7). Vor dem „Richterstuhl Christi" muß Er Sein Volk offenbar machen und ihr Erdenleben vor Seinem eigenen Antlitz — Kronen und Verlust verfügend — in das Licht des Himmels rücken (2. Kor. 5, 10; 1. Kor. 3, 14; 15).

Der verherrlichte Christus und Seine verklärte Gemeinde

Die goldene Linie muß sich gleichsam zur Erde herniederneigen und im Luftgebiet (1. Thess. 4, 17) mit der ihr entgegensteigenden, blauen Linie des vollendeten Gottesvolkes der sieben Leuchter vereinen, und dann müssen sie beide — die goldene Linie des verherrlichten Christus und die blaue Linie der vollendeten Christusekklesia — für alle Ewigkeit untrennbar beieinander bleiben (1. Thess. 4, 17 b). Darum erleben sie von nun an auch alles gemeinsam: Er, der Sich zunächst nur in die „Luftregionen" herabließ, um „für" die Seinen zu kommen, wird nun „mit" den Seinen auf der Erde selbst erscheinen (1. Thess. 3, 13), um dann, während des sichtbaren Gottesreiches — mit ihnen vereint — vom Himmel her über die Erde zu regieren. Zuletzt aber wird diese einheitliche, goldene und blaue Doppellinie — über Weltrebellion (Gog und Magog), Weltuntergang, Weltgericht und Weltverklärung hinweg [17]) — hineinmünden in die Ewigkeit. Auf der neuen Erde und in dem auf diese herabgekommenen, himmlischen Jerusalem wird Christus regieren als Throngenosse des Vaters (Off. 22, 1), und die Seinen werden bei Ihm sein und Seine Herrlichkeit teilen (Joh. 17, 24; Röm. 8, 17). Sie werden mit Christus regieren von Ewigkeit zu Ewigkeit (Off. 22, 5; 2. Tim. 2, 12).

---

[16]) Vgl. 1. Mos. 14, 17—24; Ps. 110, 4.
[17]) Off. 20, 7 bis 21, 1.

ACHTES KAPITEL

Das gegenwärtige, völlige Heil in Christo

„Man singet mit Freuden vom Sieg in den Hütten der Gerechten" (Ps. 118, 15). Weil Jesus gesiegt hat, ist uns der Lebensquell erschlossen. Weil Er überwunden hat, können auch wir ein Überwinderleben führen. Weil Er triumphiert hat, ist Sein Triumph auch unser glückseliges Teil.

Alles in Seinem Heilswerk ist auf Vollständigkeit und Vollkommenheit angelegt.

I. Der Heilsmittler

Jesus ist, als der „Christus", die Erfüllung des Alten Testaments.[1]) Als Träger des Vollmaßes des Geistes Gottes (Apg. 10, 38) ist Er die personhafte Zusammenfassung der drei Hauptsalbungsämter des Alten Bundes. Er ist Prophet, Priester und König zugleich. Hierbei bezieht sich Sein dreifaches Christuswerk auf alle drei Seelenkräfte des Menschen.

Durch die Sünde war das Verderben des Menschen total. Sein Verständnis war verfinstert, sein Wille böse, sein Gefühl unglücklich.

Als Prophet bringt nun Christus die Erkenntnis und erlöst das Verständnis des Menschen aus den Banden der Finsternis.

Als Priester bringt Er das Schuldopfer dar, tilgt — zusammen mit der Schuld — auch das Schuldbewußtsein des Menschen und bringt seinem Gefühl zugleich den Jubel der Sündenvergebung und die Seligkeit der Gottesgemeinschaft.

Als König richtet Er Seine Heilsherrschaft auf, unterstellt den Willen des Menschen Seinem eigenen, göttlichen, heiligen Willen und befreit damit den Willen des Menschen aus der Sklaverei des Sündendienstes.

So entspricht Sein dreifaches Amt den drei Seelenkräften des Menschen, und, wie die Sünde einst total gesiegt hatte, so hat Christus der Erlöser, als Prophet, Priester und König, nun total triumphiert. Keine Seelenkraft ist ausgelassen. Der ganze Mensch ist in die Heilswirkung hineingezogen. Ein volles, freies, totales Heil ist erworben.

---

[1]) „Christus" = „Messias" = „Gesalbter".

II. Das Heilsgeschenk

Auf der Grundlage dieser allgenugsamen Heilandstat kann es nun ein Leben in Reichtum und Freude geben. Der Gläubige ist aus dem Abgrund der Sünde auf die Felshöhe des Heils gebracht (Ps. 40, 2; 3). Er ist aus dem Höllenkerker der Gottesferne „in himmlische Örter" versetzt (Eph. 1, 3; 2, 6). Er, der Rebell, ist vom Himmelskönig begnadigt worden und unter die Edlen des Landes gebracht (Ps. 16, 3). Ja, er ist zum Glied der Königsfamilie geworden (Röm. 8, 15) und soll einst mit Christus, dem Sohn Gottes, regieren in alle Äonen der Ewigkeit.[2])

Welch ein Heil! Sollte das nicht immer wieder unsere Herzen zum Jubel veranlassen? Sollten wir nicht da in freudiger Dankbarkeit unser Leben Ihm zu Füßen legen, Ihm uns ganz hingeben und willig und gern bemüht sein, Ihn zu verherrlichen und eine „Zierde", ein „Schmuckstück", zu sein an der Botschaft des Evangeliums, dieser herrlichsten Verkündigung in der Welt (Tit. 2, 10)?

Reich gemacht in Christus, ist praktische Verwirklichung dieses Reichtums nun unsere Pflicht. Dies ist unsere Aufgabe und unser Vorrecht zugleich. Erlöste müssen erlöst leben. Heilsträger müssen geheiligt wandeln. Die den Himmel besitzen, müssen himmlisch gesinnt sein.

III. Das praktische Heilserleben

Zu einem Überwinderleben sind aber ganz bestimmte, geistliche Voraussetzungen erforderlich. Nur der Christ, der diesen entspricht, wird seines vollen Heils recht gewiß und in der Heiligung bewährt sein. Wir nennen einige der wichtigsten Grundbedingungen solcher inneren Geisteshaltung.

1. Der Glaube an das vollbrachte Werk Christi. Uns müssen einmal die Augen aufgehen, wie total Christus gesiegt hat. Erst dann gibt es ein frohes Siegesleben in unserer Erfahrung. Wir brauchen uns nicht abzuquälen, um unsere Heiligung selbst zu bewirken. Wir kämpfen eben nicht „zum Siege hin", sondern „vom Siege her". Die Siegesvoraussetzung ist geschaffen. Der Feldherr hat triumphiert. Das volle Heil in Ihm ist da! „Jesus errettet mich jetzt."

In Sonderheit müssen uns die Augen aufgehen über die Höhe der Gnadenstellung, die wir in Christus empfangen haben. Wir sind „Auserwählte, Heilige, Geliebte" (Kol. 3, 12). Wir sind „Tempel des Heiligen Geistes".[3]) Wir sind „Söhne" des Allerhöchsten (Gal. 4, 6; 7). Christus, der Erstgeborene, schämt Sich nicht, uns Seine Brüder zu nennen (Röm. 8, 29; Hebr. 2, 11).

Dies Wissen um die hohe Gnadenstellung macht uns nicht selbstsicher und ichzufrieden, nicht hochmütig und satt, sondern — wenn es ein wahrhaft geistliches, das heißt, geistgewirktes, geistdurchdrungenes Heilswissen ist — von Herzen dankbar und damit hingegeben und gottgeweiht.

---

[2]) Off. 22, 5; 1. Kor. 6, 2; 3; Luk. 12, 32.
[3]) 1. Kor. 6, 19; Eph. 2, 21; 22.

Wem aber diese Schau in die frei geschenkte Gnadenfülle fehlt, wird nie seines Heils froh. Er bemüht sich in eigener Kraft, erlebt Niederlage um Niederlage, gibt am Ende den Kampf vielleicht gar auf, und — die Sünde hat praktisch den Sieg davongetragen. Darum ist geistgewirktes Schauen des vollen Heils in Christus eine entscheidende Voraussetzung für alles wahre, praktische Heilserleben.

2. Völlige Hingabe. Glaube ist aber zugleich Weihe. Die Ursprache des Neuen Testaments hat für „Glaube" und „Treue" ein und dasselbe Wort (griech. pistis). Glaube ist nicht nur Bejahung der Lehre, sondern zugleich praktisches Ja des Lebens. Glauben ist, wie Luther sagt, „Leben in Gott", oder, wie Zwingli es ausdrückt, „Leben im Haupt". Glauben ist ein „Sich-Angeloben".

Hier aber hängt alles von der Ganzheit einer solchen Hingabe ab. Nur ganz hingegebene Christen sind ganz glückliche Christen. „Die Freiheit und das Himmelreich gewinnen keine Halben" (Ernst Moritz Arndt). Zwar recht drastisch, aber durchaus richtig hat einmal jemand gesagt: „Ein halber Christ ist ein ganzer Unsinn".

Viele Christen beten um Hingabe — „Herr, gib mir völlige Hingabe" —; aber sie übersehen dabei, daß sie in dieser Weise ganz falsch beten. Denn sie bitten, daß Gott etwas tun solle, was Er gerade von ihnen erwartet! Die Hingabe ist unsere Verantwortlichkeit. Wir haben zu sagen: „Herr, ich weihe mich Dir" und — es auch wirklich zu tun! Dann werden Seine Siegeskräfte in unser Leben hineinströmen, und die Freude des vollen Heils wird in uns überströmend sein.

3. Hören auf Gottes Wort. Vernachlässigung der Bibel bedeutet Vernachlässigung unseres eigenen Innenlebens. „Unkenntnis der Heiligen Schrift ist Unkenntnis Christi" (Hieronymus). „Wie du mit Gottes Wort umgehst, so geht Gott mit dir um." Durch das geschriebene Wort kommt Gott zu uns. Sein Geist begleitet Sein Wort. Mit Recht sagt der katholische Bischof von Keppler: „Die Heilige Schrift ist auch heute noch das Land, das von Milch und Honig fließt, und wer als Kundschafter es erforscht, kann heute noch Neues und Überraschendes in Fülle finden." [4]) Die Bibel erweitert unseren Gesichtskreis. Sie zeigt uns Gottes Reichtum. Sie gibt heilige Gegenstände für unser Denken und Sinnen. Sie erfüllt unser Streben mit edlen Zielen, und wer auf Gottes Wort hört und sich freudig unterordnet, wird erleben:

„Wenn der Mensch horcht, redet Gott.
Wenn der Mensch gehorcht, handelt Gott."

4. Treue im Kleinen. „Wer im Geringsten treu ist, ist auch in Vielem treu" (Luk. 16, 10). Nur wer sich im Kleinkampf des Alltags bewährt, wird erstarken und immer mehr in ein Siegesleben hineingelangen. Treu sein aber heißt: es genau nehmen im Kleinen, und zwar auch dann, wenn niemand es sieht. Wer

---

[4]) In „Bibel und Kirche", Organ des katholischen Bibelwerkes, Bad Cannstatt 1950, S. 58.

treu sein will, ist sich der ständigen Gegenwart Christi bewußt. „Auch kleine Dinge sind groß, wenn Gott darin ist." Darum verachte nicht den Alltag. An deinem Siegen oder Nichtsiegen in den kleinen Belastungsproben des Alltags wird es sich entscheiden, inwieweit das volle Heilserleben dein praktischer Besitz ist.

5. Gebetsleben. Wer haben will, muß beten. Wer aber nicht betet, empfängt nichts (Jak. 4, 2b; 3). Untreue im Gebetsleben bedeutet freiwilligen Verzicht auf den Sieg. Nur in der Gegenwart Gottes fließen die lebendigen Heilsquellen. Willst du also glücklich sein, so werde ein Beter. Gott teilt Seine Gaben nur unmittelbar vor Seinem Thron aus. Er übersendet niemals ein „Fern-Geschenk". Praktisches Heilserleben gibt es nur vor Seinem Angesicht.

6. Zeugenmut. Wer Sieg haben will, muß Zeuge sein. „Sie haben ihn (den Satan) überwunden durch des Lammes Blut und durch das Wort ihres Zeugnisses" (Off. 12, 11). Wer Christus bekennt, wird innerlich stark. Im Sturm wachsen die Wurzeln des Baumes um so tiefer. Durch mutiges Bekennen werden die Fronten geklärt, Jüngerschaft und Welt voneinander abgegrenzt, die Entschiedenheit und das Verantwortungsbewußtsein des Nachfolgers Jesu gesteigert und der ganze, innere Mensch aktiviert und auf Christus ausgerichtet. Darum gehört Bekennermut zu den praktischen Grundvoraussetzungen vollen Heilserlebens.

7. Freudiges Rechnen mit der Gegenwart Christi. Verwirkliche die Gegenwart Jesu in deinem Leben. Denke daran: Wo du bist, ist auch Er. Er sieht jede Situation. Er kann dir täglich und stündlich helfen. Er ist der Immanuel, der „Gott mit uns"! Die Gnade ist erschienen. Die Gnade ist da! (Tit. 2, 11.) Was wir brauchen, ist das praktische Rechnen mit der Wirklichkeit der Gegenwart des Heiligen Geistes stets heute und hier.

Das war die besondere Botschaft, die vor einigen Jahrzehnten eine überaus gesegnete Erweckungsbewegung hervorgerufen hat. „Jesus errettet mich jetzt!" Es war die Freudenbotschaft von der Möglichkeit eines siegreichen Lebens, von Heiligung durch den Glauben, vom gegenwärtigen, völligen Heil in Christo, die dem Volk Gottes in gottgegebener Geistesvollmacht neu vor die Seele gestellt wurde. Völlige Hingabe an den Herrn, Befreiung nicht nur von der Schuld, sondern auch von der Macht der Sünde: Was sind das alles doch für himmlische Lichtstrahlen, die in die Herzen der Erlösten hineinzuleuchten vermögen und die uns alle von matter Oberflächlichkeit, erfahrungsarmer Alltäglichkeit oder gesetzlichem Heilungsstreben befreien können! Dann werden wir emporgeführt zu dem Erlebnis der vollen Erlösung. Dann ist die Heiligung nicht mehr ein mühsames Machwerk der eigenen Kraft, sondern ein göttliches Wirken des auferstandenen und verklärten Christus. Dazu aber gehören entschiedenere Hingabe, höhere Ziele, tägliche Reinigung, freudigere Energien, lebendigere Frische, und das alles in Christus, dem Lebendigen und Gegenwärtigen!

Zu den Dichtern des edelsten Liedgutes der Gemeinde Gottes deutscher Zunge gehört der Lutheraner Martin Rinkart, der „Ambrosius der evangelischen Kirche", der Dichter des Liedes „Nun danket alle Gott", das man als das deutsche „Te deum" bezeichnet hat (1586—1649). Dieser Mann Gottes „eine Feldherrngestalt im geistlichen Kleid", hat in heldenmütigem Einsatz in den Tagen der Pest und allerschwerster Hungersnot im Dreißigjährigen Krieg seinem Herrn und seiner Gemeinde gedient. Er hatte einen Siegelring mit der Inschrift: „M u s i c a".

Martin Rinkart, der ein besonderer Freund von Dichtung und Gesang war, gab diesem Wort seine besondere Deutung:

M — V — S — I — C — A
„**M**EIN **V**ERTRAUEN **S**TEHT **I**N **C**HRISTUS **A**LLEIN!"[5])

Und ist dies nicht in Wahrheit die Erfahrung aller geheiligten Menschen Gottes? Ist es nicht so, daß, wo „Vertrauen auf Christus" vorhanden ist, auch triumphierende, „musizierende" Freude die Seele erfüllt (Kol. 3, 16; Eph. 5, 19)?

Einst aber wird unser gegenwärtiges Heil in Christus in den Vollbesitz des zukünftigen, ewigen Heils verklärt werden. Und wie schon heute die Seele des Erlösten im Grunde nur e i n e Melodie gekannt hat, so wird es auch dann durch alle Ewigkeiten hindurchklingen: „Du nur bist mein Gesang!" (Ps. 118, 14.)

„Nichts hab' ich zu bringen.
Alles, Herr, bist Du!"

---

[5]) Vgl. Dr. Walter Schulz, Reichssänger, Gotha 1930, S. 113.

NEUNTES KAPITEL

Die Gemeinde des lebendigen Gottes

„Es ist vollbracht!" (Joh. 19, 30.) Dies ist das gewaltigste Wort, das je auf dieser Erde gesprochen worden ist. Es war der triumphierendste Siegesruf, ausgerufen in der Stunde scheinbarer, katastrophalster Niederlage. Es ist der schöpferische Quellpunkt einer gottgeschenkten Botschaft, die, welterlösend und welterneuernd, in die Menschheit hinausgeht.

Damit aber tritt zugleich etwas völlig Neues an das weltanschauliche und religiöse Denken der Menschen heran. Alles rein menschliche, religiöse Denken und Handeln ging von den Kräften des Menschen aus, von seinem geistigen, willensmäßigen, moralischen Streben. Darin liegt, bei aller Verschiedenheit im einzelnen, das Gemeinsame aller heidnischen Religionen. Jetzt aber wird dies alles beiseitegesetzt. Der Ausgangspunkt alles Heils liegt nicht unten, sondern rein oben. Es ist Gott, der alles schafft. Alle menschliche, moralische Aktivierung ist Fehlentwicklung. Das Heil muß rein Gabe und Geschenk, Offenbarung unverdienter Gottesliebe, eben „Gnade" sein.

Die Gemeinde als Neuschöpfung Gottes

Dieses himmlische Neuschöpfungswerk war eine göttliche Notwendigkeit. Denn durch die Sünde ist der alte Mensch restlos verdorben. Weil der Mensch nicht ein Stein, sondern ein geistiger Organismus ist, arbeitet er das Böse, sobald es einmal in ihn eingedrungen ist, ganz von selbst in alle Teile seines Wesens hinein. Aus dem Organismuscharakter der menschlichen Persönlichkeit, also gerade aus dem hohen Adel seiner schöpfungsmäßigen Berufung, ergibt sich, beim Eintritt der Sünde, ganz von selbst sein desto tieferer Fall. Die Sünde ergreift ihn radikal, zentral und total, das heißt, seiner Wurzel, seinem Mittelpunkt, seinem Gesamtumfang nach. Er ist gebunden und verloren, „verkauft" und versklavt (Röm. 7, 14).

Darum muß er eine Neuschöpfung werden, und es kann nicht genügen, daß er nur eine Wendung vollzieht, sich von sich aus „bekehrt" und eine neue, sittliche Lebensrichtung praktisch erstrebt. Nein, mit der Buße und der Hinwendung des Menschen zu Gott muß ein schöpferischer Akt von seiten Gottes verbunden sein. Der sich zu Gott wendende Mensch muß durch das Wunder der „Wiedergeburt" in dem Kern seiner Persönlichkeit umgeschaffen werden. Nicht nur seine Handlungen und sein Leben, nein, er selber muß neu werden.[1]) So ergibt sich aus dem tiefen Fall des alten Menschen die Notwendigkeit der Neuschöpfung eines neuen Menschen. Dem Fleischesorganismus der Verlorenen muß, durch göttliche Lebenszeugung, ein Geistesorganismus von Erlösten gegenübergestellt werden, und dieser Neuschöpfungsorganismus muß der Anbruch der neuen Welt sein, seinem Wesen und Sein nach, ein Hineinragen des Endziels in die Vorstufe, ein lebendiger Prophet der triumphierenden Endverheißung: „Siehe, ich schaffe einen neuen Himmel und eine neue Erde." Das ist die Ekklesia.

Dies aber kann nur durch ein Werk Gottes bewirkt werden; denn wo es auf ein schöpferisches Tun ankommt, kann nur der Schöpfer persönlich handeln. Weder Engel noch Erzengel, weder Cherubim noch Seraphim haben schöpferische Kräfte. Als Schöpfer und Lebensspender thront Gott, der Unendliche, in einsamer Höhe über aller Seiner Kreatur, auch der höchsten und herrlichsten in der himmlischen Welt.

Darum ruht die Gemeinde auf göttlichem Grunde. Darum muß sie auf ihm ruhen, und unser Glaube darf erkennen: Die Sendung des Sohnes, die Übernahme des Erlösungswerkes durch eine Person der Gottheit Selbst, ist nicht nur ein Beweis der Unendlichkeit Seiner Liebe,[2]) sondern zugleich auch ein Ausfluß einer innergöttlichen Notwendigkeit. Also „mußte" der Christus leiden, am dritten Tage auferstehen von den Toten und in Seine Herrlichkeit eingehen (vgl. Luk. 24, 26; 46). Damit aber wird die Ekklesia sofort Sohnesgemeinde. Sie lebt vom Werk des Sohnes; ihr göttliches Haupt ist der Sohn; ja, im Sohne ist sie zur Sohnschaft bestimmt.[3])

Und nun schaut unser Auge diesen gewaltigen, kosmischen Bogen, den der Sohn Gottes als Erlöser um unsertwillen durchschritt. Von der Höhe des himmlischen Thrones in die Tiefe der Erdwelt und des Todes, aus dem Dunkel der finstern Grabesnacht in den Lichtglanz über aller Himmelshöhe[4]) — das ist der Weg des Erlösers für die Sünder, der Weg des „Hauptes" für Seine Glieder, der Weg des Christus für Seine Ekklesia.

Darum ist die Gemeinde Kreuzesgemeinde; denn sie ist die Frucht von Golgatha. Christus starb, „auf daß Er die zerstreuten Kinder Gottes in eins zusammenbrächte" (Joh. 11, 52). Sterbend ward Er der Anführer zum Leben (Hebr. 2, 10), im Tode der Todesüberwinder (Hebr. 2, 14), im stellvertretenden Gerichtsleiden der Urheber ewigen Himmelsheils (Hebr. 5, 9).

Und weil Christus, als der Auferstandene, die Todesmacht besiegt hat, ist Seine Gemeinde auch eine lebendige Gemeinde. Sie ist ein Organismus von Auferstandenen, von Lebendiggemachten,[5]) durchdrungen von Seinen Kräften (Phil.

---

[1]) Joh. 3, 7; 2. Kor. 5, 17.
[2]) Joh. 3, 16; Röm. 5, 8.
[3]) Eph. 1, 5; 1. Kor. 1, 9.
[4]) Phil. 2, 5—11; Eph. 4, 8—10; Hebr. 7, 26.
[5]) Röm. 6, 5; Eph. 2, 5; 6.

4, 13), durchpulst von Seinem Leben (Phil. 3, 10; 11), wartend auf die Offenbarung Seines vollen Lebensdurchbruchs. „Wenn Christus, unser Leben, geoffenbart werden wird, dann werdet auch ihr mit Ihm geoffenbart werden in Herrlichkeit" (Kol. 3, 4).

Die Gemeinde als Christusgemeinde. – Der „Leib" Christi

Die Menschen, die daran glauben, gehören einer vollständig neuen Welt an. Ihr Lebenselement ist der Erlöser Selbst (Phil. 1, 21), ihre Siegeskraft Seine Gnade (1. Kor. 15, 10), ihr Ruhm Sein Kreuz allein.[6] Glauben heißt „im Empfangenen leben". Und weil sie alle an das gleiche Lebenszentrum, Christus, organisch angeschlossen sind, bilden sie auch untereinander eine Lebenseinheit, sind e i n Organismus, vom gleichen Christusgeist durchströmt.[7] Die Gemeinde ist „in Christus".

Dies stellt das Neue Testament durch das Bild des „Leibes" dar. Dies – ausschließlich von Paulus gebrauchte – Bild zeigt, wie kein anderes, die Fülle des neutestamentlichen Gnadenreichtums.

Die Gemeinde ist „Sein" Leib (Eph. 1, 23). Sie wird beherrscht von Seinem Willen; denn das Haupt ist der Wille des Leibes (Kol. 1, 18). Sie steht in allen ihren Gliedern in unmittelbarer Beziehung zum Haupt (Kol. 2, 19). Aus dem Haupt empfängt sie ihre Kraft. „Aus" dem Haupt wächst sie ihr Wachstum (Eph. 4, 16). Vom Haupt wird sie bewahrt. Christus, das Haupt, ist „des Leibes Heiland" (Eph. 5, 23). Ja, Paulus geht, unter der Leitung des Geistes Gottes, sogar so weit, daß er sagt: Die Ekklesia ist „die Fülle dessen, der alles in allem erfüllt" (Eph. 1, 23). Das heißt: Nicht als göttliche Person, wohl aber als „letzter Adam" wäre Christus nicht „vollständig" ohne Seinen Leib. Das Weizenkorn ohne die Frucht wäre „allein" (Joh. 12, 24). Ein Erlöser ohne Erlöste wäre kein „Erlöser" mehr. Nun aber h a t Christus Seine Ekklesia; nun h a t das Haupt Seine Glieder; darum ist die Gemeinde als Leib Christi die „volle Ausgestaltung von Ihm, der alles in allem zu voller Ausgestaltung bringt".

Dies ist die Christusgemeinde. Mit ihr tritt ein völlig neuer Menschheitstyp in die Geschichte ein (Eph. 2, 15), in dem nun auch alle früheren Unterscheidungen[8] und Wertmaßstäbe erlösungsgeschichtlich ihre Gültigkeit verloren haben (2. Kor. 5, 16). „Da ist nicht Grieche und Jude, Beschneidung und Vorhaut, Barbar, Szythe, Sklave, Freier, sondern Christus alles und in allen" (Kol. 3, 11). Die Gemeinde ist heute schon ein Stück Himmel auf Erden (Phil. 3, 20), ein Hineinragen der neuen Schöpfung mitten in die alte (2. Kor. 5, 17), der Lebensraum Gottes in der Geschichte. Sie ist das geschöpfliche Gefäß eines aus Gott geborenen Ewigkeitslebens, eine prophetisch-lebendige Vorausdarstellung des großen Zieles der Erlösung: „Siehe da, die Hütte Gottes bei den Menschen" (Off. 21, 3). „Christus in uns, die Hoffnung der Herrlichkeit" (Kol. 1, 27).

---

[6]) Gal. 6, 14; 1. Kor. 2, 2.
[7]) 1. Kor. 12, 13; 2. Kor. 3, 17.
[8]) Gal. 3, 28; 1. Kor. 7, 19.

Die zweifache Ausgießung des Heiligen Geistes in Jerusalem und Cäsarea

Weil es aber von der alttestamentlichen Heilsentwicklung her, offenbarungsgeschichtlich, bis dahin zwei Menschheitsgruppen gegeben hatte — die eine im Strahlenkreis der unmittelbaren, heilsvorbereitenden Gottesoffenbarung, die andere, seit Abrahams Berufung und der Beiseitesetzung der Völkerwelt, daneben, eben Israel und die Nationen, die „Nahen" und die „Fernen" (Eph. 2, 17) —, so mußte dies Wunder der Neuschöpfung der Ekklesia durch die Herabsendung des Heiligen Geistes als ein einheitliches Doppelereignis bewirkt werden: als Ausgießung des Heiligen Geistes nicht nur auf dem Boden Israels, sondern auch auf dem Boden der Nationen. Dies ist denn auch geschehen. In Jerusalem am Pfingsttage fand die Herabkunft des Heiligen Geistes auf jüdischem Boden statt (Apg. 2); in Cäsarea, im Hause des Römers Cornelius, wurde bald hinterher die „gleiche Gabe"[9]) auf dem Boden der Nationen gegeben (Apg. 10, 44—48). Und von nun an sind alle — ob ursprünglich Juden oder Heiden —, die des Heiligen Geistes teilhaftig geworden sind, ein Geistesorganismus in Christo.[10])

„Geheimnisse" der Erlösung in der gegenwärtigen Gemeindezeit

Drei Hauptpersönlichkeiten haben in der nun folgenden Apostelzeit, als die bedeutendsten Bannerträger, die Wahrheit vom völligen Heil in Christus in Israel und der Völkerwelt vorwärts getragen: Petrus, Paulus, Johannes. In dieser Reihenfolge treten sie in der apostolischen Zeit hintereinander als die Hauptführer hervor. Zuerst Petrus, beginnend in Jerusalem (bes. Apg. 2—12), dann Paulus von Antiochia aus in der Völkerwelt (bes. Apg. 13—28; 1. Tim. 2, 7), zuletzt Johannes, besonders in Ephesus und den Gemeinden West-Kleinasiens (vgl. Off. 2 und 3). Petrus, der Mann hoffender Zuversicht (vgl. 1. Petrusbrief), Paulus, der Herold des Glaubens, und Johannes, der Apostel der Liebe. So leuchtet sofort in diesem Dreigestirn bedeutendster, apostolischer Führerpersönlichkeiten gleich im apostolischen Zeitalter, in geradezu geschichtlicher Entfaltung, die hohe, sittliche Dreieinheit christlichen Heiligungslebens hervor: „Nun aber bleibt Glaube, Hoffnung, Liebe, diese drei" (1. Kor. 13, 13).

Keinem Propheten und Heiligen des Alten Bundes ist je dieser wundersame Geistesorganismus durch göttliches Weissagungswort vollständig und klar angekündigt worden (Eph. 3, 5 vgl. Matth. 13, 17). Daß Gott, gerade in der Zeit nach der Verwerfung des Messias durch das ungläubige Israel, einen so großartigen, weltumfassenden Ewigkeitsplan zur Durchführung bringen würde, war ein „Vorsatz", der von den Äonen her „verborgen" war in Ihm Selbst (Eph. 3, 9), ein „Geheimnis", das von den Zeiten der Zeitalter her „verschwiegen" war (Röm. 16, 25). Nun aber kommt es in der neutestamentlichen Zeit zu einer Offenbarung der „Geheim-

[9]) Apg. 11, 17; 15, 8; 9.
[10]) Eph. 3, 6; 1. Kor. 12, 13.

nisse des Reiches Gottes" (Matth. 13, 11), zu einer Entfaltung göttlicher, bisher verhüllt gewesener Ratschlüsse, und eine ganze Fülle heilsgeschichtlicher „Mysterien" wird jetzt durch Seinen Geist prophetisch kundgemacht und durch Sein Handeln geschichtlich durchgeführt. Die Lebens- und Liebesbeziehung zwischen Christus und den Seinen (Eph. 5, 31), die unterschiedslose Einheit in der Gemeinde zwischen den Gläubigen aus Israel und denen aus den Nationen (Eph. 3, 1—6; 2, 11—22), die Innewohnung Christi als Hoffnung der Herrlichkeit (Kol. 1, 27), die Entrückung und Auferstehung und die Verwandlung zu geistleiblicher Vollendung (1. Kor. 15, 51), die Wiederannahme Israels nach dem Gericht der Verstockung (Röm. 11, 25) — dies alles sind „Geheimnisse" des göttlichen Heilswillens,[11]) die Er enthüllt und erfüllt, und die Er den Seinen zur Bezeugung und Verwaltung anvertraut hat. [12])

Die Gemeinde als Missionsgemeinde. Die sieben goldenen Leuchter

Mit der Botschaft vom vollen Heil ist die Gemeinde in die Welt gegangen. Zeuge von Christus zu sein, ist ihr hoher Beruf hier auf Erden (Apg. 1, 8). Darum werden sie „Himmelslichter" genannt, die in der Dunkelheit der Welt scheinen (Phil. 2, 15), eine „Stadt auf dem Berge", die nicht verborgen bleiben kann (Matth. 5, 14—16), sieben goldene Leuchter (Off. 1, 12), in deren Mitte die sonnenhafte Lichtgestalt des verklärten Christus ist (Off. 1, 13; 14; 16b). Darum soll Christus und Sein Kreuz das Thema ihres Lebens sein, und es muß eine praktisch durchgeführte, jedermann klar erkennbare Wahrheit sein: „In Wort und Werk, in allem Wesen sei Jesus und sonst nichts zu lesen."

Damit aber wird die Gemeinde zugleich auch P r o p h e t Christi, als Träger des Lebens auch Zeuge vom Leben. Sie ist Künder und Dolmetscher Seines Lebenswortes an die Welt. Sie ist Zeuge und Bekenner, Botschafter und Mund Gottes, also M i s s i o n s gemeinde, ihrem ganzen, innersten Wesen nach. Durch die Gemeinde soll die gar mannigfaltige Weisheit Gottes kundgemacht werden (Eph. 3, 10). Das erhöhte „Haupt" setzt durch Seinen „Leib" Sein heiliges Leben hier unten fort. Die Gemeinde ist gleichsam die Fortsetzung der Menschwerdung Christi auf Erden. Sie lebt durch den Geist Sein Leben hier unten weiter. Sie ist nicht nur „in Christus", sondern Christus ist auch „in" ihr (Kol. 1, 27). Er gewinnt in ihr Gestalt (Gal. 4, 19), drückt Sein Wesen in ihr aus, und das Haupt offenbart Sich durch Seine Glieder.

Warum treiben wir Mission? Warum m u ß die Gemeinde Jesu immer wieder Mission treiben? Warum d a r f sie es tun? Wir antworten:

Wir treiben Mission, weil Jesus Christus der einzige Retter der Welt ist. „Ich bin d e r Weg, d i e Wahrheit und d a s Leben; niemand kommt zum Vater, als nur durch mich" (Joh. 14, 6). Aus der Einzigkeit und Alleinigkeit der Erlösung in

---

[11]) Eph. 1, 9; 10; Kol. 2, 2; 4, 3; 1. Tim. 3, 9.
[12]) 1. Kor. 4, 1; Eph. 6, 19.

Christus ergibt sich ihre allumfassende Weltgeltung und die unabweisbare Verpflichtung der Gemeinde, diesen e i n e n Heiland a l l e r der ganzen Menschheit bekannt zu machen.

Wir treiben Mission, weil Christus es befohlen hat. Mit Recht spricht man von einem Missions„befehl"! Das Evangelium wird „nach B e f e h l des ewigen Gottes" kundgemacht (Röm. 16, 26).

Wir treiben Mission, weil dies aus dem Wesen der Gemeinde als „Leib" Christi hervorgeht. Wie unser irdischer Leib das Kundgebungsorgan unseres unsichtbaren Inneren ist, so ist die Gemeinde als Leib Christi auch Sein Offenbarungsmittel. „Ihr sollt meine Zeugen sein" (Apg. 1, 8).

Wir treiben Mission, denn: „Mission ist Dank für Golgatha."

Weltumfassend ist der Missionsauftrag, den Christus den Seinen gegeben hat. Viermal kommt im „Missionsbefehl" das kleine Wörtchen „alle" vor und zwar jedesmal in einer neuen Beziehung (Matth. 28, 18—20).

„Mir ist gegeben »alle« Gewalt." — Dies ist die G r u n d l a g e der Mission. Ohne Christus, den Sieger, wäre das Missionswerk schon längst verloren. Aber Sein Sieg ist auch unser Sieg. Sein Triumph führt zugleich zum Triumph der Mission.

„Lehret »alle« Völker. — Dies ist der U m f a n g der Mission. Das Evangelium gilt jedermann. Die Gemeinde des Herrn ist ihr Zeugnis der ganzen Welt schuldig. Von der Größe des Missionsfeldes machen wir uns kaum eine Vorstellung. Gegenwärtig leben ungefähr 2 300 Millionen Menschen auf Erden. Wenn ein moderner D-Zug mit der Durchschnittsgeschwindigkeit nach dem allerneusten Fahrplan genau so viele Kilometer abfahren sollte, wie es Menschen auf Erden gibt — für jeden Menschen einen Kilometer —, wann müßte er da wohl abgefahren sein, um heute an unserem Wohnort einzutreffen? — Nicht weniger als 300 Jahre v o r David und Salomo (mindestens 1 300 vor Chr. Geb.)! Die Bevölkerung des schwarzen Erdteils zählt mehr Einwohner als 35 bis 38 große, dicke Bibelbücher einzelne Buchstaben haben! 35 große Bände! Und jeder einzelne Buchstabe darin eine unsterbliche Menschenseele!

„Lehret sie bewahren »alles«, was ich euch geboten habe." — Dies ist der I n h a l t der Mission. Wir bringen der Welt das ganze Wort Gottes, den ganzen Heiland, das ganze Heil.

„Und siehe, ich bin bei euch »alle« Tage." — Dies ist die V e r h e i ß u n g der Mission. Der König sendet nicht nur aus, sondern geht Selbst mit Seinen Streitern mit. Der Feldherr bleibt bei Seiner Armee. Darum ist Seine Gegenwart ihre Siegeskraft.

Dies alles aber kann in der Gemeinde Jesu nur dann praktische Lebenserfahrung werden, wenn sie Kämpferschar ist, wenn alles in ihr — in Heiligung und Zeugnis — Handlung und Wachstum, Vorwärtsstreben und Bewegung ist, eben Stromlinien gottgewirkten, geistdurchdrungenen, verantwortungsbewußten Erlebens. Was sie

„ist", ihrer Stellung nach, muß sie „werden", ihrem Wandel nach. Sie ist keine Organisation nur „heiliger" Einrichtungen, sondern ein Organismus heilig handelnder Personen. Sie ist eine aktive Arbeiterschaft, dienend und wirkend, zeugend und fruchtbringend. In ihrem Erlöstsein weiß sie sich gebunden, in ihrer Freiheit zu frohem Dienst berufen. Sie schätzt den Adel heiliger Arbeit; sie will Christus verherrlichen.

Damit aber tritt sie in Gegensatz zur Welt. Das Licht wird von der Finsternis gehaßt. Die Botschaft der Gemeinde wird abgelehnt und verachtet. Ja, zuweilen sieht es fast so aus, als ob die Heiligen die Unterliegenden seien.

Die Gemeinde als Hoffnungsgemeinde

Darum muß diese Spannung eines Tages ihre Auflösung erfahren. Christus wird wiederkommen und Seine Gemeinde zu Sich nehmen. Mit Anwendung göttlicher Kraft (1. Thess. 4, 16) wird Er Sein Volk zu Sich hin„rücken" (V. 17), und der Triumphator wird Sich mit Seinen siegreichen Kämpfern und Helden für ewig glorreich vereinen.[13]) „Wo ich bin, da wird auch mein Diener sein. Wenn mir jemand dient, so wird der Vater ihn ehren" (Joh. 12, 26). Die Ekklesia ist eine Hoffnungsgemeinde; sie ist ihres Sieges gewiß.

Am Kreuz hat Christus triumphiert. Das Ziel der Gemeinde ist ihre Verherrlichung in Christus. Sie lebt „vom Himmlischen, im Himmlischen, zum Himmlischen hin; ihr Weg ist ewig, ihr Wesen Ewigkeit." Sie ist eine wartende, harrende Gemeinde, eine Ekklesia von Erstgeborenen, denen das himmlische Erbe winkt. Sie ist eine siegende Armee zukünftiger Triumphatoren.

Zugleich aber werden dann alle Erlösten vor dem „Richterstuhl Christi" offenbar werden. Ein jeglicher wird empfangen, nach dem er getan hat bei Leibesleben (2. Kor. 5, 10). Dann wird jedem einzelnen der Rang in der Herrlichkeit zugewiesen werden, der ihm zukommt.[14])

Von da ab — von ihrer „Entrückung" an (1. Thess. 4, 17a) — wird die Gemeinde untrennbar mit Christus verbunden sein. Sie wird „mit" Ihm erscheinen bei der Aufrichtung Seines Reiches.[15]) Sie wird „mit" Ihm regieren in der Zeit der sichtbaren Gottesherrschaft. Ja, sie wird Seine „Herrschaftsaristokratie", Sein „Regierungsstab" sein in Seinem Reich in allen Äonen der Ewigkeit (Off. 22, 5). „Wisset ihr nicht, daß die Heiligen die Welt richten werden?" (1. Kor. 6, 2; 3.) „Fürchte dich nicht, du kleine Herde; denn es ist eures Vaters Wohlgefallen, euch das Reich zu geben" (Luk. 12, 32).

---

[13]) 1. Thess. 4, 17; Joh. 14, 3.
[14]) 1. Kor. 4, 5; 2. Tim. 4, 8.
[15]) Kol. 3, 4; 1. Thess. 3, 13.

ZEHNTES KAPITEL

Die „Tage" Gottes

Golgatha ist Zeitenwende, Weltwende, Anbruch einer Zeit, in der eine völlig neue Welt entsteht. Vom Kreuzessieg Christi und Seinem Triumph am Ostermorgen geht eine Entwicklung aus, die, durch Jahrtausende hindurchschreitend, zuletzt einmündet in die ewige Weltverklärung. Alle diese Zeiten sind von dem Gott der Heilsgeschichte und der Ewigkeit durchwaltet und sind darum „Gottesstunden" und „Gottestage".

Im Wesentlichen erscheint die neutestamentliche Heilsentfaltung bis in die Ewigkeit hinein als ein Ablauf von drei großen Gottestagen, dem „Tag des Heils" (2. Kor. 6, 2), dem „Jüngsten Tag" (Joh. 6, 39; 40) und dem „Tag Gottes" (2. Petr. 3, 12). Hierbei werden in der Schrift einzelne Unterzeitabschnitte des „Jüngsten Tages" wiederum mit dem Ausdruck „Tag" belegt, so daß der „Jüngste Tag" sich zugleich als eine Zusammenfassung mehrerer, kürzerer Gottestage darstellt („Tag Christi", „Tag des Herrn", „jene Tage", „Tag des Gerichts") — ein Beweis zugleich von der prophetischen Großzügigkeit und Freiheit, mit der die Weissagung der Heiligen Schrift, unter der Leitung des Geistes Gottes, ihre Ausdrücke anwendet. Der erste dieser drei großen Haupt-Gottestage ist:

1. Der „Tag des Heils" (2. Kor. 6, 2)

Das ist die Heilszeit, in der wir gegenwärtig leben. Durch Wort Gottes und Geist Gottes wird der Menschheit die Botschaft der Gnade angepriesen, das volle Heil in der Heilandstat des Erlösers, das unverdiente Geschenk einer freien Erlösung. Darum spricht der Herr: „Zur angenehmen Zeit habe ich dich erhört, und am Tage des Heils habe ich dir geholfen. Siehe, jetzt ist die wohlangenehme Zeit, siehe, jetzt ist der Tag des Heils" (2. Kor. 6, 2). Dieser Gnaden„tag" wird seinen Abschluß finden, wenn die Vollzahl der Nationen eingebracht und die Gemeinde vollendet ist (Röm. 11, 25).

Rückwärts schauend ist diese neutestamentliche Heilszeit das Ziel der alttestamentlichen Vorentwicklung. Alle vorchristliche Vorbereitung war durchaus auf die Christuszeit ausgerichtet. Darum ist Christus das E n d z i e l aller Jahrtausende vor der Zeitenwende. Mit Seinem Erscheinen ist darum die Endzeit (d. h. „Ziel“-Zeit) gekommen. Dies ist eine organische Zusammenschau von Weissagung und Erfüllung, von Vorentwicklung und Vollendung, die das apostolisch-urchristliche Denken geradezu dahin gebracht hat, schon die ganze neutestamentliche Heilszeit gleich von Christi erstem Erscheinen ab als „Endzeit“, als „letzte Tage“ zu bezeichnen. So rechnet Petrus in seiner Pfingstpredigt schon das Pfingstereignis in Jerusalem zu den „letzten Tagen“ (Apg. 2, 17). So kann der Hebräerbrief erklären, daß Gott in dem Menschgewordenen „in dieser Endzeit“ geredet habe (Hebr. 1, 1), und so kann Paulus sagen, daß auf uns, die Christusgemeinde, die „Endpunkte“ und „Zielpunkte“ der vormessianischen (vorchristlichen) Äonen gekommen sind (1. Kor. 10, 11 wörtl.). Nach urchristlicher Überzeugung beginnt eben mit der Menschwerdung Christi die „Endzeit“.[1]) Sein erstes Erscheinen ist der Anfang des Endes, und mit Seinem zweiten Erscheinen beginnt das Ende des Endes. „Endgeschichte“ im Sinn des Neuen Testaments ist also nicht etwa erst die Geschichte der letzten Zukunft, sondern die ganze, neutestamentliche Heilsgeschichte ist stufenweise in die Vollendung eingehende Endgeschichte. In Christus ist der Anfang der Vollendung erschienen. Darum ist alles seitdem bereits „eingetretene Endzeit“ („Triumph“, S. 116, 117).

Zuletzt aber wird der Abschluß dieser Endzeit kommen. Auch dieses vollzieht sich in einer gewaltigen, einen langen Zeitabschnitt umspannenden Entwicklung. Diese ganze Zeit vom Abschluß des gegenwärtigen Zeitalters bis hin zum Eintreten der Weltvollendung nennt die Heilige Schrift wiederum einen „Tag“, nämlich den „letzten (jüngsten) Tag“.

2. „Der Jüngste Tag“

Der Ausdruck „jüngster (letzter) Tag“ findet sich in der Schrift vornehmlich im Munde Jesu (Joh. 6, 39; 40; 44; 54; 12, 48) und gelegentlich auch Seiner Umgebung (Joh. 11, 24). Hierbei bedeutet „jüngster“ Tag, wie Luther übersetzt, dasselbe wie „letzter“ Tag, wie ja in einer Familie der „jüngste“ Sohn der zuletzt geborene Sohn ist. Das genaue, griechische Wort heißt „letzter Tag“.

Zu den Ereignissen des „Jüngsten Tages“ gehört, nach den Worten Jesu, die Auferweckung derer, die der Vater zum Sohn gezogen (Joh. 6, 44) und dem Sohn gegeben hat (Joh. 6, 39), die an den Sohn glauben und ewiges Leben haben (Joh. 6, 40; 54). Ebenso gehört, nach dem Zeugnis des Herrn, das Gericht über die Verlorenen zum Jüngsten Tag (Joh. 12, 48). Nun aber erklärt die Offenbarung Johannes, daß die „erste“ Auferstehung, an der nur Gläubige teilnehmen werden (Off. 20, 5; 6), zeitlich nicht mit der allgemeinen Auferstehung zusammenfällt, ja daß das ganze Tausendjährige Reich und die darauf folgende „kleine Zeit“ (Gog und Magog) dazwischenliegt: „Und ich sah Throne, und sie saßen darauf, und es wurde ihnen gegeben, Gericht zu halten . . . , und sie lebten und

[1]) 1. Joh. 2, 18; Hebr. 1, 1.

herrschten mit dem Christus tausend Jahre. Die übrigen der Toten wurden nicht lebendig, bis die tausend Jahre vollendet waren. Dies ist die erste Auferstehung. Glückselig und heilig, wer teilhat an der ersten Auferstehung!" (Off. 20, 4—6). Wenn aber nun beide Auferstehungen, die „erste" und die allgemeine, nach den Worten Jesu, zum „Jüngsten Tag" gehören, so folgt, daß dieser Tag kein Einzelereignis, sondern eine lange Periode sein muß, die zum mindesten die Einleitungsereignisse des Tausendjährigen Reiches, dann dieses selbst und schließlich die darauf folgende „kleine Zeit" und das allgemeine Weltgericht vor dem Großen Weißen Thron mit umspannt. So ist also der Jüngste Tag ebenso ein „Gottestag" wie der gegenwärtige „Tag des Heils", der ja gleichfalls bereits schon heute zahlreiche Jahrhunderte umfaßt. „Vor Gott sind tausend Jahre wie ein Tag" (2. Petr. 3, 8).

Nun aber gehören gerade die Glieder der Gemeinde zu denen, die der Vater zum Sohn gezogen (Joh. 6, 44) und dem Sohn gegeben hat (V. 39), die in organischer Lebensgemeinschaft mit dem für sie Gestorbenen und Auferstandenen stehen (V. 54), die an Ihn glauben und darum ewiges Leben besitzen (V. 40). Und gerade von diesen sagt Christus, daß Er sie auferwecken werde am „Jüngsten Tage" (V. 39; 40; 44; 54). Dann aber muß auch die Auferstehung und Entrückung der Gemeinde zu den Ereignissen des Jüngsten Tages gehören und ebenso ihr damit gleichzeitiges Offenbarwerden vor dem Richterstuhl Christi (2. Kor. 5, 10).

Den Zeitpunkt dieses Offenbarwerdens der Gläubigen vor dem wiedergekommenen Herrn nennt Paulus immer wieder den „Tag Christi",[2]) wobei er an allen Stellen, an denen er diesen Ausdruck gebraucht, ausnahmslos von dem spricht, was die letzte Endzeit richterlich für die Gläubigen der neutestamentlichen Gemeinde bringt.[3]) Niemals gebraucht er in dieser Beziehung den Ausdruck „Tag des Herrn".

Der Grund ist folgender: Der Ausdruck „Tag des Herrn" ist die Wiedergabe des prophetischen Ausdrucks „Tag Jahwehs (Jehovahs)". Er wurzelt also in der alttestamentlichen Weissagung und hatte von hier aus, schon seit Joel (2, 1; 2; 4, 14), einen ganz bestimmten, fest geprägten Begriffsinhalt. Er bedeutet die Zeit und Art des Kommens des Reiches Gottes und dieses selbst. Da aber das sichtbare Herrlichkeitsreich, wegen der Sünden Israels und der Völker, durch schwerste Katastrophen und Gerichtsoffenbarungen eingeleitet werden muß, bedeutet in der alttestamentlichen Weissagung der Ausdruck „Tag Jahwehs (des Herrn)" dasselbe wie „letzte Drangsalszeit", die als „große Trübsal" (Dan. 12, 1) über Israel[4]) und die Völkerwelt hereinbricht. Im Neuen Testament hat dann Christus in Seiner Ölbergrede[5]) und der Apostel Johannes im Buch der Offenbarung Weiteres darüber ausgesagt (Off. 6—19). Gelegentlich hat auch Paulus davon geschrieben.[6]) Wenn aber Joel am Ende seines Weissagungsbuches ausruft: „Getümmel,

[2]) Phil. 2, 16; 1, 6; 10; 1. Kor. 1, 8; 2. Kor. 1, 14.
[3]) 2. Kor. 5, 10; Römer 14, 10; 1. Kor. 3, 13—15; 4, 2—5 u. a.
[4]) „Drangsal Jakobs": Jer. 30, 7.
[5]) Matth. 24, 16; 21; 29.
[6]) Besonders 2. Thess. 1, 6—10; 2, 2—12.

Getümmel im Tal der Entscheidung; denn nahe ist der Tag Jahwehs . . . ; Sonne und Mond verfinstern sich" (3, 14; 15), und wenn er dann im selben (!) Zusammenhang fortfährt :„Und es wird geschehen an jenem Tage, da werden die Berge von Most triefen . . . und alle Bäche Judas werden von Wasser fließen" (3, 18), dann ist klar, daß er den Ausdruck „Tag des Herrn" nicht nur auf die düstere Gerichtszeit bezieht, sondern auch, ja, was die Länge der Zeitdauer betrifft, vornehmlich auf die Glanzzeit des sichtbaren Gottesreiches. Dies ist der Grund, weshalb wir auf unserer Heilskarte den Ausdruck „Tag des Herrn" nicht lediglich in das Feld hineingestellt haben, das die endgeschichtliche (antichristliche) Gerichtszeit bezeichnet, sondern so gesetzt haben, daß es in das Feld des Millenniums hineinragt.

An zahlreichen Prophetenstellen wird das Herrlichkeitsreich auch schlechthin mit dem Ausdruck „jene Tage" (Mehrzahl) bezeichnet, weil eben gerade dadurch diese Zeit in besonderer Weise als das Ziel der Sehnsucht gekennzeichnet wurde, als „jene Zeit", auf die alle Erwartung sich richtet und die so sehr Gegenstand alles Harrens und Hauptthema aller Prophetie ist, daß sie einer näheren Charakterisierung einfach nicht mehr bedarf. Es gibt eben nur eine Reihe seliger Tage, die wahres Glück aus der Ewigkeit in die Zeit trägt, das sind „jene Tage".[7])

Den Abschluß bildet dann das Endgericht, der „Tag des Gerichts",[8]) an dem alle vor Gott zu erscheinen haben, die nicht an der Entrückung der Gemeinde und der „ersten" Auferstehung teilgenommen haben. Es ist das Schlußereignis des „Jüngsten Tages", die letzte Vergeltung für Menschen und Engel (Judas 6), die gewaltige Abrechnung vor dem Großen Weißen Thron.[9])

Damit ist das Endziel erreicht, und die Ewigkeit bricht herein. Diese wird in der Schrift bezeichnet als

3. Der „Tag der Ewigkeit", der „Tag Gottes"

Um ihn herbeizuführen, müssen die Himmel in Feuer geraten und aufgelöst werden und die Elemente im Brande zerschmelzen (2. Petr. 3, 12). Dann ist aller Schauplatz der Sünde dahin, und eine neue Welt steht da, die in Verklärtheit und Heiligkeit Gott Selber zu ihrem Mittelpunkt hat (Off. 22, 3). „Auf daß Gott sei alles in allem" (1. Kor. 15, 28). Und weil dieser Gottestag der Vollendung nimmermehr enden, sondern in alle Äonen der Äonen fortdauern wird, nennt die Heilige Schrift diesen „Tag Gottes" eben zugleich auch „Tag der Ewigkeit". Dies ist das Ziel, dem wir entgegengehen. Darum gilt es, vorwärts zu eilen, zu „erwarten" und zu „beschleunigen" die Ankunft des Tages Gottes. „Wachset in der Gnade und Erkenntnis unseres Herrn und Heilandes Jesus Christus. Ihm sei die Herrlichkeit sowohl jetzt als auch auf den Tag der Ewigkeit! Amen!" (2. Petr. 3, 18).

---

[7]) Jer. 3, 16; Joel 3, 1 bzw. 2, 29; Sach. 8, 23 wörtl. Siehe Elb. Bibel.
[8]) Matth. 10, 15; 11, 22; 24; 12, 36 wörtl.
[9]) Off. 20, 11—15; 2. Petr. 2, 9; 3, 7; Röm. 2, 5.

ELFTES KAPITEL

Der Richterstuhl Christi und der Große Weiße Thron

Zwei große Haupt-Endgerichte weissagt die Heilige Schrift: das Offenbarwerden der Gemeinde vor dem Richterstuhl Christi und das allgemeine Endgericht vor dem Großen Weißen Thron (2. Kor. 5, 10; Off. 20, 11—15.)[1]) Beide liegen zeitlich weit auseinander. Zwischen ihnen liegt das Tausendjährige Reich (Off. 20, 5).

Abteilungen und Ordnungen in der Auferstehung

Die weithin verbreitete Vorstellung vom Jüngsten Tage als einem Einzelereignis mit nur einem Auferstehungsgeschehen gleichzeitig für Gerechte und Ungerechte und nur einer göttlichen Endgerichtshandlung am Ende der Welt entspricht nicht der neutestamentlichen Prophetie. Vielmehr spricht die Heilige Schrift von einer „Auferstehung aus den Toten" (Luk. 20, 35), einer „ersten" Auferstehung (Off. 20, 6), ja einer „Ausauferstehung aus den Toten" (Phil. 3, 11 wörtl.). Sie spricht von „Abteilungen" und „Ordnungen" innerhalb der Auferstehung und betont, daß diese durch zeitliche Zwischenräume voneinander getrennt sind. „Gleichwie sie in Adam alle sterben, also werden sie in Christo alle lebendig gemacht werden. Ein jeglicher aber in seiner Ordnung (— das Wort bedeutet zugleich militärische Abteilung —): der Erstling Christus, danach die Christo angehören, wenn er kommen wird, danach das Ende (d. h. das Ende der Auferstehung, nämlich der übrigen Toten)".[2]) Zwar wurde im Alten Testament alles beides — die Auferstehung „zu ewigem Leben" und die Auferstehung „zu ewiger Schmach und Schande" — in einem Bilde zusammengeschaut (Dan. 12, 2; 13), desgleichen in den Weissagungen des Herrn Jesu auf Erden;[3]) aber beim Fortschreiten der prophetischen Offenbarung (Joh. 16, 12; 13) traten diese beiden als zwei Haupthandlungen auch zeitlich auseinander: die Auferstehung der Gerechten vor dem Beginn des Messiasreiches und die allgemeine

[1]) Über das dazwischenliegende, auf Erden stattfindende Völkergericht am Anfang des Tausendjährigen Reiches vgl. S. 58.
[2]) 1. Kor. 15, 22—24.
[3]) Joh. 5, 28; 29 vgl. Apg. 24, 15.

Auferstehung hinterher, am Ende der Welt. Der Schlüssel ist Off. 20, 5; 6: „Diese (die Priester Gottes und Christi) lebten und regierten mit Christus tausend Jahre. Die andern Toten aber wurden nicht wieder lebendig, bis daß tausend Jahre vollendet wurden. Dies ist die erste Auferstehung. Glückselig und heilig, wer teil hat an der ersten Auferstehung."

In Verbindung mit diesen Stufen der Auferstehung gibt es auch zwei verschiedene Haupt-Endgerichte.

Der Richterstuhl Christi

Das erste ist das Offenbarwerden der Gläubigen vor dem Richterstuhl Christi.[4]) Dies geschieht bei der Entrückung der Gemeinde, am „Tage Jesu Christi"[5]) vor der Aufrichtung des sichtbaren Gottesreiches. Hier wird der Wandel der Gläubigen in das Licht des Angesichts Christi gestellt, und ein jeglicher wird empfangen, nach dem er gehandelt hat bei Leibesleben, es sei gut oder böse (2. Kor. 5, 10). Verlust oder Gewinn (1. Kor. 3, 14; 15), geringere oder höhere Himmelsstellung (Matth. 5, 19), Beschämung (1. Joh. 2, 28) oder Ehre,[6]) Verbrennen oder Bestand des Lebenswerkes (1. Kor. 3, 13; 15) — über dies alles wird vor dem Richterstuhl Christi entschieden werden (Kol. 3, 24).

Nehmen wir es darum ernst! Wohl ist es wahr: Wer an den Sohn glaubt, ist vom Endgericht befreit.[7]) Denn Christus, sein Bürge, hat an seiner Statt dies Gericht getragen (Jes. 53, 5; 12b), und er selbst ist durch den Glauben mit Ihm eins geworden. Aber ebenso ist es wahr und von ungeheurer Tragweite, daß der Tag, an dem die Gläubigen vor dem Richterstuhl Christi zu erscheinen haben, „in Feuer geoffenbart wird" (1. Kor. 3, 13). Paulus spricht geradezu von der erschütternden Möglichkeit, daß ein Gläubiger, wenn auch persönlich errettet, dennoch so Schaden leidet, daß er einem Menschen gleicht, der bei einem Brande nur mit dem nackten Leben davonkommt (1. Kor. 3, 15). Möchten wir darum in praktischer Treue leben! Sie ist der Maßstab, nach dem vor dem Richterstuhl Christi alles beurteilt werden wird. (1. Kor. 4, 2). Dann wird auch uns einst „reichlich" dargereicht werden der Eingang in das ewige Reich unseres Herrn und Heilandes Jesus Christus (2. Petr. 1, 11).

---

[4]) „Wir alle": 2. Kor. 5, 10; Röm. 14, 10. — Im Ganzen spricht die Schrift in dreifacher Hinsicht von einem Gerichtetwerden der Gläubigen:

„Erstens werden sie als Sünder gerichtet, zweitens als Kinder und drittens als Knechte. Als Sünder sind sie in der Vergangenheit gerichtet worden am Kreuz. Dort ist an ihrem Stellvertreter das Strafurteil vollzogen worden. „Die Strafe liegt auf ihm, auf daß wir Frieden hätten." Das ist ihr seliges Bekenntnis.

Als Kinder werden sie gerichtet in der Gegenwart, wenn sie vom Herrn gezüchtigt werden (1. Kor. 11, 32). Dies geschieht zu Nutz, auf daß sie die Heiligung erlangen (Hebr. 12, 10).

Als Knechte endlich in der Zukunft vor dem Richterstuhl Christi." (Vgl. F. Hubmer, „Der Heilsplan Gottes", Chemnitz 1938, S. 52.)

[5]) Phil. 2, 16; 1, 6; 10; 1. Kor. 1, 8.

[6]) „Kronen" (Siegeskränze): 2. Tim. 4, 8; 1. Kor. 9, 25; 26; 1. Petr. 5, 3; 4.

[7]) Joh. 5, 24; Römer 8, 1.

Das Gericht vor dem Großen Weißen Thron

Das Gericht vor dem Großen Weißen Thron ist dann das eigentliche, allgemeine Endgericht. Nach dem Zeugnis der Offenbarung findet es erst ganz am Ende der Welt statt, also nach dem Tausendjährigen Messiasreich und der darauffolgenden „kleinen Zeit" (Off. 20, 11—15).[8]) Es folgt unmittelbar der Vernichtung der abgefallenen Menschheit des sichtbaren Gottesreiches (Gog und Magog), dem allgemeinen Weltuntergang und der entscheidenden, letzten Besiegung Satans (Off. 20, 7—10). Vor ihm haben alle zu erscheinen, die nicht schon vorher als Glieder der Gemeinde vor dem Richterstuhl Christi offenbar geworden waren, also die allgemeine Menschheit, einschließlich der Völker des Tausendjährigen Reiches. Unübersehbar folgenschwer ist die Entscheidung. Die Schrift sagt: „Wenn jemand nicht geschrieben gefunden wurde in dem Buche des Lebens, wurde er in den Feuersee geworfen" (Off. 20, 15).

So liegen zwischen diesen beiden Gerichten zahlreiche Jahrhunderte. Das eine gehört dem Anfang, das andere dem Ende des „Jüngsten Tages" an.[9]) Dennoch haben beide für unsere Botschaft schon Gegenwartsbedeutung.

Wer nämlich in dieser Heilszeit an Christus glaubt, wird als Glied der Gemeinde bei der Entrückung vor dem Richterstuhl Christi nach seiner Treue beurteilt, hat Lohn oder Verlust und wird von Christus, dem gerechten Richter, in den Herrlichkeitszustand versetzt, der ihm zukommt. Über die Frage seiner Errettung ist nichts neu zu entscheiden. Denn wer an den Sohn glaubt, kommt nicht als noch zu Beurteilender[10]) vor den Großen Weißen Thron.

Alle anderen aber, die in diesem Zeitalter des Evangeliums nicht gläubig geworden sind und folglich auch nicht Glieder der Gemeinde wurden, werden — mit der gesamten, anderen Menschheit der Vergangenheit und Zukunft — vor dem Großen Weißen Thron gerichtet. Wie ernst, wenn dann festgestellt werden muß, daß ein Mensch das Evangelium gehört und ihm doch nicht geglaubt hat, daß sein Name im Buche des Lebens nicht eingeschrieben ist! Darum, wenn du das Heil noch nicht ergriffen hast, entscheide dich heute! Bedenke: Es geht um dein ewiges Geschick! „Heute, so ihr meine Stimme höret, verhärtet eure Herzen nicht!" (Hebr 4, 7.)

---

[8]) Vgl. den Zusammenhang mit Vers 1—14.

[9]) Vgl. 10. Kapitel: Die „Tage" Gottes.

[10]) Wohl aber werden die Vollendeten, gleichsam als Beisitzer und Unterrichter, am Endgericht mitbeteiligt sein. „Wisset ihr nicht, daß die Heiligen die Welt richten werden? . . . Wisset ihr nicht, daß wir Engel richten werden?" (1. Kor. 6, 2; 3).

ZWÖLFTES KAPITEL

Der Triumph des Reiches Gottes

„Unser Glaube ist der Sieg, der die Welt überwunden hat" (1. Joh. 5, 4). Die ganze, neutestamentliche Heilsentfaltung ist ein gewaltiger Beweis für die Wahrheit dieses Wortes. Die Sache Gottes geht nicht rückwärts, sondern vorwärts. Der Sieg des lebendigen Glaubens schreitet — trotz mancher Rückschläge im einzelnen — dennoch, auf das Große gesehen, unaufhaltsam voran. Dies beweisen unverkennbar alle Hauptbeziehungen und Hauptlebensgebiete der Offenbarungsgeschichte seit Golgatha, die göttlich-übergeschichtlichen, die allgemein heilsgeschichtlichen, die einzelpersönlichen wie die endgeschichtlich-universalen.

Der göttlich-übergeschichtliche Triumph. Die Selbstoffenbarung Gottes als des Heiligen Geistes, des Sohnes, des Vaters

Nach vollbrachtem Erlösungswerk ist Christus gen Himmel gefahren. Seine Zeugen tragen die Botschaft vom vollen Heil Gottes in die Menschheit hinaus. Ihre Anwesenheit in der Welt ist zugleich sichtbare Vertretung ihres abwesenden Herrn (2. Kor. 5, 20). Christus Selbst aber ist unsichtbar.[1]) Alles, was in der Jetztzeit im Reich Gottes geschieht, wird durch das Wort Gottes und den Geist Gottes bewirkt. Es ist in besonderem Sinne die Heilszeit der Wirksamkeit des Heiligen Geistes.

Darin aber liegt zugleich eine Spannung von ungeheurer Dynamik. Das geradezu rätselhafte „Geheimnis" des gegenwärtigen Zeitalters ist das Nebeneinander von Offenkundigkeit des Reiches Satans und Verborgenheit des Reiches Gottes, und das eben sogar noch heute, in der Heilszeit nach Golgatha! Darum muß Gott einen Tag herbeiführen, an dem Er diese Spannung auflöst. Dies ist der Sinn der Wiederkunft Christi. Christus wird sichtbar werden und Sein Reich aufrichten. Statt Seiner Abwesenheit wird Er Seine „Anwesenheit" (Parusie, Ankunft) bewirken, statt Selbstverhüllung Selbstenthüllung, statt Verborgenheit „Offenbarung",[2]) statt Unsichtbarkeit glanzvolle „Erscheinung" (Epiphanie). Und dann wird eine neue Heilszeit anbrechen: die Zeit der sichtbaren Königsherrschaft des Sohnes Gottes.

Aber auch dies ist noch nicht das Endziel. Die Schrift sagt: „Er (Christus) muß herrschen, bis er alle seine Feinde unter seine Füße gelegt hat" (1. Kor. 15, 25). Dann wird Er das Reich Gott Seinem Vater übergeben, und auch der Sohn Selbst

---

[1]) 1. Petr. 1, 8; Röm. 8, 24; 2. Kor. 5, 7.
[2]) Apokalypse: 2. Thess. 1, 7.

wird Dem unterworfen sein, der Ihm alles unterworfen hat, auf daß Gott alles sei in allem (1. Kor. 15, 24; 28). Dann wird das eigentliche Endziel erreicht sein: der ewige Zustand, das Reich Gottes des Vaters.

So trägt die neutestamentliche Heilsentfaltung deutlich ein trinitarisches Gepräge. Aus dem Urgrund des göttlichen Wesens treten die göttlichen Personen immer klarer hervor, und die Heilsgeschichte seit Golgatha wird zu einer stufenweise voranschreitenden Selbstoffenbarung des großen Gottes, des Heiligen Geistes, des Sohnes und des Vaters. Damit aber zeigt diese übergeschichtliche Linie die Unaufhaltsamkeit der Sache Gottes und wird zu einem die ganze Erdenwelt und alle Himmel unüberhörbar durchklingenden Zeugnis von der Wahrheit des Wortes: „Unser Glaube ist der Sieg, der die Welt überwunden hat."

Das Gleiche zeigt aber auch die heilsgeschichtliche Entwicklung auf der Erde selbst.

Der allgemein heilsgeschichtliche Triumph
Die Entfaltung des Heils in Gemeinde, Völkerwelt und verklärtem Universum

Das Ziel Gottes in der gegenwärtigen Heilszeit ist die Schaffung der neutestamentlichen Gemeinde (Ekklesia). Aus allen Völkern heraus werden Menschen durch das Evangelium zu Christus gerufen und die Glaubenden mit Ihm Selbst und auch untereinander gliedhaft vereint. Dies ist zweifellos ein gewaltiges Werk. Wenn einmal die Gemeinde in der Vollendung vor Christus stehen wird, werden es Tausende mal Tausende und Zehntausende mal Zehntausende sein; denn die Gemeinde des Neuen Testaments in ihrer Vollzahl ist die Gesamtheit aller wahrhaft Christusgläubigen aus allen Ländern und Völkern vom Pfingsttage an bis zur Parusie Christi. Verglichen aber mit den Millionen und Milliarden der allgemeinen Menschheit ist ihre Zahl nur gering. Es ist die „kleine Herde", wie Jesus sie nennt. Dies ist gewiß kein Grund zum Zweifeln oder zum Verzagtsein; denn Wahrheit bleibt Wahrheit, ganz unabhängig davon, ob sie von vielen oder von wenigen erkannt wird, und gerade dieser „kleinen" Herde hat Gott das ewige Reich verheißen (Luk. 12, 32).

Dennoch aber schafft Gott in der Heilsgeschichte auch in dieser Hinsicht eine Ausweitung Seines Heilsumfanges. Wenn Christus erscheint und Sein Reich aufgerichtet hat, werden die Völker als Völker unter die Segnungen Seiner Offenbarung gestellt werden, und Israel und die Völkerwelt in ihrer Gesamtheit werden in den Strahlenkreis des Herrlichkeitsreiches gerückt sein. Dies ist unverkennbar die Erwartung der alttestamentlichen Prophetie[3]).

Zuletzt aber schreitet die Ausweitung des Umfangs der göttlichen Offenbarung zum weltumspannenden Endziel. Im Vollendungszustand wird es einen neuen Himmel und eine neue Erde geben (Off. 21, 1), ein verklärtes Universum mit der himmlischen Gottesstadt, gleichsam als Hauptstadt des Weltalls, auf der erneuerten Erde.[4])

---

[3]) Jes. 19, 23—25; Mich. 4, 3; 4; Sach. 14, 16; Mal. 1, 11.
[4]) Off. 21, 10—27; 22, 1—5, bes. Vers 3.

So beweist auch der Werdegang innerhalb der Schöpfung, daß die Sache des Herrn ein triumphierender Siegesgang ist. Nicht nur die Selbstoffenbarung Gottes, sondern auch die Erlösungsgeschichte der Kreatur, also das Übergeschichtliche und das Heilsgeschichtliche, das Ewige und das Zeitgebundene: sie beide bezeugen es gemeinsam, daß das Reich Gottes triumphiert, daß keine Macht im Himmel und auf Erden Gottes Heilsratschluß vernichten kann, daß also der Glaube der Sieg ist, der die Welt überwindet. „Jesus ist Sieger."

Dann aber muß dies alles auch praktische Wirkungen für unser persönliches Leben haben.

Der Sieg Christi in der Rechtfertigung und Heiligung des einzelnen

In der Tat, jedesmal wenn eine Menschenseele sich Christus unterwirft und im Glauben Sein vollbrachtes Heil ergreift (Apg. 26, 19), ist dies ein Sieg des erhöhten Christus durch Seinen Geist (2. Kor. 2, 14). Und in dem Maße, wie sich dann in einem Leben praktischer Heiligung die Auferstehungskräfte Christi lebendig wirksam durchsetzen (Phil. 3, 10), den ganzen Menschen nach Geist, Seele und Leib für Gott ergreifen (1. Thess. 5, 23) und das Innen- und Außenleben des Erlösten und doch im Glauben an Christus Gebundenen zu einem praktischen Sieges- und Überwinderleben gestalten,[5]) ist dies wiederum ein Beweis und eine Auswirkung dieser allumfassenden Wahrheit: „Unser Glaube ist der Sieg, der die Welt überwunden hat."

Zuletzt aber kommt die Vollendung.

Der volle Triumph in Auferstehung und Weltverklärung

Auch geistleiblich wird sich der Triumph des Reiches Gottes auswirken. Daher die Auferstehung der Toten und die kommende Geistleiblichkeit (1. Kor. 15, 42—49). Daher — nach dem Weltuntergang — die Verklärung des Universums (Off. 22, 1) und das Herabkommen der himmlischen Gottesstadt (Off. 21, 10). Nur so vollendet sich der Sieg der Sache Gottes. „W e n n aber dies Verwesliche wird anziehen die Unverweslichkeit und dies Sterbliche wird anziehen die Unsterblichkeit, d a n n wird erfüllt werden das Wort, das geschrieben steht: Der Tod ist verschlungen in den Sieg. Tod, wo ist dein Stachel? Hölle, wo ist dein Sieg? . . . Gott aber sei Dank, der uns den Sieg gegeben hat durch unsern Herrn Jesus Christus!" (1. Kor. 15, 54—57).

So steht es denn da wie ein leuchtendes Motto der ganzen Erlösungsgeschichte von Ewigkeit zu Ewigkeit, als Zeugnis göttlicher Kraft, als Ansporn zu freudiger Glaubenszuversicht, als Verpflichtung zu praktischem Überwinderleben, als Bekenntnis lebendigen Zeugendienstes, als Erwartung seliger Vollendung:

„Unser Glaube ist der Sieg, der die Welt überwunden hat."

---

[5]) Röm. 8, 37; Off. 2, 7; 11; 17.

DREIZEHNTES KAPITEL

Satan – der Widersacher Gottes

Auch Satan hat seine Geschichte. Es ist die klare, eindeutig erkennbare Lehre der Schrift, daß Satan keine bloße, abstrakte Idee, sondern eine konkrete, personhafte, übersinnliche Realität ist, ein mit höchster Intelligenz begabtes, zwar gefallenes, aber nichtsdestoweniger überaus machtvolles Geistwesen.[1]) Gerade seine Werke zu zerstören und die gefallene Schöpfung für Gott zurückzugewinnen und in Gott und für Gott zu verklären, war der Hauptsinn des Erlösungswerkes Christi (1. Joh. 3, 8).

Die Heilsgeschichte der Bibel läßt sechs aufeinanderfolgende Hauptzustände Satans und des Dämonischen erkennen. Diese sind von verschiedener Zeitdauer.

Luzifer in der höchsten Himmelswelt

Wenn auch die Heilige Schrift von den allerletzten, übersinnlichen Hintergründen des Weltall-Geschehens nur wenig andeutet und auch nur mit der größten Zurückhaltung vom Ursprung und der Zulassung des Bösen spricht, so muß es dem biblischen Denken doch feststehen, daß der gewaltige Engelfürst, der heute, als Satan, der große „Widersacher" Gottes ist, nicht immer von vornherein in diesem Zustand gewesen sein kann. Denn wenn Gott der Schöpfer des gesamten Universums ist (Kol. 1, 16), muß auch Satan, seiner Existenz nach, auf Ihn zurückgeführt werden. Dann aber ist klar, daß, weil Gott der Heilige nichts Sündiges und Gemeines unmittelbar aus Seiner Schöpferhand hervorgehen lassen kann, dies Geschöpf nicht von vornherein böse, sondern fleckenlos und rein gewesen sein muß. Und darum muß es auch erst später, an einem uns nicht erkennbaren, urweltlichen Zeitpunkt und auf eine uns völlig unerklärbare Weise, den ersten, bösen Gedanken gefaßt haben und von Gott abgefallen sein. Aus gewissen Hinweisen der Schrift läßt sich die Vermutung gewinnen, daß in Sonderheit Hochmut das Wesen dieser dämonischen Ursünde gewesen ist.[2]) So war Satan ursprünglich ein „Lichtträger" (lat.

---

[1]) Matth. 4, 1—10; Luk. 10, 18; Röm. 16, 20; Off. 12, 7 u. a.

[2]) Vgl. 1. Tim. 3, 6; Hes. 28, 14; 17. — An letzterer Stelle wird der König von Tyrus offenbar zugleich als Abbild des Satans, seines dämonischen Oberherrn, geschildert (vgl. Hes. 28, 1).

Lucifer) göttlicher Herrlichkeit. Ja, es scheint, daß ihm, als einem der besonderen Engel-Bezirksfürsten, ein großer Teil des Universums zur Verwaltung „übergeben" worden war (vgl. Luk. 4, 6!). In diesem ursprünglichen Lichtzustand (vgl. Hes. 28, 14) war dieser Engelfürst Gottes in der höchsten Himmelswelt.

Satan in den niederen „himmlischen Örtern"

Doch dann trat dieses Urereignis ein, das aller Not im Universum zugrunde liegt. Luzifer fiel von Gott ab und stand fortan als Fürst eines organisierten Gegenreichs Gott und Seinem Lichtreich entgegen. Er war „Feind" und „Widersacher" geworden.[3]) Mit diesem Fall war sein Sturz aus den höchsten Himmelsregionen verbunden. „Ich sah den Satanas vom Himmel herabfallen wie einen Blitz", erklärt Christus (Luk. 10, 18). Satans Weltbezirk wurde mit in die Auswirkungen seines Falles hineingezogen. Er selbst blieb in den niederen Himmelsregionen (Eph. 6, 12) der „Fürst der Gewalt der Luft" (Eph. 2, 2). Doch hat er auch von hier aus, wie die Geschichte Hiobs (Hiob 1, 6; 2, 1), die Weissagungen des Sacharja (3, 1) und die Offenbarung des Johannes (12, 10) beweisen, für bestimmte Gelegenheiten Zutritt zum Himmelsthron. In diesen niederen „himmlischen Örtern" bleibt er, bis er in der Endzeit mit seinen Engeln und Dämonen vom Erzengel Michael auf die Erde „herabgeworfen" werden wird (Off. 12, 7—13). Vergleiche auf der Zeichnung den großen Blitzstrahl als Hinweis auf den urweltlichen Sturz Satans und das damit verbundene, flammende Gottesgericht. Ferner die schwarze Schlangenlinie.

Im einzelnen sind für diese ganze, unübersehbar lange Zeit drei Haupt-Unterzeitabschnitte erkennbar:

a) Satan als Widersacher Gottes *in der vormenschlichen Erdenzeit*: Von seinem Fall bis zur Erschaffung des Menschen. In dieser Zeit ist Satan der Herr der verheerten Schöpfung.

b) Satan als Widersacher Gottes *in der vorchristlichen Menschheitszeit*. In dieser Zeit ist Satan, nach seinem Sieg über den Menschen (1. Mos. 3), der unbesiegte Herr der von ihm besiegten Menschheit: vom Sündenfall des Menschen bis zum Kreuzestod Christi.

c) Satan als Widersacher Gottes *in der christlichen Gemeindezeit*. Dieser Zustand währt vom Kreuzessieg Christi bis zum Herabgestoßenwerden Satans auf die Erde durch den Erzengel Michael (Off. 12, 7—13). In dieser Zeit ist Satan der grundsätzlich durch das Kreuz Besiegte,[4]) aber doch noch — außerhalb der Gemeinde (Kol. 1, 13) — auf Erden regierend.[5])

---

[3]) Satan hebr. = Feind, Widersacher, ganz allgemein: 1. Kön. 11, 14; 23; 25; vor Gericht: Ps. 109, 6; in 4. Mos. 22, 22 sogar vom „Engel des Herrn". — Das Wort „Teufel" kommt von griechisch dia-ballo = hindurch-werfen, mit Worten „durchziehen", in feindlicher Absicht beschuldigen, sowohl lügend (2. Makk. 4, 1 LXX) als auch die Wahrheit sagend (Dan. 3, 8 LXX). — Luk. 16, 1 (vgl. Off. 12, 10). — LXX = Septuaginta [= 70] = Griech. A. T.

[4]) Joh. 12, 31; 16, 11; Kol. 2, 15; Hebr. 2, 14.

[5]) 1. Joh. 5, 19; 2. Kor. 4, 4; Apg. 26, 18; Eph. 2, 2.

So setzt mit dem Sündenfall des Menschen in der Menschheitsgeschichte gleichsam eine schwarze Schlangenlinie ein. Sie züngelt sofort nach drei Richtungen:

in die Unterwelt — dort schafft sie die Todeslinie; denn der Sold, den die Sünde zahlt, ist der Tod (Röm. 6, 23),

in die Menschenwelt — dort schafft sie die Dämonisierung der Völkergeschichte (vgl. Dan. 10, 13; 20) und

in die obere Geisterwelt — dort ist Satan fortan, auch im Hinblick auf die Entwicklung des Menschen, der „Fürst der Gewalt der Luft" (Eph. 2, 2).

Dann aber trat jenes gewaltige Ereignis ein. Satan wurde am Kreuz grundsätzlich besiegt. Der Fürst der Welt wurde gerichtet,[6]) der Starke vom Stärkeren überwunden (Matth. 12, 29), der Schlange der Kopf zertreten (1. Mos. 3, 15). Und mit dem Fürsten der Finsternis wurde auch sein Reich überwunden. Durch das Kreuz hat der „in die Ferse Gestochene" die Fürstentümer und Gewalten ausgezogen, ihrer Rüstung beraubt, sie öffentlich an den Pranger gestellt und Triumph über sie gehalten (Kol. 2, 15). Von nun an kommt es zu einer fortschreitenden Entdämonisierung der Menschheit. Denn jedesmal, wenn ein Mensch durch den Glauben die Heilswirkungen des Gekreuzigten für sich in Anspruch nimmt, wird seine Persönlichkeit — dieser Teilbezirk der Herrschaft Satans — dem Bösen entwunden. Der Fürst der Welt wird „hinausgeworfen" (Joh. 12, 31), ein Teil seines Reiches ist entdämonisiert, und der Gerettete ist aus der Obrigkeit der Finsternis versetzt in das Königreich des Sohnes Gottes.[7]) So ist Satan in Wirklichkeit der große Verlierer. Zwar bleibt er zunächst noch eine Majestät, wenn auch eine gefallene und finstere (Judas 9!); zwar sucht er noch mit Macht und List den Menschen zu verblenden (2. Kor. 4, 4), zu beherrschen und zu verderben (Eph. 2, 2); zwar sucht er sogar die Erlösten und Erretteten zu belasten und anzuklagen;[8]) aber dennoch bleibt es bestehen, daß Christus der Sieger ist und die Seinen an Seinem Siege teilhaben werden.

Zuletzt aber wird es zu dem entscheidenden Endkampf kommen.

Satan auf der Erde

Alles steigert sich zur Endkrise hin. Darum werden die Gegensätze nicht allmählich ausgeglichen, sondern verschärft. Darum ist das Ende der Namenchristenheit nicht etwa eine schließlich erreichte Kulturverchristlichung, sondern das Antichristentum. Darum ist auch die Endentwicklung zugleich der Entscheidungskampf zwischen Gott und dem Teufel. Dabei aber wird Satan, trotz all seines Wütens, der Unterlegene sein. Es entsteht „ein Kampf in dem Himmel", und Michael und seine Engel werfen den Drachen und seine Engel auf die Erde herab (Off. 12, 7—9). Zwar bedeutet dies, daß Satan jetzt in ganz besonderer Weise auf der Erde wüten,

---

6) Joh. 12, 31; 16, 11.
7) Kol. 1, 13; Apg. 26, 18.
8) Off. 12, 10; Sach. 3, 1 vgl. Hiob 1, 6; 2, 1.

die ungläubige Menschheit dämonisieren, ja, ein antichristliches Völkersystem zu teuflisch inspirierter Herrschaft und Macht emporheben kann (Off. 13, 4—8); aber dies Toben und Wüten sind doch nur die krampfhaften Zuckungen eines der Besiegung und Fesselung anheimgegebenen, wilden Revolutionärs (Off. 12, 12).

Zuletzt kommt der Endschlag. Christus erscheint, mit Ihm die Heerscharen des Himmels (Off. 19, 11—16), und wie Satan und die antichristliche Völkerrevolte das vorletzte Wort in der Menschheitsgeschichte gehabt haben werden, so wird nun Christus das letzte Wort haben. „Und es wurden ergriffen das Tier und der falsche Prophet . . . und in den Feuersee geworfen, der mit Schwefel brennt" (Off. 19, 20), und was Satan selbst betrifft, so sagt Johannes, der Prophet: „Und ich sah einen Engel aus dem Himmel herniederkommen, welcher den Schlüssel des Abgrundes und eine große Kette in der Hand hatte. Und er griff den Drachen, die alte Schlange, welcher der Teufel und der Satan ist, und er band ihn tausend Jahre und warf ihn in den Abgrund und schloß zu und versiegelte über ihm" (Off. 20, 1—3).

Satan im Abgrund

Im Zustand dieses Gefesseltseins bleibt Satan während der Zeit des Tausendjährigen Reiches. Jetzt kann die Menschheit aufatmen. Denn die Verführungsmacht des Teufels ist ausgeschaltet (Off. 20, 3). Die schwarze Schlangenlinie (vgl. Plan), die seit dem Herabgeworfensein Satans durch den Erzengel Michael von der niederen Himmelswelt auf die Erde herabgeschnellt war und sich eine Zeit (von Off. 12 bis Off. 19) auf der Erde selbst entlanggewunden hatte, wird nun in die Unterwelt, unter die Geschichte des Millenniums, gestoßen und windet sich dort unten während dieser ganzen Zeit der tausend Jahre (Off. 20, 3; 7). Sie kann aber keinen Einfluß nehmen auf das Geschehen auf der Erde selbst. Das bedeutet für die Menschheit eine ungemein große Erleichterung, Gott untertan zu bleiben. Andererseits bedeutet es eine Erhöhung der Verantwortlichkeit, wenn der Mensch nun trotzdem dennoch sündigt. Daher auch die schärfere Gerichtsbarkeit im Tausendjährigen Reich.[9])

Satan wieder auf Erden. Gog und Magog

Zuletzt aber muß auch auf diese glanzvolle Zeit des sichtbaren Gottesreiches die Probe des Erfolges gemacht werden. Auch die Völker des Millenniums sollen freie Entscheidungsmöglichkeit haben. Niemand soll Gott in der Ewigkeit gezwungen dienen. Darum „muß" Satan nach den tausend Jahren losgelassen werden, wenn auch nur für eine „kleine Zeit" (Off. 20, 3 b; 7).

Das Ergebnis ist erschütternd. Die Menschheit verwirft den gütigen Gott, der sie in tausendjähriger Friedensherrschaft mit einer geradezu unbegreiflichen Fülle von

---

[9]) Ps. 2, 8; 9; Off. 2, 26; 27; Jes. 11, 4; Sach. 13, 3; 14, 17—19; Mich. 5, 7; 8.

Segnungen überschüttet hatte und erwählt sich Seinen Todfeind, den Teufel! Darum ist Weltgericht und Weltuntergang die einzige Antwort, die der heilige Gott jetzt nur noch geben kann (Off. 20, 7—15).

Satan im Feuersee

Der Teufel aber, der die Menschheit verführte, wird in den Feuer- und Schwefelsee geworfen, wo sowohl das Tier (der Antichrist) ist als auch der falsche Prophet (Vers 10). Ihnen folgen im letzten Endgericht vor dem Großen Weißen Thron alle, deren Namen nicht geschrieben gefunden wurden im Buche des Lebens.[10])

Von einem Herauskommen aus dem Feuersee und einer endlichen Errettung auch der im Endgericht Verdammten weiß die Heilige Schrift nichts. Darum steht auch in unserer Zeichnung der Feursee abseits und ist nicht eingeschaltet in den universalen Kreislauf der heilsgeschichtlichen Von-Gott-zu-Gott-Bewegung. Aus dem Feuersee zeigt die Bibel keine Verbindungslinien wieder zu Gott zurück. Das ist ungeheuer ernst. Hier gilt es, ganz unter der Bindung des göttlichen Wortes zu bleiben. Wie erschütternd ist dies Ganze! Wie furchtbar sind die Gewalten, die hinter aller Sünde und allem Elend eines gefallenen Menschengeschlechts stehen! Aber wie gewaltig ist erstrecht Gott! Er überwindet den Feind, macht Seine eigene Siegeskraft offenbar und schenkt allen, die sich auf Seine Seite stellen, ewiges Leben.

Darum die ernste Frage: Auf wessen Seite stehst du? Auf der Seite Gottes oder Seines Gegners? Eine Neutralität gibt es hier nicht. Entweder ist Christus dein Glück oder Satan dein Verhängnis! Bedenke: Von deiner persönlichen Stellungnahme hängt dein eigenes, ewiges Geschick ab. Darum wähle Christus, das Leben, auf daß du lebest.

---

10) Off. 20, 15; Matth. 25, 41.

VIERZEHNTES KAPITEL

Gottes Gesamtreichsplan und die Gemeinde

Alle diese gewaltigen Entwicklungen im Bereich des Göttlichen, Menschlichen und Dämonischen gehören zur Geschichte des Reiches Gottes. Das „Reich" ist das eigentliche Grundthema der Bibel. Es ist der umfassende Geschichtsrahmen, in dem sich der ganze Offenbarungsverlauf vollzieht. Alle Äonen und Perioden der göttlichen Offenbarungswege, alle Gruppen und Kreise angeredeter Personen — sei es Israel, die Völkerwelt oder die Gemeinde —, alle Tempel, Heiligtümer und Erlösungstaten, alle Vorder- und Hintergründe himmlischer und dämonischer Wirklichkeiten stehen irgendwie — teils positiv, teils negativ — in Beziehung zur Geschichte des Reiches Gottes. Das „Reich" selbst ist das königliche Heilswirken Gottes zur Durchführung Seines Schöpfungs- und Erlösungsratschlusses.

Die sinngemäßeste und umfassendste Wiedergabe des in der Heiligen Schrift hierfür gebrauchten, griechischen Wortes „basileia" ist darum mehr „Königs h e r r - s c h a f t" als „König r e i c h".[1]) Es bedeutet weit mehr als nur königliche „Herrschafts s p h ä r e", königliches Territorium, Gebiet, Bezirk, Zustand oder B e reich.[2]) Es ist nichts „Statisches", sondern ein „Dynamisches", kein bloßer, ruhender Kreis, sondern einer Linie vergleichbar, kein lediglicher abgeschlossener Zeitabschnitt, sondern ein fortlaufendes Handeln und Geschehen. Es ist das heilswirkende „Königsein" des Höchsten, eben ganz allgemein das königliche Herrschen des Rettergottes, Sein Reichsregiment als lebendige und machtvolle, im Verlauf vieler Haushaltungen und Offenbarungsperioden in stets neuen Erscheinungsformen sich

[1]) Das griechische Wort „basileia" kommt also diesbezüglich in doppeltem Sinn in der Heiligen Schrift vor. Es bedeutet

a) „Reich, Königreich" als G e b i e t eines Königs, z. B. Matth. 4, 8 (daher Mehrzahl: Reiche der Welt"), 12, 25; Mark. 6, 23.

b) „Reich, Königreich, Königtum" im Sinne von Sein, Zustand, Würde, herrschende Tätigkeit eines Königs, also Königs r e g i m e n t, Königs h e r r s ch a f t, z. B. Off. 17, 18.

[2]) Die bloße Übersetzung „Reich" drückt die K ö n i g s bezeichnung des Wortes nicht deutlich genug aus. Griechisch „basileia" gehört zu „basileus", welches „König" bedeutet. Ebenso bedeutet das Zeitwort „basileuein" nicht nur „herrschen", sondern „als K ö n i g herrschen" (z. B. bei Paulus in Röm. 5, 21).

kundmachende Gottestat.[3]) Es ist die Königsherrschaft Gottes, wie sie, vom Himmel her kommend, auf dem Wege der Erlösung auf der alten Erde aufgerichtet und in vollendeter Form in der neuen Welt fortgesetzt werden wird.

Dann aber ist „Reich Gottes" mehr als nur „Tausendjähriges Reich".[4]) Schon die alttestamentliche Gottesherrschaft in Israel war „Reich Gottes", eben das „Reich", das dann später seinen bisherigen Besitzern, den Juden, wegen ihres Unglaubens „weggenommen" werden mußte (Matth. 21, 43). Auch die gegenwärtige Gemeindeheilszeit ist „Reich Gottes", das zwar „im Geheimnis" verborgen (Matth. 13, 11), aber dennoch kraftvoll vorhanden und wirksam ist.[5]) Auch der ewige Zustand, die letzte Vollendung, ist „Reich Gottes", eben das „himmlische Reich", für das die Erlösten bewahrt werden (2. Tim. 4, 18).

Und weil dies alles vom H i m m e l her kommt, den Himmel in sich trägt und in Gott, als dem König des Himmels, seinen schöpferischen Urgrund und seine herrschende Spitze hat, heißt diese „Königsherrschaft Gottes" auch zugleich „Königsherrschaft der Himmel". Denn wo Gott ist, da ist der Himmel, und wo Er regiert, bringt Er den Himmel mit Sich.[6]) Darum ist die Botschaft von Seiner Königsherrschaft zugleich „Evangelium vom Reich", d. h. rettende und beseligende „Freuden- und Heilsbotschaft, daß Gott König ist".[7])

Von größter Bedeutung — namentlich für uns, die wir in dem gegenwärtigen Gemeindezeitalter leben und als Christusgläubige zur neutestamentlichen Gemeinde gehören — ist darum am Schluß unserer Ausführungen über den göttlichen Erlösungsplan die Frage: „I n w e l c h e m V e r h ä l t n i s s t e h t d i e n e u t e s t a m e n t l i c h e »G e m e i n d e« z u d i e s e m »R e i c h«?" Sie kann, bei einer derartig umfassenden, in immer stets neuen Gestaltungen auftretenden Größe, nur so beantwortet werden, daß wir fragen: In welchem Verhältnis steht die Gemeinde des

[3]) Über die verschiedenen, in der Heilsgeschichte hintereinander auftretenden Erscheinungsformen des „Reiches" vgl. „Triumph", S. 27; 28 einschließl. der dort gegebenen Anmerkungen. Ferner vgl. „Triumph", S. 164; 165.

[4]) Näheres vergl. „Triumph", S. 29, besonders Anmerkung 14.

[5]) Röm. 14, 17; Kol. 1, 13; 4, 11; Apg. 20, 25; 28, 31.

[6]) Genaueres über das Verhältnis der Ausdrücke „Himmelreich" und „Reich Gottes" sowohl bei den Rabbinen als auch in der Verkündigung Jesu vgl. „Triumph", S. 26; 27 Text und Anm. 4—8. Der Ausdruck „Himmelreich" kommt nur bei Matthäus vor und zwar dort 32 mal. Er findet sich bei Matthäus an zahlreichen Stellen, wo bei Markus und Lukas bei genau denselben Gelegenheiten und in genau denselben Jesusworten der Ausdruck „Reich Gottes" steht, z. B.

Matth. 4, 17	=	Mark. 1, 15
Matth. 5, 3	=	Luk. 6, 20
Matth. 11, 11	=	Luk. 7, 28
Matth. 13, 11	=	Luk. 8, 10
Matth. 19, 14	=	Luk. 18, 16.

[7]) Daß sich der Ausdruck „Evangelium des Reiches" in dieser speziellen Prägung nicht in den paulinischen Schriften findet, beweist nichts gegen die obige Erklärung. Paulus hat (abgesehen von dem Ausdruck „Passah" in 1. Kor. 5, 7) ja auch nirgends den Ausdruck „Lamm Gottes", und doch wird niemand daraus folgern, für ihn gehöre die Botschaft vom „Lamm", haushaltungsmäßig, nicht in die gegenwärtige Gemeindeheilszeit! In Fragen der Ausdrucksweise haben eben auch die inspirierten Schreiber jeder seine eigene, persönliche, gottgewirkte Eigenart, die bei jedem anders ist und dennoch, mit den anderen gemeinsam, die gleiche, neutestamentliche Heilswahrheit treibt.

Neuen Testaments zu den einzelnen, geoffenbarten Erscheinungformen des Reiches? Und hier läßt die Heilige Schrift in der Tat eine außerordentlich reichhaltige Antwort erkennen. Nur kurze Andeutungen können hier gegeben werden.

Das Verhältnis der neutestamentlichen Gemeinde zur alttestamentlichen Gottesherrschaft (Theokratie)

Das Verhältnis der Gemeinde zum Reich in seiner alttestamentlichen Erscheinungsform ist

innerlich: das Verhältnis von „Wesen“ und „Schatten“ (Kol. 2, 17; Hebr. 10, 1);

äußerlich: das Verhältnis von Weltweite und nationaler Begrenztheit. Das Evangelium ist der Durchbruch der Abrahamsverheißung vom Segen für alle Völker (1. Mos. 12, 3) durch die nationale Schranke des mosaischen Gesetzes (Gal. 3, 14).

geschichtlich: das Verhältnis von „Ziel“ und „Vorbereitung“. Auf die Gemeinde sind die „Zielpunkte der (vorchristlichen) Heilszeitalter gekommen“ (1. Kor. 10, 11 wörtl.).

Das Verhältnis der neutestamentlichen Gemeinde zum gegenwärtigen Reich

Auch dieses ist ein mehrfaches. Wir denken hierbei an die gegenwärtige Erscheinungsform der Königsherrschaft Gottes in ihrem geistlichen Vollsinn, an das Reich „im Geheimnis“, d. h. die Königsherrschaft Gottes in der Zeit zwischen dem ersten und dem zweiten Kommen des Herrn. In diesem Sinne sagen wir:

Alle Glieder der Gemeinde gehören zum Reich, und alle wahren Bürger des Reiches gehören zur Gemeinde. Wohl gehören zur „Einflußsphäre“ des Reiches auch tote Bekenner[8]) und alle Auswirkungen des Christentums in Moral, Kunst, Kultur, Gesetzgebung und Weltgeschichte; aber zum eigentlichen Reich selbst gehören nur die, die von neuem geboren sind (Joh. 3, 3; 5). Diese aber sind in der Jetztzeit die Gemeinde. Darum ist die stets auf der Erde lebende Gemeindegeneration zugleich die jeweilige Bürgerschaft des Reiches Gottes in der betreffenden Geschichtszeit.[9])

Ferner:

Die Gemeinde ist die Frucht des Reiches, d. h. das Ewigkeitsergebnis der Wirksamkeit der gegenwärtigen Königsherrschaft Gottes in Christus durch Sein Wort und durch Seinen Heiligen Geist. Denn indem „das Wort vom Reich“ — die Freudenbotschaft vom erlösenden Königsein des Rettergottes — gepredigt und geglaubt wird, „entsteht“ die Gemeinde (Apg. 20, 25; 28, 31). Die Bekehrung ist, nach Paulus, ein Gehorsams- und Unterwerfungsakt (Apg. 26, 19), die Evangeliumsverkündigung ein Buße - Gebieten.[10]) Mit der Bekehrung und Wiedergeburt jedoch vollzieht sich die Eingliederung des einzelnen in die Gemeinde und damit der Aufbau der Gemeinde selbst.

---

[8]) Matth. 7, 21—23; 13, 41; 22, 11—14.
[9]) Eph. 2, 19; Phil. 3, 20; Kol. 1, 13.
[10]) Apg. 17, 30; Röm. 16, 26; 1. Kor. 7, 19; Gal. 6, 2; Röm. 5, 21.

Die Gemeinde in ihrer Vollendung ist dann die Gesamtheit aller derer, die zu allen Zeiten und an allen Orten in der gegenwärtigen Gnadenzeit Christus als ihren „Herrn" angenommen haben (1. Kor. 12, 3) und somit aus der „Obrigkeit" der Finsternis versetzt worden sind in das „Königreich" (griech. basileia) des Sohnes Seiner Liebe (Kol. 1, 13). Das heißt also, die Gemeinde in ihrer Ganzheit ist die Vollzahl aller Bürger der gegenwärtigen Reichszeit, die Summe aller Glaubensgenerationen unter der gegenwärtigen Erscheinungsform der Königsherrschaft Gottes.

Was das geistliche Leben betrifft, so verhält sich die Gemeinde zur gegenwärtigen Gottesherrschaft wie ein lebendiger Organismus zum Geist. Denn Gemeinde ist da, wo Christus von erlösten Menschen als „Herr" anerkannt wird. Die Königsherrschaft Gottes ist also das innere Wesen der Gemeinde. Die Gemeinde ist der Organismus, in dem das königliche Herrschen Gottes durch Seinen Heiligen Geist grundsätzlich bejaht und praktisch verwirklicht wird (1. Kor. 12, 3). Darum vergleicht Paulus die Ekklesia auch mit einem Staatswesen (Phil. 3, 20). Die Erlösten sind ein „Volk" (Apg. 15, 14), Mit„bürger" der Heiligen (Eph. 2, 19), ein „Königreich" von Priestern (1. Petr. 2, 9), und Paulus, der besondere, apostolische Bannerträger der Gemeindewahrheit (Eph 3, 1–10), nennt seine Mitarbeiter in der „Gemeinde" zugleich Mitarbeiter am „Reiche Gottes" (Kol. 4, 11). Und schließlich:

Die Gemeinde ist in der gegenwärtigen Reichszeit die Gesandtschaft des Reiches. Wir sind „Gesandte für Christum" (2. Kor. 5, 20). Die Gemeinde hat ihre himmlische „Obrigkeit", d. h. Gott, ihren Herrn, und Christus, in dessen „Königreich" sie ist (Kol. 1, 13), hier im fremden Land zu vertreten. Dies ist ihre Lebensaufgabe auf Erden.

So ist das Verhältnis der neutestamentlichen Gemeinde zur gegenwärtigen Erscheinungsform der Königsherrschaft Gottes, der Hauptsache nach, ein vierfaches. Sie ist

ihren Personen nach die Bürgerschaft des Reiches,
ihrer Existenz nach die Frucht der Reichsbotschaft,
ihrem Wesen nach der Organismus des Reiches,
ihrer Aufgabe nach die Gesandtschaft des Reiches.

So steht hinter der ganzen Geschichte der Gemeinde die Autorität des Reiches Gottes. Mit dieser königlichen Vollmacht vom König aller Könige ausgestattet (Matth. 28, 18–20), darf sie den königlichen Heilsbefehl Gottes proklamieren,[11]) in der triumphierenden Gewißheit: Der Herr aller Herren ist bei uns. Wir haben ein „unerschütterliches Reich" empfangen (Hebr. 12, 28). Der Kommende aber wird kommen und nicht verziehen (Hebr. 10, 37), und einst werden wir den König sehen in Seiner Schöne (Jes. 33, 17).

---

[11]) Apg. 17, 30; Römer 16, 26.

Das Verhältnis der neutestamentlichen Gemeinde zum ewigen Reich

Das Reich Gottes in seiner Erscheinungsform als Herrlichkeitsreich ist das Herrschaftsbetätigungsgebiet der Gemeinde. „Wisset ihr nicht, daß die Heiligen die Welt richten werden?" (1. Kor. 6, 2; 3.) „Fürchte dich nicht, du kleine Herde; denn es ist eures Vaters Wohlgefallen, euch das »Reich« zu geben" (Luk. 12, 32). Die Gemeinde ist also die „Herrschaftsaristokratie", der „Regierungsstab", des kommenden Reiches Gottes.

Das Reich Gottes als zukünftiges Herrlichkeitsreich ist das Erbe der Gemeinde. Die Geheiligten in Christo werden das Reich „ererben".[12]) Sie werden in dasselbe „eingehen" (Apg. 14, 22). Es ist ihr Wanderziel. Sie sind „berufen" zu diesem Reich (1. Thess. 2, 12). Es ist ihre Belohnung. Sie dürfen „würdig geachtet" werden des Reiches, um dessentwillen sie in der Gegenwart leiden (2. Thess. 1, 5).

So ist die Gemeinde, was die Zukunft betrifft, einst „im" Reich. Sie ist ein Kreis in einem größeren Kreis, aber unter allen Einzelkreisen, die der Gesamtkreis des kommenden Reiches außer ihr dann noch mit umschließt, der allerhöchste.

Damit steht die Gemeinde zu allen Erscheinungsformen des „Reiches" in lebendiger Beziehung. Das Reich der Macht soll zum Reich der Herrlichkeit werden; dazwischen liegt das Reich der Gnade, dessen wesentlicher Inhalt die Erlösung ist. Die Gemeinde aber ist im Zentralpunkt des Ganzen. Alle Reichsoffenbarungen sind mit ihrem Werden und Sein verbunden. Der ganze Zeitverlauf ist verknüpft mit diesem Ewigkeitsvolk. Vor allem aber: Der König Selbst ist „ihr" eigen! Denn Christus, „ihr" Haupt, ist ihr „gegeben" zugleich als „das Haupt über das All" (Eph. 1, 22).

Darum gilt es, würdig zu wandeln dieser hohen Berufung (Eph. 4, 1). Darum gilt es, mit Paulus, die Königsherrschaft Gottes zu verkünden (Apg. 20, 25; 28, 31). Darum gilt es, Zeugen- und Missionsdienst zu tun, um Seelen für Christus zu gewinnen, damit der „Glaubensgehorsam" aufgerichtet werde „unter allen Nationen".[13])

So ist unsere Evangeliumsbotschaft zugleich Reichsproklamation (Apg. 20, 25). Wir verkünden sowohl das gegenwärtige[14]) als auch das zukünftige Reich.[15]) Und in diesem Sinne sind die Missionsarbeiter der Gemeinde zugleich „Mitarbeiter am Reiche Gottes" (Kol. 4, 11).

Die Reichsbotschaft der Gemeinde

Im Hinblick auf alles sittliche Verhalten des Menschen verkünden wir das „Reich" als **Totalitätsanspruch** Gottes. Evangelium verkünden heißt, den „Heilserlaß" Gottes „heroldartig" proklamieren.[16]) Hinter dem Heilsbefehl steht

---

[12]) 1. Kor. 6, 10; Eph. 5, 5; Gal. 5, 21.
[13]) Röm 1, 5; 15, 18; 16, 26.
[14]) Röm. 14, 17; 1. Kor. 4, 20; Kol. 1, 13.
[15]) 1. Kor. 6, 9; 10; 1. Thess. 2, 12; 2. Thess. 1, 5; Apg. 14, 22.
[16]) „Verkünden", griechisch: keryssein von „keryx" = „Herold", z. B. 1. Tim. 2, 7.

die Reichsautorität des obersten Weltenherrn. Gott bietet dem Menschen Sein Heilsgeschenk an und befiehlt ihm zugleich, sich beschenken zu lassen (Apg. 26, 19; 17, 30). Und hat Er einem Menschen Seine Gnade erweisen können, so will diese Gnade fortan „königlich" über ihn herrschen.[17]) Sein ganzes Wesen und Sein mit all seinen Beziehungen, Lebensgebieten und Wirkungskreisen gehört fortan unter die Alleinherrschaft und Totalherrschaft seines königlichen „Herrn".

Im Hinblick auf alle Armut des Menschen verkünden wir das „Reich" als **Geschenk** Gottes. Nach der Schrift wird das zukünftige Reich nicht auf Erden, sondern im Himmel übergeben.[18]) Es kommt nicht von unten nach oben, sondern von oben nach unten. Es ist nicht Bezahlung für menschliches Verdienst, sondern freie Gabe. Es kommt nicht durch Fortschritt, sondern durch Umbruch, nicht durch moralische Aktivierung, sondern durch göttliche Erneuerung. Nicht Christianisierung der Welt bis zur erfolgten Verchristlichung der Kultur, sondern zunehmende Feindschaft der Welt bis zur Ausstoßung des Christentums seitens der Kultur — das ist der Gang, den die biblische Weissagung prophezeit (2. Thess. 2, 3—12; Off. 13). So total macht der Mensch seine Unfähigkeit offenbar, auf Gottes Heils- und königliche Reichsgedanken einzugehen. Nicht Versöhnung, sondern Steigerung des Kampfes, nicht Bündnis zwischen Gott und Menschenruhm, sondern Zerschmetterung des gottfeindlichen Weltreichs durch das Gottesreich (Dan. 2, 34; 44; 45) — so vollzieht sich die Vollendung des gegenwärtigen Äons. Diese Wahrheit hat zugleich einen hohen, apologetischen Wert. Weit davon entfernt, ein Gegenbeweis gegen die Botschaft der Bibel zu sein, wird damit gerade der zunehmende, allgemeine Unglaube ungewollt zu einem Beweis für die Richtigkeit der biblischen Weissagung. Gott aber wird zuletzt, nach den Gerichten der Endzeit, der Menschheit Sein Reich — schenken.

Im Hinblick auf alle Unfähigkeit des Menschen verkünden wir das „Reich" als **Kraft** Gottes. Erst das Reich des erschienenen Gottkönigs wird die politischen und sozialen Probleme der Menschheit zu lösen imstande sein. Erst Christus wird Schiedsrichter und Friedebringer sein unter den Nationen (Jes. 2, 2—4). Erst Er wird den Armen und Waisen das wahre Recht sprechen und eine gerechte Verteilung der Güter der Welt herbeiführen (Jes. 11, 3—5). Erst Er wird das Böse in der Menschheit überwinden und den Nationen reine Lippen geben (Zeph. 3, 9). So wird Er eine wahre, menschheitliche Gemeinschaft herbeiführen, und Sein Reich wird, als Kraft Gottes, ein Reich des Friedens, der Gerechtigkeit, der Heiligkeit und der Liebe sein.

Im Hinblick auf alle Sehnsucht des Menschen verkünden wir das zukünftige „Reich" als **Menschheitsziel** Gottes. Erst die Königsherrschaft des Ewigen bringt die Erfüllung aller Menschheitsideale. Erst dann wird die Verwirklichung wahren, edlen Menschentums eintreten. Darum wird das verheißene Reich in der

---

[17]) Röm. 5, 21 wörtl.; 1. Kor. 7, 19.
[18]) Dan. 7, 13; 14; Luk. 19, 12.

Schrift auch als das „Reich des Menschensohnes" bezeichnet, d. h. als das Reich, das nicht mehr ein Raubtiersymbol, sondern das Menschenantlitz zum Motto und Wappen hat, eben das Reich des erschienenen Gottkönigs, der die Menschheitsgeschichte von ihrem Untermenschentum und Raubtiercharakter befreit und zum erstenmal wahres Menschentum im Sinn des Schöpfers — also Gottesbildlichkeit (1. Mos. 1, 26; 27) — auf den Thron der Völkergeschichte erhebt (Matth. 24, 30; 26, 64).[19])

Im Hinblick auf alle Feindschaft der Menschen verkünden wir das „Reich" als den **Sieg** Gottes. Der Stein, der den Koloß Nebukadnezars zerschmettert, erfüllt dann die ganze Erde.[20]) Darum geziemt für den Gläubigen zuversichtlicher Geist, Siegesgewißheit und Mut. Darum fort mit aller Untergangsstimmung und allem Kleinglauben! Fort mit aller Menschenfurcht und aller Zeugnisfeigheit! Das Evangelium ist keine Winkelangelegenheit! Der Sache des Königs gehört der ewige Sieg! Und schließlich:

Im Hinblick auf alle Größe der Menschen verkünden wir das „Reich" als **Herrlichkeit** Gottes. Darum rühmen wir Jesus Christus, verkünden Seine Tugenden (1. Petr. 2, 9), zeigen die Größe Seiner Königsgewalt und die Majestät und Erhabenheit Seiner Person. Er Selbst ist der Inhalt unserer Botschaft. „Wir predigen nicht uns selbst, sondern Christus Jesus, und Ihn als Herrn" (2. Kor. 4, 5).

Ihm aber, dem seligen und alleinigen Machthaber, dem König der Könige und Herrn aller Herren, der allein Unsterblichkeit hat, der ein unzugängliches Licht bewohnt, den keiner der Menschen gesehen hat noch sehen kann, Ihm sei Ehre und ewige Macht! Amen (vgl. 1. Tim. 6, 15; 16).

---

[19]) Vergleiche in Daniel 7, 2—7 die Weltreichssymbole „Löwe, Bär, Tiger, Schreckenstier" mit dem dann (Vers 13 ff.) folgenden Erscheinen des Gottesreiches in der Gestalt eines „Menschen"sohnes. — Näheres über den „Menschensohn"-Titel Jesu vgl. „Triumph", S. 24—26.

[20]) Dan. 2, 35; 44; 45; Off. 11, 15; 19, 11—21.

Zweiter Teil

Die Bibel - das Buch der Heilsgeschichte

Gott — der Herr der Geschichte

„Die Völker sind wie das brausende Meer, wie brandende Wogen, die im Aufruhr toben" (Jes. 17, 13). Nationen und Zivilisationen kommen und gehen. Reiche und Kulturen werden aufgebaut und zertrümmert. Weltanschauungen werden wie Felsenwahrheiten hoch angepriesen und — immer wieder hinweggeschwemmt. Und Ströme von Blut fließen im Kampf der Menschen und Ideen.

Gott aber, der Allherr, thront über diesem Ganzen! „Der Herr ist König! Er hat Sich gekleidet in Hoheit . . . Fest steht Dein Thron von Anbeginn, von Ewigkeit her bist Du. Fluten erhoben, o Herr, Fluten erhoben ihr Brausen . . . Mächtiger aber als das Donnern gewaltiger Wasser, mächtiger als die brandenden Meereswogen ist der Herr in der Höhe!" (Psalm 93, 1—4.)

Von dieser Seiner unantastbaren Thronhöhe aus überblickt der Ewige das gesamte, geschichtliche Geschehen.. Als der Überzeitliche durchschaut Er alle Zeit. Als der Schöpfer des Geschichtsverlaufs und als Weltregent von Himmel und Erde durchwaltet Er den ganzen Werdegang. Als der Herr der Geschichte kann Er darum auch als einziger die Deutung der Geschichte geben.

Dies tut Er durch Seine Offenbarung in Wort und Geschichte. Bei aller Selbstverhüllung Gottes im Ablauf der Entwicklung bezeugt Er Sich durch den Mund Seiner Propheten, durch Sein Walten in Gericht und Gnade im Einzel- und Völkerleben, durch die Verknüpfung der Ereignisse nach dem Gesetz von Saat und Ernte.

Urkunde hiervon ist die Bibel. Darum ist die Bibel „das Buch der Menschheit", der Schlüssel zum Weltgeschehen. Von der Stellung zu ihr hängt somit alles Verständnis des menschheitlichen Gesamtwerdegangs ab.

Dieses Sein Buch hat Gott wundersam geordnet. „Die heiligen Menschen Gottes haben geredet, getrieben von dem Heiligen Geist" (2. Petr. 1, 21).

„Alle Schrift ist von Gott eingegeben" (2. Tim. 3, 16). „Die Worte des Herrn sind lautere Worte, sind Silber, geschmolzen im Tiegel, siebenfältig geläutert" (Ps. 12, 7). „Heilige sie in Deiner Wahrheit. Dein Wort ist die Wahrheit" (Joh. 17, 17).

„Wort Gottes“ und „Buch Gottes“

„Wort Gottes“ und „Buch Gottes“ sind — was den Begriffsumfang betrifft — nicht ohne weiteres dasselbe. Vielmehr ragt der Ausdruck „Wort Gottes“ über den Ausdruck „Buch Gottes“ hinaus. Er schließt ihn dabei aber zugleich in sich ein.

Vom „Wort“ Gottes haben wir in dreifachem Sinn zu reden.

1. Christus ist das personhafte „Wort“,[1]) der „Logos“, der von Ewigkeit her anfangslos und wesensgleich als Gott in Gott und bei Gott ist und der dann, bei und seit Erschaffung der Welt, das „Wort“ ist, das Gott spricht, der Offenbarer des Wesens, der Gedanken und Taten Gottes, der Mittler der Weltschöpfung, der Welterhaltung, der Welterlösung und der Herr des Weltgerichts.

2. Von Ihm zeugt das verkündete „Wort“, das „Wort Gottes“ als allgemeine Botschaft, als Inbegriff der biblischen Heilswahrheit, als Verkündigung schlechthin, als Gesamtheit alles dessen, was Gott spricht. In diesem Sinne soll alle mündliche Verkündigung der Zeugen Jesu nicht Menschenwort, sondern „Gotteswort“ sein (1. Thess. 2, 13), sowohl das Evangeliumszeugnis als auch der Dienst am Wort in der Gemeinde (1. Petr. 4, 11). Dies ist der Sinn fast aller Stellen des Neuen Testaments, in denen der Ausdruck „Wort Gottes“ gebraucht wird.[2])

3. Aus diesem verkündeten Wort ist dann, unter der Leitung und im Namen des personhaften Wortes, durch die Inspiration des Heiligen Geistes das schriftliche „Wort Gottes“, das Buch Gottes, die Bibel, hervorgegangen. Aber obwohl dies — seinem Begriffsumfang nach — also einen engeren Kreis umschließt, hat es doch, seit dem Aufhören der unmittelbaren, prophetisch-apostolischen Offenbarung, geradezu einzigartige, denkbar allerhöchste Bedeutung. Von nun an ist alle mündliche „Gotteswort“-Verkündigung schlechthin Ausschöpfung, Auslegung und Anwendung des schriftlichen Gotteswortes, und das schriftliche ist richtung- und maßgebend (normativ und korrektiv) für jede rechte Verkündigung des mündlichen Gotteswortes. Darum ist das urkundliche, biblische Schriftwort vollgültige, gottgegebene, unausweichliche Autorität.

Sieben Hauptgründe veranlassen uns zu dieser Glaubenshaltung. Hierbei können wir — im beschränkten Raum unserer Darlegungen — nur das Grundsätzliche nennen. Einzelheiten würden den Rahmen unserer Arbeit sprengen. Nicht Darstellung einer Lehre von der biblischen Inspiration, nicht wissenschaftliche Einzelbegründung oder Glaubensverteidigung ist hier unser Ziel, sondern persönliches, schlichtes Glaubenszeugnis.

---

[1]) Joh. 1, 1—3; 14; 1. Joh. 1, 1; Off. 19, 13.
[2]) Vgl. 1. Thess. 2, 13; Hebr. 4, 12; Apg. 4, 31; 1. Petr. 1, 23; 4, 11 u. a.

I.

Wir glauben an eine notwendige, volle Inspiration **um der absoluten Unzulänglichkeit des gefallenen Menschen willen.**

Denn wie sollten wir sonst überhaupt in der Lage sein, eine gottgegebene Schau zu gewinnen? Wenn die Bibel eine Mischung von Wahrheit und Irrtum wäre, würden wir selbst ja erst die Entscheidung zu treffen haben, was in ihr als von Gott gekommen anzuerkennen sei und was wir, als von Menschen irrtümlich beigemischt, zu verneinen hätten. Wie aber will Menschengeist unterscheiden können, was göttlich und was menschlich ist, wenn er nicht einen ihm von Gott Selbst gegebenen, eindeutigen Maßstab hat? Wie könnte unser Geist sich erkühnen, Gottes Buch zu analysieren oder gar zu sezieren und — meist nach stark subjektiven „Eindrücken" und Empfindungen oder auf Grund unzulänglicher Geschichtskenntnisse — darüber zu Gericht zu sitzen, welches Bibelwort Glaube und welches Nichtglaube verdient? Wir, die Gefallenen! Wir, die nicht nur sittlich, sondern auch geistig und erkenntnismäßig durch die Sünde in Verfinsterung und Nebel hineingestoßen sind! „In ihrem Denken verfinstert, dem Leben Gottes entfremdet infolge der Unwissenheit, die in ihnen . . . wohnt" (Eph. 4, 18). „Ein natürlicher Mensch nimmt nicht an, was vom Geiste Gottes kommt; . . . er ist nicht imstande, es zu verstehen" (1. Kor. 2, 14). Wer will da den Trennungsstrich ziehen? Wer will die Grenzregulierung vornehmen? Nicht einmal das sittliche Urteilsvermögen eines so geheiligten, „auserwählten Werkzeuges" (Apg. 9, 15), wie es doch Paulus war, bietet dem Inneren eine absolute Garantie, in allem Gottes Willen und Gottes Urteil zweifelsfrei zu erkennen. Bezeugt doch der Apostel selbst: „Wohl bin ich mir keiner Untreue bewußt, aber damit bin ich noch nicht gerechtfertigt" (1. Kor. 4, 4). So weit ist die menschliche Urteilskraft davon entfernt, „Stimme Gottes" zu sein! So schwer ist die Bewirkung einer Aufhellung seines geistlichen Verständnisses!

Die notwendige Folge eines solchen Zustandes ist, daß ihm nun alle göttlichen Dinge durch Offenbarung von oben her kundgetan werden müssen, daß ihm eine objektive Erkenntnisgrundlage vom Himmel her gegeben werden muß.

Darum liegt hier auch zugleich der entscheidende Ausgangspunkt für die Lehre von der biblischen Inspiration. Das, was der gefallene Mensch über Gott denkt, ist unzuverlässig und meist irrig, ist „Religion". Was er erkennen muß, ist, was der Höchste über ihn denkt und was Er über Sich Selbst und Seinen Heilsweg bezeugt.

Diese objektive Heilswirklichkeit ist, ihrem Wesen nach, nicht ein Buch, sondern eine Person. Es ist der gekreuzigte, auferstandene und zur Rechten Gottes erhöhte Christus, mit dem uns der Heilige Geist organisch verbindet. Christus ist die lebendige „Wahrheit", das personhafte „Licht", der Quell aller Erkenntnis und als Lichtspender zugleich auch der Retter, der aus der Finsternis befreit und uns zu Lichteskindern macht.

Von Ihm zeugte die erste Generation. Augen- und Ohrenzeugen der heiligen Geschichte Jesu,[3]) Geistoffenbarungen in den Versammlungen der ersten Christen,[4]) genaue Berichterstattung der heilsgeschichtlichen Ereignisse durch gläubige Menschen, die dabeigewesen waren oder ihre Kenntnisse aus allererster Quelle erhalten hatten —: Durch dies alles hatte die erste Generation — obwohl sie, was das heilige Buch betrifft, nur erst das Alte Testament, nicht aber schon das Neue Testament in seiner jetzigen Vollständigkeit besaß — dennoch eine klare Kenntnis dieser objektiven Heils- und Erkenntnisgrundlage.

Dann aber traten, mit der Abberufung der ersten Generation, diese direkten Botschaften und Bezeugungen immer mehr zurück. Darum mußte — gleichsam als Fortsetzung dieses apostolischen Zeugnisses — den kommenden Geschlechtern die Substanz dieser objektiven, voll zuverlässigen, geschichts- und lehrmäßigen Erkenntnisgrundlage erhalten bleiben. Nur so konnten die kommenden Generationen vor allmählichen Verdunklungen bewahrt und im Erkennen, Glauben und Leben klar, frisch und gesund erhalten werden.

Darum fügte Gott zu dem schon vorhandenen Alten Testament — und zwar schon in der apostolischen Zeit selbst — das Neue Testament hinzu. Fortan ist diese ganze Heilige Schrift die uns von oben gegebene, voll zuverlässige, prophetisch-apostolische Botschaft von der Heilswirklichkeit Gottes in Christus Jesus.

Ausschlaggebend für die kanonische Gültigkeit einer solchen, zum Alten Testament neu hinzutretenden Schrift war nicht letzlich die unmittelbare oder mittelbare, apostolische Verfasserschaft. Denn es hat apostolische Briefe gegeben, die wir heute nicht mehr besitzen, die also im Neuen Testament keine Aufnahme gefunden haben (1. Kor. 5, 9; 2. Kor. 2, 4; Kol. 4, 16). Vielmehr war die Tatsache entscheidend, daß solche Schriften von den Aposteln und ihren Bevollmächtigten und engeren Mitarbeitern den urchristlichen Gemeinden mit apostolischer Autorität als glaubensverbindlich übergeben worden waren. Wie Paulus schreibt: „Wenn jemand unserm Wort durch den Brief nicht gehorcht, den bezeichnet und habt keinen Umgang mit ihm" (2. Thess. 2, 14). Wie die alttestamentlichen, sind nun auch die neutestamentlichen Schriften ein Gnadengeschenk des Herrn an Seine Gemeinde, und als solches erleuchtend und verpflichtend, beschenkend und heilig fordernd, bestimmend und bindend.

So ist die Bibel das Buch der Wahrheit, lebenbezeugend und lebenvermittelnd, vom Heiligen Geist geschenkt und vom Heiligen Geist begleitet. Ohne sie wäre die Gemeinde Jesu hoffnungslos allmählicher Verirrung und Verflachung anheimgegeben. Statt Licht und Glauben käme religiöses Zwielicht, statt Nüchternheit Schwarmgeist, statt Klarheit nebelhafte Verhüllung, und immer mehr würde die Stimme des Unterbewußtseins, das dann noch dazu oft mißverstandene „innere

---

[3]) Luk. 1, 2; 2. Petr. 1, 16; 1. Joh. 1, 1—3.
[4]) Apg. 11, 27; 28; 1. Kor. 11, 23; Eph. 3, 5.

Licht", mit Gottes Zuspruch verwechselt werden, und die objektive Gottesbezeugung würde sich im Lauf der Jahrhunderte allmählich subjektiv verflüchtigen.

Nein, genau so wie wir in bezug auf unser sittliches Vermögen die Gnade benötigen, so brauchen wir im Hinblick auf unser Erkenntnisvermögen — besonders seit dem Verstummen der unmittelbaren, prophetisch-apostolischen Gottesbezeugung — eine absolut zuverlässige Offenbarungsurkunde, eine volle, biblische Inspiration! Gegen diese Tatsache hilft kein Eifern gegen die Bibel als „papiernen Papst". Alles Kämpfen gegen die Notwendigkeit eines solchen absolut Objektiven in der Offenbarung beruht auf einem Mangel an Selbsterkenntnis, ja ist — dem betreffenden selbst zweifellos unbewußt und auch völlig ungewollt — noch ein Stück Selbstvertrauen und Ich-Vergottung.

Natürlich ist Christsein und Christusglaube nicht unbedingt gleichbedeutend mit der Lehre vom Kanon und irgendeiner positiven Formulierung der Inspiration der Gesamtbibel. In der apostolischen Zeit hat es Christengemeinden gegeben schon vor der Vollendung des neutestamentlichen Kanons. Aber es ist nicht zu übersehen, daß diese apostolischen Gemeinden den Begriff eines Kanons und einer bis in die Einzelheiten hinein wirkenden, absolut zuverlässigen Inspiration des geschriebenen Gotteswortes dennoch schon gehabt und bejaht haben. Dies zeigt sich, wie wir sehen werden, in ihrer Anerkennung des Alten Testaments als der „heiligen Schrift", wenn auch der Gesamtkanon in jener Anfangszeit noch nicht fertig abgeschlossen, sondern zunächst noch im Wachsen war.

Vor allem aber muß gesagt werden, daß es eine Verarmung, ja Gefährdung des geistlichen Lebens in bedenklichste Nähe rückt, wenn der Glaube daran zweifelt, ob er wohl absolut zuverlässig überlieferte Gottesworte besitzt, mit denen er rechnen kann und auf die er sich — Gott freudig beim Wort nehmend — bis in ihre Einzelheiten hinein verlassen darf.

Ohne den Glauben an eine volle Inspiration öffnen wir der Willkür des Subjektivismus Tür und Tor. Der Rationalismus steigt auf den Thron, und letzten Endes steht unser unvollkommener, durch den Sündenfall verdunkelter Menschenverstand als der Richter über Gottes Buch und Gottes Wort da. Das aber sei ferne! Der auf der Anklagebank sitzende Sünder kann nimmermehr die Fähigkeit und das Recht haben, selber auf dem Richterstuhl Platz zu nehmen, um zu entscheiden, was Gott gesagt haben könnte und was nicht. Dies bezieht sich auf den Gesamtorganismus der göttlichen Offenbarung und Heilsurkunde bis hinein in ihre kleinsten Bestandteile.

Dies alles gilt zunächst und in erster Linie im Hinblick auf die Heilslehre der Schrift. Da aber die Offenbarung zugleich Heilsgeschichte ist, kann ihr lehrhafter Inhalt von dem geschichtlichen Element einfach nicht losgelöst werden. Manche Lehren der Schrift hängen schlechthin davon ab, ob der biblische Geschichtsbericht überhaupt richtig ist, daß Jesus z. B. diesen oder jenen Ausspruch getan hat, also diese oder jene Lehre überhaupt verkündigt hat. Mit einer Unsicherheit geschichtlicher Berichte würde sich zugleich auch eine Unsicherheit gewisser Heilslehren verbinden.

Unbefriedigend ist darum die Meinung, die Bibel sei nur in den Fragen des Glaubens, der Heils- und Sittenlehre, nicht aber auch der Geschichte und sonstigen Berichterstattung inspiriert. Mit Recht sagt Dr. B. Warfield: „Das Empfinden der Kirche, daß die Gültigkeit ihrer Lehren, und das Empfinden des Einzelchristen, daß die Gültigkeit seiner Hoffnung fest verknüpft ist mit der Zuverlässigkeit der Bibel, ist ein vollkommen gesundes Empfinden. Der Durchschnittschrist ist kein voll ausgerüsteter Geschichtsgelehrter und kann es auch gar nicht sein. Wenn aber voller Glaube an Christus immer und lediglich das Ergebnis einer gründlichen, geschichtlichen Erforschung der Uranfänge des Christentums sein müßte, dann würden es nur wenige sein, die es wagen könnten, mit vollkommener Zuversicht Christus zu verkündigen und Ihn als gekreuzigt. Ja, dann würden es nur wenige sein, die imstande wären, Ihm ihr Alles mit ganzer Sicherheit anzuvertrauen . . . Nein, damit die Gemeinde eine ungetrübte Gewißheit in den Einzelheiten ihrer Lehrverkündigung und damit der Einzelchrist eine unerschütterliche Zuversicht in bezug auf die Einzelheiten der göttlichen Verheißungen haben könne, auf die er vertraut, darum brauchen sie alle — und sie wissen es, daß sie es brauchen — ein voll zuverlässiges Gotteswort, in welchem Gott Selbst alle Worte des Lebens zu ihnen spricht."[5])

Zweifellos ist die Bibel kein Lehrbuch der Geschichte — wie sie ebensowenig ein Lehrbuch der Naturwissenschaft ist —; aber bei der unzerreißbaren Verkettung von Lehre und Geschichtsbericht muß ebenso stark betont werden, daß auch die biblischen Geschichtsmitteilungen zuverlässig sein müssen. Und indem in der israelitischen Gesetzgebung die Siebentagewoche auf das Sechstagewerk und den Sabbat der Weltschöpfung zurückgeführt wird (2. Mos. 20, 9—11) und gewisse Wunder, z. B. das „Stillstehen" der Sonne zu Josuas Tagen, eine Verbindung von Natur und Geschichte darstellen, so ordnen sich hier auch die naturgeschichtlichen Hinweise der Bibel grundsätzlich mit ein.

„Wenn Dein Wort nicht mehr soll gelten,
Worauf soll mein Glaube ruhn?
Mir ist's nicht um tausend Welten,
Aber um Dein Wort zu tun!"

(Nikolaus Ludwig Graf von Zinzendorf.)

---

[5]) Prof. Dr. B. B. Warfield, „The Inspiration and Authority of the Bible", London 1951, p. 121 f.

II.

Wir glauben an eine folgerichtige, volle Inspiration **um der inneren Beziehung zwischen Wort und Gedanke willen.**

In jeder klaren Aussage gehört zum unmißverständlichen Ausdruck des Gedankens eine sorgfältige Wahl der entsprechenden Worte. Wohl sind die Worte der menschlichen Sprache zunächst nur lautliche Symbole und Zeichen für gemeinte Gedanken; denn der Mensch denkt nicht in Worten, sondern in Vorstellungen. Dies widerlegt aber nicht die Tatsache, daß alles Geistige, wenn es zu klarer Entfaltung gelangen soll, sich im Wort offenbart. Ein Gedanke wird erst dann recht eigentlich zum oberbewußten Gedanken, wenn aus dem Unterbewußtsein des Empfindens und dem unbestimmten Eindruck des Wollens und Fühlens das Wort herausgeboren wird. Wie eben erst durch die Geburt das keimende Leben zum Menschen oder Tier wird, so wird auch erst durch das Wort die geistige Möglichkeit und die geistige Urempfindung zur klar geistigen Voll-Wirklichkeit. Das Wort ist gleichsam der „Leib" des Gedankens, die Sichtbarkeit und Form des Geistes. Wankt darum das Wort, so wankt auch der Sinn, und alles wird in Nebel verflüchtigt. Die Parole „Geist ohne Wort" ist darum ein „Wort ohne Geist", das heißt, ein geistloses Wort!

Das aber bedeutet im Hinblick auf die biblische Inspiration: Sind die Gedanken inspiriert, dann müssen es auch die Worte sein. Ohne Inspiration der biblischen Worte wären auch die biblischen Gedanken ohne feste Gestalt. Eine gewisse Abänderung (Variierung) der Worte schließt in einer großen Anzahl von Fällen auch eine mehr oder weniger starke Abwandlung der Gedanken oder Gefühlswerte in sich ein.

Unklar und unbefriedigend ist darum der Satz, die biblische Inspiration sei wohl eine Inspiration des „Wortes", nicht aber auch der „Wörter" gewesen, das heißt, eine Inspiration der Heilsbotschaft allgemein, nicht aber zugleich auch all ihrer sprachlichen Einzelausdrucksformen, geschichtlichen und sonstigen Einzelangaben.

Tatsache ist, daß gerade die Feinheiten und Nüanzen (Abtönungen) der biblischen Ausdrucksformen — also gerade der „Wörter"! — oft ganz besondere Schönheiten des biblischen „Wortes" ausmachen. Mit Recht sagt Johann Albrecht Bengel: „Den Propheten wurden alle Worte genau vorgeschrieben, die sie reden und schreiben sollten . . . Gott hat ihnen mit den Ideen zugleich auch die Worte gegeben". „Wir kämpfen", erklärt Spurgeon, der König unter den Predigern, „um jedes Wort der Bibel . . . Wenn uns die Worte genommen werden, so geht uns damit der klare Sinn ganz von selbst verloren." „Die Bibel ist der Himmel in Worten" (Monod).

Unzureichend wäre auch die Überzeugung von einer bloßen „Personal"-Inspiration. Es geht um die heiligen Texte selbst. Denn Paulus erklärt ausdrücklich — und er spricht in dieser seiner Feststellung nicht von den Schreibern der heiligen Schriften, sondern von den heiligen Schriften selbst —, daß sie inspiriert und gotteingegeben seien. Er sagt nicht: „Jeder Prophet ist von Gott inspiriert", sondern: „Alle Schrift ist von Gott eingegeben" (2. Tim. 3, 16).

Daß auch die Schreiber, bei der Abfassung ihrer Schriften, unter der Leitung und Inspiration des Heiligen Geistes gestanden haben, ist damit nicht verneint, ja, ist geradezu Voraussetzung hierfür. Wie Petrus bezeugt: „Noch nie ist eine Weissagung aus menschlichem Willen hervorgebracht, sondern die heiligen Menschen Gottes haben geredet, getrieben von dem heiligen Geist" (2. Petr. 1, 21).

Die Tatsache, daß die neutestamentlichen Schreiber bei Anführungen aus dem Alten Testament den hebräischen Text nicht immer wörtlich wiedergeben,[6]) ist durchaus nicht als Ungenauigkeit oder gar als Widerlegung des Inspirationscharakters der Heiligen Schrift zu bewerten. Denn der eigentliche und einheitliche Verfasser der ganzen Bibel ist der Heilige Geist. Ein Verfasser hat aber das Recht, seine eigenen Äußerungen auch in freier Weise zu wiederholen, ohne sich genau an einen bestimmten Wortlaut binden zu müssen. Auch hat er ein Recht, eine Aussage zu machen, die sich zwar eng an den Inhalt einer seiner früheren Aussprüche anschließt, aber — der besonderen, neuen Lage angepaßt — leichte Variationen enthält. Christus und der Heilige Geist aber hat Worte, die Er aus dem Alten Testament anführt, Seinem eigenen Buche entnommen.[7])

Schon auf dem Gebiet des Menschlich-Künstlerischen schafft wahres „Inspiriertsein" — Inspiration hier im weiteren Sinn — sich eine bis in die Einzelheiten hineinreichende, entsprechende Ausdrucksform. Haendel, der große Zeitgenosse Johann Sebastian Bachs, den das englische Volk dadurch geehrt hat, daß es ihm seine Ruhestätte in Großbritanniens bedeutsamster Ruhmeshalle, der Westminster Abbey, gegeben hat, der sein größtes Werk, das Oratorium „Messias", mit Text und Musik in der geradezu unfaßbar kurzen Zeit von — 24 Tagen geschaffen hat, hat selbst auf diese seine Arbeit das Wort des Apostels Paulus (2. Kor. 12, 2) vergleichsweise angewandt: „Ob ich in dem Leibe gewesen bin oder außer dem Leibe, ich weiß es nicht. Gott weiß es." Und Josef Haydn, der große Komponist der „Schöpfung", hat einmal bezeugt: „Wenn ich an Gott und Seine Gnade in Christus Jesus denke, dann ist mein Herz so voller Freude, daß mir die Noten (!) gleichsam aus der Feder tanzen und springen."

Gottes Taten und Selbstoffenbarungen schweben eben nicht als körperlose Ideen über allem Geschehen auf Erden, sondern sind tief und unmittelbar in die konkrete Geschichte verwoben. Darum sind auch Geist und Wort nicht nebeneinander, sondern organisch verbunden und ineinander.

Man mißverstehe uns nicht. Wir reden nicht einer starr mechanischen Diktatinspiration das Wort! Eine solche wäre der göttlichen Offenbarung durchaus unwürdig.

---

[6]) z. B. Hebr. 10, 5: „Leib" mit Ps. 40, 7: „Ohren". Ebenso Apg. 15, 14—17 vgl. Amos 9, 11; 12. oder Hebr. 13, 5 vgl. 5. Mose 31, 6; Jos. 1, 5.

[7]) 1. Petr. 1, 11; 2. Petr. 1, 21; Hebr. 3, 7.

Eine mechanische Inspiration („automatisches Diktat") gibt es auf dem Boden des Okkulten, Spiritistischen, also Dämonischen. Dort wirkt der böse, inspirierende Geist unter Beiseitesetzung („Substitution") und Ausschaltung der menschlichen Individualität. Die göttliche Offenbarung aber hat mit solcher Herabsetzung des menschlichen Eigen-Ichs nichts zu tun. Sie will nicht Aufhebung der sonstigen Gesetze des menschlichen Bewußtseins, nicht Verwandlung von Menschen in Automaten, nicht Ausschaltung, sondern eher Steigerung der menschlichen Vorstellungswelt. „Das Licht kann nicht Finsternis hervorbringen, sondern wirkt im Gegenteil Sehkraft." Gottes Offenbarung will Gemeinschaft des menschlichen Geistes mit dem göttlichen Geist. Sie will Heiligung, Verklärung und In-Dienst-Stellung der Persönlichkeit. Sie will nicht passive „Medien", sondern aktive „Menschen" Gottes (2. Petr. 1, 21), nicht tote Werkzeuge, sondern lebendig geheiligte Mitarbeiter Gottes, nicht „Sklaven", sondern „Freunde" (Joh. 15, 15).

Darum ist ihre Inspiration nicht mechanisch, sondern organisch, nicht magisch, sondern göttlich-natürlich, nicht totes Diktat, sondern lebendiges Geisteswort. Nur so kann Gotteswort Menschenwort und Menschenwort Gotteswort sein. Nur so konnte Gotteswort als Menschenwort — im Gewande der menschlichen (hebräischen, aramäischen und griechischen) Sprache — an uns herantreten. In einer geheimnisvollen, unerklärbaren Weise — wie sie überhaupt dem Mysterium der Gottmenschheit des gesamten Reiches Gottes entspricht — werden in der Heiligen Schrift die Verschiedenheiten der Schreiber nach Charakterveranlagung, Schreibweise, geistiger Arbeit, ja auch die Verschiedenheit ihrer zeitgenössischen Kulturumgebung und persönlichen Lebensgeschichte von dem inspirierenden Gottesgeist überwaltet und dabei durchaus voll gewahrt.[8])

Man vergleiche nur den Donner- bzw. Kraftstil eines Amos und Jesaja und den Klageton des melancholischen Jeremia!

Wie unterschiedlich sind Gedankenaufbau und Schreibweise eines Paulus oder Johannes!

Was die zeitgenössische Kulturumgebung betrifft, so ist das Alte Testament, besonders die alttestamentlichen Gottesdienstbestimmungen, geradezu voll von Beziehungen und Parallelen zu den religiösen und kulturellen Verhältnissen des Alten Orients, während des Neue Testament — abgesehen von den Evangelien — kulturgeschichtlich betrachtet, dann ein durchaus „hellenistisches" Buch ist mit Hunderten von Parallelen und Bezugnahmen auf die Denkart der griechisch-römischen Mittelmeerwelt. Besonders Paulus, der Großstadtmissionar, hat eine ausgesprochen hellenistische Großstadtbildersprache. Vgl. seine zahlreichen Bilder und Bezugnahmen auf das griechisch-römische Militär-, Sport-, Amphitheater- und Rechtsleben.

Die persönliche Lebensgeschichte der Schreiber spiegelt sich wider z. B. in der ländlichen Bildersprache des Hirten Amos (Amos 7, 14 vgl. 2, 13, 3, 4—6), den

[8]) Weiteres über diese Verwobenheit von Ewigem und Zeitlichem und überhaupt den Gottmenschheitscharakter der biblischen Inspiration siehe in „Morgenrot", S. 164—166.

Völkerprophetien des Ministers Daniel, den Schilderungen des zukünftigen Priesterdienstes durch den Priester Hesekiel (Hes. 1, 3 vgl. Kap. 40—48), der Aufforderung zum Tempelbau ebenfalls durch einen Priester (Sacharja).

Es gibt also in der Tat ganz unverkennbar einen „menschlichen Faktor" in der Bibel. Nur muß hierbei dem Glauben bewußt sein, daß dieser „menschliche" Faktor nicht in einer originaltextlichen Fehlerhaftigkeit, d. h. in einer Beimischung von persönlichen oder zeitgenössischen, geschichtlichen oder naturwissenschaftlichen Irrtümern in den heiligen Text, besteht, sondern eben in diesem Verwobensein des Göttlichen mit der irdischen Geschichte.

In diesem allen stehen der göttliche und menschliche Faktor durchaus in harmonischem Verhältnis zueinander. Denn Gott, der Urheber der inspirierten Botschaften, ist ja zugleich auch der Urheber und Führer des Lebens der Werkzeuge dieser Seiner Inspiration. So hat Er diese Seine Werkzeuge schon von vornherein durch Gestaltung ihrer Vorgeschichte und Umwelt, ihres Charakters und ihrer Lebensentwicklung so geformt, daß sie eben auch, was das Menschliche betrifft, genau passend waren für eine geeignete, voll zuverlässige Übermittlung dieser Seiner geistinspirierten Botschaften.

Es kann ja auch überhaupt keinen Grund geben, zu behaupten, daß Gott etwa unfähig sei, intelligente Wesen, die Er Sich Selbst als solche, Seinem Willen und Plan entsprechend, geschaffen hat, in dieser ihrer aktiven Intelligenz zu gebrauchen.

Und es kann keinen Grund geben, zu sagen, daß Gott, der das ganze Geistesleben der Menschen und darum auch alle Sprachentwicklung überwaltet, etwa unfähig sei, diese von Ihm Selbst gesetzten Eigentümlichkeiten des Sprachgeistes und der Redeweise der verschiedenen Sprachen zu gebrauchen, um Seine Botschaften gerade so auszudrücken, wie Er sie ausgedrückt haben will. Auch alle menschliche Sprachgeschichte steht unter der Überwaltung des Gottes aller Völker- und Geistesgeschichte, und dieser ist zugleich der Gott der Offenbarungsgeschichte.

So ist auch das menschliche Element in der Inspiration göttlich überwaltet. Gott gebraucht jeden Seiner Diener seiner menschlichen Natur gemäß; aber diese menschliche Natur des Schreibers ist zugleich ebenfalls Werk des göttlichen Autors.

Daß die heiligen Schreiber dabei s e l b e r nicht fehlerfrei waren und als Kinder ihrer Zeit auch an zahlreichen, namentlich naturwissenschaftlichen Irrtümern ihrer Zeitgenossen teilnahmen, ist selbstverständlich. Die Heilige Schrift lehrt ja auch nirgends eine absolut sittliche Vollkommenheit oder wissenschaftliche Irrtumslosigkeit ihrer Schreiber als Personen (vgl. z. B. Petrus in Gal. 2, 11 ff.). Aber wenn es sich um das B e s o n d e r e, geradezu „Amtliche", des schriftlichen Bibel-Inspirationsdienstes handelt, dann müssen wir allerdings sagen: Hier ist Irrtumslosigkeit des Originaltextes Glaubenspostulat! Das Entscheidende ist, daß die persönlichen Irrtümer der Werkzeuge der Inspiration nicht in den heiligen Text selbst eingedrungen sind.[9])

---

[9]) Näheres vgl. „Adel", S. 50—52.

Mit Recht ist gesagt worden, daß sich die Heilige Schrift in astronomischer, geologischer und überhaupt in naturwissenschaftlicher Hinsicht volkstümlicher Ausdrucksweise bedient (wie dies ja übrigens unsere modernen Gelehrten im Alltagsverkehr auch heute noch meist ebenso tun). Aber genauso ist zu sagen, daß die Inspiration des Geistes die biblischen Schreiber davor bewahrt hat, etwas für wirklich geschichtlich oder naturwissenschaftlich richtig zu erklären, was tatsächlich falsch ist. „Moses war in aller Weisheit Ägyptens unterrichtet. Was bewahrte ihn davor, daß er in die fünf Bücher Mose nicht die altägyptische Chronologie aufnahm, welche später Manetho schriftlich festlegte und die 30 000 Jahre vor Christi Geburt begann? Was veranlaßte den Daniel, der in chaldäischer Wissenschaft bewandert war, den ungeheuerlichen, chaldäischen Fabeln von der Entstehung der Welt sein Ohr zu verschließen? Paulus kannte die beste Wissenschaft seiner Zeit. Warum finden wir in seinen Reden und Briefen nichts, was an Augustins zornige Verwerfung der Lehre von den Antipoden oder an die Meinung des Ambrosius erinnert, daß die Sonne Wasser an sich zieht, damit sie sich bei ihrer außerordentlichen Hitze kühle und erfrische?“[10])

Das ist eben das Geheimnis der biblischen Inspiration, daß sie ihre menschlichen Werkzeuge durchaus aktiv sein läßt, dabei aber dennoch jeden Gedanken und jedes Wort überwacht und bewahrt, so daß das Ergebnis im Originaltext ein irrtumsfreies, vom Geist voll durchdrungenes, absolut zuverlässiges Gotteswort ist. „Der Gott“, sagt Dr. Saphir, „ohne den kein Sperling vom Dach fällt und dessen Weisheit auch das kleinste Seiner Werke verkündigt, vermochte sicherlich auch über dem Schriftausdruck zu wachen, und die Wunder Seines Wortes mikroskopisch zu untersuchen, ist weniger das Zeichen eines kleinlichen als vielmehr eines denkenden Geistes“.

In diesem allen müssen wir klar unterscheiden zwischen Offenbarung, Erleuchtung und Inspiration. „Offenbarung“ ist die Enthüllung göttlicher Geheimnisse, zu deren Verständnis die „Erleuchtung“ führt. „Geoffenbart“ brauchte den heiligen Schreibern nicht zu werden, was sie selbst mit Augen und Ohren miterlebt hatten oder was sie durch Erkundigung in Erfahrung bringen konnten (Luk. 1, 1—3). Hier benutzt später der Geist Gottes ihr Wissen und reinigt es von allem Irrtum.

„Biblische Inspiration“ ist dann hinterher (!) diejenige Tätigkeit des Heiligen Geistes, durch die Er den aktiven (!) menschlichen Geist des biblischen Schreibers geheimnisvoll erfüllt, lenkt und überwaltet, so daß eine untrügliche, geistdurchwirkte Niederschrift entsteht, eine heilige Urkunde, ein Buch Gottes, mit dem Sich der Geist Gottes auch weiterhin organisch verbindet.

Selbstverständlich beziehen sich diese Darlegungen auf die biblischen Originaltexte. Die Zahl der voneinander abweichenden Lesarten in der späteren Textüberlieferung ist zwar nicht gering. Dennoch braucht niemand zu erschrecken.

---

10) P. O. Erdmann, „Die Glaubwürdigkeit der Heiligen Schrift“, Gütersloh 1893, S. 50.

Der englische Textforscher Dr. B. Kennicott hat in seiner Ausgabe der hebräischen Bibel den Text von mehr als 600 Manuskripten verglichen. Diese haben, nach Dr. Dick Wilson, zusammengenommen, ungefähr 284 Millionen Buchstaben. Unter ihnen gibt es im ganzen 900 000 Buchstabenvarianten, von denen jedoch 750 000 völlig unbedeutend sind, z. B. Austausch von w und y. Das aber heißt, daß, nach Dr. Wilson, auf 316 Buchstaben nur eine einzige Buchstabenvariante kommt, ja, daß sich, abgesehen von dem völlig unbedeutenden Austausch von w und y, sogar unter 1580 Buchstaben nur eine einzige, eigentliche Buchstabenvariante findet (vgl. Prof. I. K. Skilton, The Infallible Word. Philadelphia-London 1946, S. 140).

Besonders die Genauigkeit der jüdischen „Massoreten" (Abschreiber, von hebr. massora = Überlieferung) beweist, daß das heilige Buch der Juden das am allersorgfältigsten überlieferte Schrifttum des ganzen Altertums ist. So stellten jene Abschreiber zur Wahrung des richtigen (Konsonanten-)Textes unter anderem folgende Regeln auf: Man zählte genau, wie oft ein und dasselbe Wort im ganzen Alten Testament oder in Teilen desselben vorkommt. Man notierte, wie ähnlich lautende Stellen voneinander abweichen. Man zählte, wie oft ein und dasselbe Wort in Versanfang, Versmitte und Versende vorkommt. Man stellte den mittelsten Buchstaben der Thora (des Gesetzes) fest, ja, man gab am Ende des Alten Testaments geradezu an, wie oft jeder Buchstabe im ganzen vorkomme.

Die hohe Qualität des von den jüdischen Abschreibern überlieferten („massoretischen") Textes hat auch neuerdings der Vergleich mit der 1947 in einer Höhle am Toten Meer gefundenen Jesaja-Handschrift bestätigt. Diese stammt aus dem zweiten oder ersten vorchristlichen Jahrhundert. Sie ist also ungefähr 1000 Jahre älter als die ältesten, uns bisher bekannten, alttestamentlichen Manuskripte. Letztere stammen aus der Zeit um 900 und 1000 nach Christi Geburt. Die Arbeit der Massoreten selbst geschah seit ungefähr 600 nach Chr., besonders von Tiberias aus. Hierbei waren sie Erben älterer Texte.

Nun hat ein Vergleich zwar gezeigt, daß die Zahl der Varianten zwischen der Jesaja-Handschrift des zweiten Jahrhunderts vor Chr. und dem entsprechenden massoretischen Text durchaus nicht gering ist. Viele von ihnen sind aber nur andere Schreibweisen bzw. ältere Endungen derselben hebräischen Worte. Vor allem aber hat gerade diese selbe genaue, vergleichende Untersuchung neu bestätigt, welch eine hervorragende und zuverlässige Arbeit die Massoreten und ihre Vorgänger der ersten, nachchristlichen Jahrhunderte in ihren Abschriften der heiligen Texte geleistet haben. Von ihnen stammen die hebräischen Texte ab, die unseren heutigen, alttestamentlichen Bibelausgaben zugrunde liegen.

Was das Neue Testament betrifft, so verteilen sich, nach Professor Skilton, die etwa 200 000 Wörtervarianten auf nicht weniger als über 4 000 frühe oder spätere, zum Teil bruchstückartige und sehr kleine, zum Teil aber auch größere und einige fast vollständige Handschriften. Hierbei hat schon eine einzige, vollständige oder fast vollständige neutestamentliche Handschrift nahezu 150 000 Wörter. Dies zeigt, wie der Prozentsatz der Varianten in seinem Verhältnis zum Gesamttext in keinem Fall überschätzt werden darf.

Einer der allerhervorragendsten Forscher der neutestamentlichen Handschriften war Dr. F. J. A. Hort. Zusammen mit Bischof B. F. Westcott war er Bearbeiter bester, griechischer Textausgaben des Neuen Testaments. Nach Dr. Hort sind mindestens sieben Achtel vom Gesamttext von allen Forschern übereinstimmend als zweifelsfrei und feststehend anerkannt, so daß das übrigbleibende eine Achtel nunmehr das Gesamtgebiet der neutestamentlichen Textforschung ausmacht. Von diesem einen Achtel sind aber, nach Dr. Warfield — ebenfalls einer der bedeutendsten Gelehrten auf dem Gebiet der neutestamentlichen Textkritik —, wiederum 95 Prozent von so geringer Bedeutung, „daß niemand sie für wirkliche Textabweichungen halten kann . . . Ihre Annahme oder Nichtannahme würde keinerlei Veränderung im Sinn der betreffenden Stelle bedeuten" (Prof. Skilton, a. a. O. 156). Und mit Sicherheit läßt sich sagen, daß kein einziger, vollständiger Satz des ursprünglichen Textes aus den Handschriften verschwunden ist. Für unseren Glauben haben also die zahlreichen, verschiedenen Lesarten nicht die geringste Bedeutung. Ja, Dr. Hort erklärt in seiner, auf dem Gebiet der neutestamentlichen Textforschung epochemachenden „Einleitung" zum griechischen Neuen Testament: „Was man in irgendeinem Sinn wirklich inhaltliche Lesart-Verschiedenheit nennen könnte, ist ein so kleiner Bruchteil, daß er kaum mehr als ein Tausendstel des Gesamttextes ausmacht."[11]) In diesem Sinne spricht Bischof Dr. Westcott, Horts Mitarbeiter, von dem „Bewußtsein der Ruhe und des Vertrauens, das mit zunehmender Erkenntnis immer fester wird", eben in dem Maße, wie ihre Forscherarbeit „immer tiefer und tiefer grub, um die Schätze zu gewinnen, die in den Worten, Rede- und Schriftteilen und Sätzen verborgen sind".[12])

So sagt auch Sir Frederic G. Kenyon, eine der höchsten Autoritäten auf dem Gebiet der neutestamentlichen Textforschung: „Sowohl die Glaubwürdigkeit als auch die Echtheit der Bücher des Neuen Testaments können als erwiesen angesehen werden . . . Der Christ kann die ganze Bibel in die Hand nehmen und ohne Furcht und Zögern erklären, daß er damit das wahre Wort Gottes in Händen hat, so wie es uns ohne wesenhaften Verlust von Generation zu Generation durch die Jahrhunderte hindurch übergeben worden ist."[13])

---

11) „What can in any sense be called substantial variation is but a small fraction of the whole residuary variation, and can hardly form more than a thousandth part of the entire text" (The New Testament in the Original Greek. New York 1882, Appendix Introduction, p. 2).

[12]) B. F. Westcott, „The Epistles of John", p. VI (bei Warfield, a. a. O. S. 110) — „A sense of rest and confidence which grows firmer with increasing knowledge".

[13]) F. F. Bruce, Professor für Biblische Altertumskunde, Geschichte und Literatur an der Universität Sheffield (England), auf seinem Gebiet einer der belesensten Männer der Gegenwart, sagt: „Es gibt keine höhere Autorität auf dem Gebiet der neutestamentlichen Textforschung als Sir Frederic Kenyon." Das Zeugnis eines solchen Spezialwissenschaftlers wie Professor Kenyon ist darum in unserem Zusammenhang besonders beachtenswert. Vgl. Kenyon, Our Bible and the Ancient Manuscripts. London 1939, S. 23.

Trotzdem ist wahr: Gott hat ein gewisses Eindringen von Abschreibefehlern in den heiligen Text nun einmal doch zugelassen. Dies beweist die Geschichte der alt- und neutestamentlichen Textgestalt unwiderleglich. Wir weisen nur auf den kleinen, textkritischen Apparat in den Fußnoten der Elberfelder Bibel hin, wie ebenfalls auf die Einleitung in die 7. und 8. Ausgabe dieser selben Übersetzung. Ebenso verweisen wir auf den Nachtrag zum Alten Testament in der Miniatur-Bibel, wo desgleichen eine Anzahl verschiedenartiger Lesarten mitgeteilt wird. Vor allem natürlich ist hier der textkritische Apparat des griechischen Nestle-Testaments zu nennen, wie überhaupt die entsprechenden Hinweise aller wissenschaftlichen Kommentare und Textausgaben des Neuen Testaments in der Ursprache.

Aus diesem allen heraus ist ein weitverbreiteter Einwand gegen den Glauben an die volle Inspiration gefolgert worden. Man hat gesagt: Ist demnach die ganze Frage nach einer vollen Inspiration nicht von vornherein eine mehr oder weniger unfruchtbare, eine mehr historische, nicht aber eigentlich praktische, mehr eine Frage der Vergangenheit als der Gegenwart? Die biblischen Originaltexte liegen heute doch nun einmal nicht mehr vor! Auch wird niemand, dessen Urteil hier in irgendeiner Weise ernst zu nehmen ist, zu behaupten wagen, die von ihm benutzte Übersetzung, so sorgfältig und ausgezeichnet sie auch sein mag — ganz gleich in welcher Sprache —, sei bis in alle Texteinzelheiten hinein fehlerfrei, absolut vollkommen und restlos klar. Ja, nicht einmal von den allerbesten, uns heute noch vorliegenden hebräischen und griechischen, also ursprachlichen Texten kann dies ohne Einschränkung ausgesagt werden. Nur offensichtliche Unkenntnis der textgeschichtlichen Tatbestände könnte etwas anderes behaupten. Liegt darum nicht, so fragt man, in Anbetracht alles dessen, eigentlich gar kein Unterschied vor, ob wir nun an eine volle Inspiration der Originaltexte glauben oder nicht, vorausgesetzt nur, daß wir überhaupt die Heilige Schrift grundsätzlich als Gotteswort anerkennen, auch wenn sie, unter Umständen, schon von vornherein verbunden gewesen wäre mit mancher menschlichen Unvollkommenheit und „Knechtsgestalt“? Den eigentlichen Originaltext hat heute ja schließlich doch keiner!

Unsere Antwort lautet:

Wir unterschätzen durchaus nicht das Gewicht dieses Einwandes. Ein mathematischer Gegenbeweis ist nicht möglich, aber auch gar nicht erforderlich. Wir befinden uns eben — wie in unserer Beziehung zum „lebendigen“ Wort „Christus“, so auch hier in unserer Beziehung zum geschriebenen Wort der Bibel — durchaus auf persönlichem Glaubensboden. Dennoch stehen diesem Einwand ganz bestimmte, klare Glaubenspostulate gegenüber. Wir verweisen nur auf die sieben Hauptgesichtspunkte dieser unserer Darlegungen über den Inspirationscharakter der Bibel als des Buches der Heilsgeschichte.[14])

Wir müssen aber trotzdem mit Nachdruck hervorheben: Der Unterschied ist gewaltig!

---

[14]) Alle 7 sind zusammengestellt im Inhaltsverzeichnis S. 14.

Es ist doch etwas durchaus anderes, wenn jemand erklärt: Gott hat uns in der Entstehung der Heiligen Schrift eine ursprünglich fehlerfreie, voll inspirierte Heilsurkunde gegeben, die nun — in Verbindung mit Christus, dem lebendigen Wort, und dem beständigen Wirken des Heiligen Geistes — für unser Glaubensleben *Felsenfundament* ist und der wir durch sorgfältigste Textforschung, wissenschaftliche, geistgemäße Übersetzungsarbeit und christusgebundene Schriftauslegung *so nahe wie nur möglich* zu kommen bestrebt sein sollen.

Oder ob jemand erklärt: Ein solches, *voll* inspiriertes Gottesbuch hat Gott niemals gegeben, und darum kann auch gewissenhafteste Textforschung und geisterfüllte, denkbar beste Übersetzung und Auslegung niemals zu einer solchen letzten, restlos verbindlichen, fundamentalen Gottesurkunde durchstoßen, und zwar einfach deshalb nicht, weil ein solches Gottesbuch als Felsenfundament in *dieser* Form niemals existiert hat.

Der Unterschied ist also von höchster Bedeutung, und zwar gerade auch in Bezug auf unsere *heutige* Stellung zur Bibel! Darum wird gerade der, welcher an die volle Inspiration der Originaldokumente glaubt, die wissenschaftliche Arbeit an der Textgeschichte und der Textforschung doppelt bejahen. Ja, je mehr wir die biblische *Sach*kritik verneinen, desto mehr werden wir die biblische *Text*-kritik (=Textforschung) bejahen. Wir möchten doch eben, gerade aus einer solchen Glaubenshaltung heraus, *möglichst genau* wissen, was Gott in Seinem vollkommenen, geschriebenen Wort nun einmal gesagt hat.

Und überhaupt: Es ist doch ein Unterschied, ob man beim Graben eines Fundamentes zuletzt auf einen freizulegenden, großen, zusammenhängenden Felsblock stößt oder nur auf einen Untergrund, der zwar fest, aber doch mit Sand vermischt ist. Ferner werden einem Bezweifler der vollen Inspiration — je nach seiner subjektiven Einstellung (bei dem einen mehr, bei dem anderen weniger) — auch solche kürzeren oder längeren Bibeltexte unter Umständen als nicht restlos verbindlich erscheinen, deren absolute Echtheit durch die Textforschung zweifelsfrei nachgewiesen ist.

Auf die Frage, warum Gott es zuließ, daß die Originalschriften der heiligen Schreiber verlorengegangen sind, antworten wir *erstens*: Wären sie noch da, so würde man sie wohl zweifellos genau so wie Reliquien verehrt, ja fast angebetet haben, wie die Israeliten es mit der ehernen Schlange taten, die ja ursprünglich ebenfalls mit einem Wunderwerk Gottes zusammengehört hatte (2. Kön. 18, 4; 4. Mos. 21, 8). Und *zweitens*: Der Zweifel wäre ja auch dann sowieso nie verstummt, ob dies nun wirklich jene ursprünglichen Originalschriften seien oder nicht. Es wäre also mit einem noch heutigen Vorhandensein dieser Originalschriften in Wirklichkeit nichts Unbezweifelbares erreicht. Es wäre nur eine zusätzliche Gefahr für religiöse Verirrung entstanden, nicht aber eine zuverlässige Hilfe. So liegt auch in dem Nichtmehrvorhandensein der Originalschriften göttliche Weisheit.

III.

W i r g l a u b e n a n e i n e g o t t e s w ü r d i g e , v o l l e I n s p i r a t i o n **um der auch das Winzigste in der Schöpfung sorgfältigst ordnenden Genauigkeit der göttlichen Naturoffenbarung willen.**

Die Natur ist von ihren größten Vertretern in der Sternenwelt an bis hin zu den winzigsten Tierchen und Pflänzlein, ja bis zu den Molekülen, Atomen und Elektronen des Stoffs unfaßbar genau nach gewaltigen, feinen und allerfeinsten Gesetzen aufgebaut. Sollte da der Höchste, wenn Er schon die n i e d e r e Form Seiner Selbstbekundung, die Naturoffenbarung, so wundersam geordnet hat, etwa w e n i g e r Sorgfalt auf Seine unendlich viel h ö h e r e und e d l e r e Offenbarung, Sein Zeugnis im geschriebenen Wort, verwandt haben?

Jeder Schmetterlingsflügel mit seinen hunderttausend Häutchen, jedes Fliegenauge mit seinen 6 000 bis 7 000 Linsen, jeder Spinnfaden mit seinen 300 Einzelfäden können uns dafür ein Zeugnis sein. Und die 306 Panzerplatten eines Käfers, die 8 000 Paar (!) Muskeln einer Seidenraupe, die 700 Schwingungen des Flügelschlages einer Schnake je Sekunde, die Samen sämtlicher 300 000 (!) Pilzarten, die so winzig sind, daß sie alle — von jeder Art einer — in weniger als einem einzigen Fingerhut Platz hätten: Sind sie nicht alle ein geradezu unwiderleglicher Beweis dafür nicht nur, daß es Gottes nicht etwa unwürdig ist, sondern im Gegenteil, wie es gerade Seine Größe offenbart, wenn Er, der Allergrößte, auch das Allerkleinste durchwaltet? Oder wir denken an den Wunderbau des Bienenkörpers. 31 000 Sinneshärchen sitzen an den Fühlern der Drohnen. Ganz genau sechseckig sind die 5 000 Facetten (Linsen), aus denen jedes einzelne Bienenauge zusammengesetzt ist, und mit ihrem Flügelschlag von 440 Schwingungen je Sekunde erreichen sie eine Stundengeschwindigkeit von 65 Kilometern, eine Geschwindigkeit also, die fast der Durchschnittsgeschwindigkeit eines modernen D-Zuges entspricht! Und was sollen wir schließlich von der Welt der Infusorien sagen, die zum Teil so klein sind, daß — wie im Polierschiefer in Bilin-Böhmen — sich nicht weniger als 225 Millionen (!) Panzer in einem einzigen Kubikzentimeter finden. Ganz zu schweigen von der Wunderkraft jenes Ein-Zehntausendstel Gramms Materie, das wir Ameisengehirn nennen, oder von den völlig unbegreifbaren Atomplanetensystemen in den Grundbestandteilen der Materie und all den anderen Millionen und Abermillionen von Wundern in der Mikrowelt des Allerkleinsten. Wenn, nach den Worten Jesu, selbst die Haare auf unserem Haupte gezählt sind (Matth. 10, 30), wird Gott etwa da die Einzelbestandteile Seines Wortes weniger beachten, durch das Er doch Millionen unsterblicher Menschenseelen zur Errettung führen will und zur Seligkeit und Herrlichkeit in allen Äonen der Ewigkeit?

Und welch ein Wunderbau ist doch in der Tat Sein Wort und Sein Buch!

IV.

W i r g l a u b e n a n e i n e h a r m o n i s c h e , v o l l e I n s p i r a t i o n **um des Zusammenklangs aller Einzelbestandteile des biblischen Gesamtzeugnisses willen.**

In drei verschiedenen Sprachen ist das Gottesbuch geschrieben (Hebräisch, Aramäisch, Griechisch). Das Neue Testament ist von neun, das alte von mindestens dreißig verschiedenen Schreibern verfaßt. Verschieden waren die Bildungsgrade, Klassen, Lebensalter und Berufsstände dieser Männer — Propheten, Könige, Hofbeamte, Minister, Hirten, Zöllner, Priester, Fischer, Theologen, Richter. Verschieden waren die Plätze und Ursprungsländer — in Babylon und Ephesus; im Geräusch des Häusermeeres des heidnischen Doppelhafens Korinth (Römer-Brief), in der stillen Sternennacht unter freiem Himmel im Heiligen Lande (Ps. 8); in Rom, der Zentrale des Weltreiches, in Jerusalem, dem Mittelpunkt des auserwählten Gottesvolkes; in den wilden, zackigen Bergeinöden, die Davids Zufluchtsstätte waren, wie in den kunstgeschmückten Städten der Griechen, in denen Paulus predigte; in der fruchtleeren, sandtrockenen Wüste des Sinai, wie in dem Land, das von Milch und Honig fließt. Und obwohl es schließlich von Moses Zeiten an bis zu Johannes, dem Seher von Patmos, über anderthalb Jahrtausende gewesen sind, in deren Verlauf Gott an der Fertigstellung dieses edelsten aller Bücher arbeiten ließ, obwohl also eine Mannigfaltigkeit die andere geradezu drängt, so ist dennoch eine Harmonie, die selbst unter dem kritischsten Seziermesser des Unglaubens sich immer wieder neu zu behaupten weiß.

Als Gegenbeweis hat man auf die vermeintlichen, zahlreichen „Widersprüche" in der Bibel hingewiesen, besonders in den Evangelienberichten, z. B. bei den Wundern Jesu und in der Auferstehungsgeschichte. Aber wie oft ist doch schon in geradezu überraschendster Form nachgewiesen worden, daß solche „Widersprüche" sich bei g e n a u e r Kenntnis der Zeitlage, der Einzelumstände und auch der sprachlichen Ausdrucksweise des biblischen Berichterstatters ohne Künsteleien harmonisch auflösen! Darum hat der Glaube durchaus fest erprobten, vielfach unter Beweis gestellten, sicheren Grund zu froher Zuversichtlichkeit, daß auch da, wo wir heute vielleicht noch nicht restlos die volle Erklärung haben, sie dennoch schon jetzt irgendwie besteht: Entweder hat ein anderer sie anderswo schon heute, oder aber sie wird in kürzerer oder längerer Zeit von anderen oder möglicherweise auch von uns selbst noch gefunden werden. In jedem Fall wird sie in der Vollendung von uns allen klar geschaut werden.

Nicht selten werden wir dann sogar zu staunen haben, wie die Lösung in Wirklichkeit geradezu verblüffend einfach gewesen war. Nur hatten w i r sie eben bis dahin noch nicht gesehen, weil uns gewisse örtliche, sprachliche und geschichtliche Einzelkenntnisse gefehlt hatten. Darum ist sich der Glaube dessen gewiß: Die Bibel, die ihren Kritikern gegenüber schon so oft gerechtfertigt worden ist, wird in gleicher Weise einst Recht behalten auch in bezug auf alle Fragen, die wir heute noch nicht beantworten können. Die tausendfachen Bibelsiege der Vergangenheit sind für den Glauben Rechtfertigung und Unterpfand seiner zuversichtlichen Erwartung, daß auch noch weitere Bibelsiege in Gegenwart und Zukunft erfolgen werden. Eine derartige, auf ungezählte Erfahrungen gegründete Erwartung ist doch gewiß nicht unberechtigt, „unwissenschaftlich“ oder gar rückständig!

Wenn wir glauben, Widersprüche zu erkennen, so ist es darum durchaus nicht unsere Aufgabe, sie alle erst miteinander auszugleichen, bevor wir dem Wort der Schrift glauben können. Wenn wir sie gar nur durch erzwungene oder künstliche Exegese zu harmonisieren vermögen, ist es besser, sie einfach unerklärt und unausgeglichen zu belassen. Andererseits dürfen wir aber auch nicht meinen, daß sie nun deshalb überhaupt nicht ausgleichbar seien, eben weil w i r noch nicht imstande sind, sie zu harmonisieren. Unsere eigene, persönliche Fähigkeit in Schriftauslegung und geistlicher Einsicht ist noch lange nicht der Maßstab der Wahrheit. Was wir nicht können, mögen andere imstande sein zu tun. Und wenn wir alle zusammen es noch nicht können, dann wird sich die Wahrheit zu ihrer Zeit schon selbst offenbaren und rechtfertigen. In jedem Fall ist es nötig, daß wir glauben, daß die Harmonie möglich und wirklich ist.

Stellen wir uns vor, an einem bestimmten Ort kämen im Verlauf längerer Jahre immer wieder Pakete mit Marmor- oder Steinstücken verschiedenster, oft ganz unregelmäßiger Formen an. Dabei kämen diese aus drei verschiedenen Erdteilen und von mehr als 40 verschiedenen Bildhauern, die sich zum größten Teil nie gesehen und nie miteinander Schriftwechsel gehabt hätten. Zuletzt aber würde es möglich sein, aus diesen, vielleicht weit über 100, in sich selbst je wunderlichen, Einzelstücken eine einheitliche, großartige, kunstvolle Statue zusammenzusetzen, wobei die einzelnen Stücke so genau zueinander passen würden, daß auch nicht die allergeringste Ritze zu finden wäre: Wäre damit nicht der unwiderlegbare Beweis gegeben, daß alle diese Einzelstücke — und zwar gerade auch in ihren Einzelformen, Einzelecken, Winkeln und Gestaltungen — nach einem einheitlichen Plan gemacht und von einem gemeinsamen, geistigen Urheber bestimmt gewesen sein müssen? Niemand würde das bezweifeln. Aber gerade dies ist, geistig, hinsichtlich der Bibel der Fall!

Oder wäre es wohl möglich, heute einen Kranken nach einem Medizinbuch zu heilen, das von 40 verschiedenen Ärzten zusammengestellt worden wäre, die in den Zeiten des Alten Orients und des klassischen Altertums gelebt haben, von Männern in Vorderasien, von Fachärzten und „Laien“, von Akademikern und Handwerkern, wobei dann noch dazu Rezepte dargeboten würden, die während des Zeitlaufs von 1500 Jahren je und je angewandt worden sind, also von der Mitte des zweiten Jahrtausends vor Christus bis zum Abschluß des ersten Jahrhunderts nach der Zeitenwende? Die Bibel aber ist gerade das Heilmittel für alle Welt, das Heilmittel für unsere Seele! Millionen und Abermillionen aller Zeiten und Länder haben ihre Heilkraft erfahren, und obwohl ihre ältesten Bestandteile schon über

3 300 Jahre alt sind, ist ihre Heilkraft doch auch heute noch so stark und ihr Heilswort so wirksam und lebendig, als wenn das Ganze gerade soeben entstanden sei.

Die gesamte Heilige Schrift treibt e i n e Lehre und zeigt e i n e n Heilsweg für unser Inneres. Mögen auch die Offenbarungswege Gottes in den verschiedenen Heilszeiten recht mannigfaltig gewesen sein, so ist es doch e i n gemeinsames Lebensprinzip, das das Ganze durchdringt. Damit aber beweist gerade diese Einheit des Vielgestaltigen seine göttliche Planung.

V.

W i r g l a u b e n a n e i n e o r g a n i s c h s i c h e n t f a l t e n d e, v o l l e I n s p i r a t i o n **um der Geschichtseinheit der von der Bibel bezeugten Heilsoffenbarung willen.**

Das ist das Wundersame an der Bibel: Sie ist, trotz ihrer erstaunlichen Mannigfaltigkeit, ein einheitlicher Organismus, ein lebensvolles, von e i n e m Geist beseeltes, harmonisches System.

Da die Heilsoffenbarung Gottes ein zusammenhängender, geschichtlicher Werdegang ist, muß auch ihre Urkunde ein zusammenhängendes, geschichtlich planmäßiges Ganzes sein, ein wohlgeordnetes, prophetisch historisches System. Wie Gott in der Heilsentwicklung selbst, so bringt auch Sein Buch die erlösende Wahrheit nicht in abstrakt begrifflicher, philosophischer Form, sondern in konkret faßlicher, lebendig natürlicher Anschauung und in stufenmäßig fortschreitender, geschichtlicher Entfaltung. Mit Recht haben darum in der evangelischen Kirche schon Männer wie Bengel, Oetinger, Beck und Blumhardt und vor ihnen, als ihre gemeinsame Wurzel, der deutsch-niederländische Bibelerklärer Johannes Coccejus in Leiden die Heilige Schrift als ein kunstreiches Gebäude aufgefaßt, zu dem der Grundriß schon vorher entworfen war, als ein auf Christus abzielendes Ganzes, ein System mit Gleichmaß und Zusammenklang, in das jedes einzelne als ein Teil des Ganzen organisch eingegliedert ist. „In weisester Anordnung, ohne jede Verwirrung, erstrahlt alles. Die Harmonie aller Teile macht die Durchsichtigkeit und Klarheit des Ganzen aus."

Darum treiben alle Bücher e i n e Wahrheit und e i n e Lehre, weshalb sie sich auch gegenseitig auslegen, und Schriftwort erklärt sich durch Schriftwort. Das Thema vom Reiche Gottes und seinen planmäßigen Haushaltungen ist die leitende Melodie dieser gewaltigen göttlichen Gesamtsymphonie. Wir aber haben uns „schauend und lauschend niederzubeugen, um die Harmonie des Gegebenen zu erfassen", und in dem Maße, wie dies in Demut, Glauben und Gehorsam geschieht, wird uns die göttliche Herrlichkeit der Bibel stets neu aufgehen und von Fall zu Fall, von Einzelheit zu Einzelheit, lebendig bestätigt werden, und die heilsgeschichtliche Einheit und die bis ins Kleinste gehende Großartigkeit der Heiligen Schrift wird uns ihren Inspirationscharakter stets neu beweisen.

Besonders tut dies — abgesehen von vielen, kleinen und großen Einzelheiten in der Übereinstimmung von Weissagung und Erfüllung — der innere Aufbau und die folgerichtige Struktur des Ganzen in der Aufeinanderfolge der Heilszeiten mit ihren jeweiligen Zielen.

Kann denn die alttestamentliche Heilsvorbereitung zielklarer aufgebaut sein, als sie ist?

Zuerst sind — in der biblischen Urgeschichte, als dem Geschichtsfundament des Gesamtverlaufs — zwei Hauptoffenbarungsperioden gegensätzlicher Harmonie (Polarität). Da gilt, nach der Austreibung aus dem Paradiese, zunächst Jahrhunderte hindurch der Grundsatz der menschlichen Selbstbestimmung, ohne göttliche Gesetzesoffenbarung und ohne von Gott angeordnete, menschliche Obrigkeit (von Adam bis Noah). Dann — als dieser Grundsatz das menschliche Versagen gezeigt hatte — wird sein harmonischer Gegensatz eingeführt: der Grundsatz der Kontrollgewalt („Wer Menschenblut vergießt, des Blut soll auch durch Menschen vergossen werden", 1. Mos. 9, 6), und es folgt nunmehr Menschheitsgeschichte mit menschlicher Obrigkeit und Aufbau von Staatsgebilden (vgl. Völkertafel, Nimrod, 1. Mos. 10). Erst als auch dies vom Menschen falsch durchgeführt wurde (Babel), kommt die Abwendung Gottes vom Universalismus der Uroffenbarung und Seine Hinwendung zum Partikularismus (Sonderweg) der abrahamitischen, später israelitischen Offenbarungsbeschränkung. Das Ziel aber, der „Segen für alle Völker", die desto sicherere Erreichung des Enduniversalismus, blieb unbeirrbar bestehen.[15]) Ist dies nicht gleich, an den Uranfängen der Geschichte, ein folgerichtiges, planmäßiges, innerlich zusammenhängendes, erzieherisches Handeln?

Und welche Harmonie, welche innere Logik zeigt die sich daran anschließende Weiterführung der Heilsvorbereitung von Abraham auf Christus! Wie ist gerade hier absolut klarste, völlig unübertreffbare Zielausrichtung auf den Erlöser und Sein Werk!

Zwei Hauptbundesschließungen (Abraham und Mose) in polarer Harmonie! Eine zweitausend Jahre lang währende Erziehung zum Glauben (Abrahamsbund); dann, als Ergänzung hinzutretend, eine anderthalb Jahrtausend lang währende Erziehung zur Buße (durch Weckung von Sündenerkenntnis im Mosaischen Gesetz). Kann die neutestamentliche Heilsentfaltung passender vorbereitet sein? Handelt es sich nicht darum, daß der Sünder errettet werden soll, daß er aber nur dann das volle Heil durch das Stellvertretungswerk Christi empfangen kann, wenn er sich zu Christus, als dem Sünderheiland, „bekehrt?" Und ist nicht „Bekehrung" schlechthin die Summe von Abkehr und Hinkehr, von Nein zu sich selbst und von Ja zum Herrn, also von Buße und Glauben? Ist damit nicht die Bekehrung, als diese Einheit von Buße und Glaube, das subjektive, erzieherische Kernziel der Gesamtoffenbarung des ganzen Alten Testaments? Ist hier überhaupt durchsichtigere Planmäßigkeit denkbar als in dieser Anordnung gerade zweier, solcher Haupt-

[15]) 1. Mos. 12, 3; Gal. 3, 8.

vorbereitungsperioden (Abraham und Mose) mit gerade diesen, ihnen innewohnenden, bei aller Unterschiedlichkeit klar zusammenhängenden, zentralen Hauptzielen?

Und ist nicht das ganze Alte Testament — gerade in dieser seiner Zweigipfligkeit zugleich wundersam planmäßig auch auf das objektive Heilswerk des Erlösers Selbst ausgerichtet?

Da ist der Glaube an die Lebens- und Auferweckungskraft Gottes geradezu der Höhepunkt bei Abraham (vgl. Isaaks Geburt und Isaaks Opferung). Da ist das Todesurteil Gottes über den Sünder geradezu der Tiefpunkt von Gericht und Verdammung im Mosaischen Gesetz. Da ist also letzteres ganz klar ausgerichtet auf Karfreitag, ersteres auf Christi Auferstehung. So sind sie denn alle beide (Abraham und Mose) in ihrer gegensätzlichen Einheit — ganz durchsichtig und erkennbar — zielbestimmt hinweisend auf die beiden Hauptseiten im Heilswerk des Erlösers, und es wird offensichtlich, daß das ganze Alte Testament nicht nur auf das subjektive Ziel der „Bekehrung" des Sünders (Buße und Glaube), sondern auch auf das objektive Ziel des Heilswerkes des Sünderheilands (Tod und Auferstehung), also auf das menschliche Zentralheilserlebnis und das gottgewirkte Zentralheilsereignis ausgerichtet ist. Man müßte geradezu blind sein, hinter diesem allen nicht einen von vornherein festliegenden, zielsicher vorgesehenen, großzügig und folgerichtig durchgeführten Gottesplan zu erkennen!

Und wie organisch und innerlich zusammenhängend ist dann auch der Aufbau der neutestamentlichen Heilsentfaltung!

Zuerst steht — im Zeugnis von Wort und Geist — der gen Himmel gefahrene, abwesende Christus im Mittelpunkt (in der Zeit zwischen Seinem ersten und Seinem zweiten Erscheinen). Dann — seit der Parusie (Ankunft, Wiederkunft) — regiert Christus als der in Herrlichkeit offenbar gewordene, anwesende Gottkönig. Erst also Verhüllung, dann Enthüllung. Erst Verborgenheit mit besonderem Rückblick auf die Erniedrigung, dann Offenbarung mit dem Triumph königlicher Erhöhung. Erst Verkennung, dann Anerkennung. Erst Dornenkrone, dann Königskrone. Erst Heilserleben durch Glauben, dann Heilserleben im Schauen.

Und was die Lichtkreise und Ausstrahlungsbezirke dieses Gottesheils in den Ausdehnungen des Geschöpflichen betrifft: Zuerst Sammlung der Gemeinde, dann Segnung der Völkerwelt, zuletzt neuer Himmel und neue Erde, ein verklärtes Universum. Also auch hier wieder völlig klare, stufenweise durchgeführte, wachstümliche Entfaltung eines großartigen Planes!

Am allereindruckvollsten aber zeigt sich dies alles in der Selbstoffenbarung des Erlösergottes persönlich.

Zuerst — in der Jetztzeit der Gemeinde — die besondere Wirksamkeit des Geistes Gottes; dann — im sichtbaren Gottesreich der Vorvollendung — die Königsherrschaft des Sohnes Gottes; schließlich — im ewigen Zustand — das Herrlichkeitsreich Gottes des Vaters (1. Kor. 15, 28). Das aber heißt: Die gesamte, neutestamentliche Heilsentfaltung ist eine, in dreifachem Rhythmus voranschreitende Selbstoffenbarung des ewigen Gottes als des Heiligen Geistes, des Sohnes, des Vaters, und es wird offenbar, daß der ganze, geschichtliche Heilsverlauf seit Christus, dem Heilsmittelpunkt, trinitarisches Gepräge hat, so daß also in diesem universalen Geschichtsablauf nicht nur Rettung und Heil, sondern vor allem der Retter**gott** und Heiland**gott** immer leuchtender und sonnenhafter hervorstrahlt.

Logischer, klarer, zielbewußter, harmonischer, großartiger kann es überhaupt keinen Geschichtsplan geben. Gerade aber diese Zielklarheit und Einheitlichkeit des Ganzen macht die Heilsgeschichte zu einem universal historischen Selbstbeweis ihres göttlichen Charakters. **Da aber die Bibel die Urkunde dieser Offenbarungsgeschichte ist, wird durch diese Harmonie des Gesamten auch ihre eigene, innere Geschichtseinheit und ihr göttlicher Inspirationscharakter erwiesen.**[16])

Allein eine solche Glaubenshaltung zur Heiligen Schrift macht heilsgeschichtliches Bibelstudium möglich. Wer aber in Sonderheit in bezug auf die ersten Kapitel der Bibel, die danielischen Weissagungen, die Heilsbedeutung des Kreuzes, die leibliche Auferstehung und die persönliche Wiederkunft Christi eine durch Unglauben oder Halbglauben gebrochene Stellung zur Schrift einnimmt, dem wird **Anfang, Mitte** und **Ende** des göttlichen Erlösungsplanes unklar sein, und der wundersame Gottestempel der Heilsgeschichte wird ihm ein verschlossener Bau bleiben.

In besonderer Weise gehören Urgeschichte und Endgeschichte zusammen. Wer das eine leugnet, wird oft auch das andere bezweifeln. So ist gesagt worden: „Die Heilsgeschichte beginnt nicht mit dem urgeschichtlichen Paradiese, und darum schließt sie auch nicht mit dem endgeschichtlichen Reich Gottes auf Erden. Das Paradies auf dieser Erde und das Millennium[17]) gehören zusammen. Sie stehen und fallen theologisch miteinander." Hier sehen wir, wie Ablehnung oder Bejahung von Heilsgeschichte mit der persönlichen Glaubensstellung zur Frage der biblischen Inspiration zusammengehören.

Man hat den Glauben an eine volle, sich organisch, heilsgeschichtlich entfaltende Inspiration einen „nivellierenden Fundamentalismus" genannt, ein „lineares Denken", das „in einer falsch verstandenen Inspirationslehre alle Worte der Heiligen Schrift auf **eine** Ebene legt, ohne zu bedenken, daß die Zeit erfüllt ist, daß Christus gekommen ist . . . , daß nur von der Einmaligkeit der Mitte der Heilslinie, von der Geschichte der Offenbarung in Christus aus, Vergangenheit und Zukunft erkannt und gedeutet werden muß." Nichts aber kann an einer rechten Bewertung des Sachverhalts mehr vorbeigehen als ein solches Fehlurteil. Gerade der Glaube an die volle Inspiration, der sich mit Christus und Seinen Aposteln zu

[16]) Ausführlicheres vgl. in Teil I. Kap. 2: „Sieben Hauptoffenbarungswege Gottes mit der Menschheit", S. 25. Ferner Kap. 12: „Der Triumph des Reiches Gottes", S. 84.
[17]) Millennium = Tausendjähriges Reich. Lat. mille = tausend, annus = Jahr.

allen „Fundamenten“ der Heilsoffenbarung bekennt, weiß — mit dem Herrn Selbst — zu unterscheiden zwischen „großen“ und „kleinen“ Geboten Gottes (Matth. 22, 38; Kap. 5, 19), zwischen geistinspirierten Aussagen über Heilsnotwendiges[18]) und geistinspirierten Geschichtsmitteilungen oder Anordnungen von nicht so hoher Bedeutung.[19]) Ferner: Gerade der Glaube an eine sich heilsgeschichtlich entfaltende, volle Inspiration unterscheidet zwischen Haushaltungen und Heilszeiten, zwischen Heilsvorbereitung und Heilserfüllung, zwischen alttestamentlichem Morgenrot und neutestamentlicher Tageshöhe. Wenn irgendwo, so wird gerade hier eben nicht „nivelliert“! Vielmehr wird deutlich bezeugt, daß es auch auf dem Boden der biblischen Offenbarung ein Vorwärtsschreiten gibt vom Niederen zum Höheren, aus der Dämmerung zur Klarheit, eine mannigfaltige Gliederung, eine farbenreiche Periodenkette, ein nach oben hinführender Stufengang. Gerade dieses Nicht-Nivellieren der Schriftaussagen und Offenbarungsperioden ist ja die Voraussetzung für alles biblische Heilsgeschichtsstudium, in dem der Glaube an die volle Inspiration immer wieder geradezu das Ziel und die Krone seiner erkenntnismäßigen Bemühungen um die Forschung der göttlichen Heilswahrheit erblickt hat!

Und ohne jeden Kompromiß müssen wir weiter hinzufügen: Auch die Gottesworte auf niederen Offenbarungsstufen sind vollwertig, und, bei aller Differenzierung und Nicht-Nivellierung, haben wir kein Recht, sie zu übergehen oder geringzuschätzen. Gottes Wort bleibt Gottes Wort, ob es nun eine Aussage über Heilsnotwendiges oder mehr Äußeres, über Ewiges oder Zeitliches sein mag, ob es eine Kundgebung des Herrn auf einer mehr niederen oder einer mehr höheren Offenbarungsebene gewesen sein mag. Hier hat der Mensch kein Recht, etwa in dem Sinne einen Unterschied zu machen, daß er das eine glaubt und befolgt und das andere als unwichtig oder überflüssig ablehnt. Wenn irgendwo, so gilt gerade auch hier der von Christus Selbst ausgesprochene Grundsatz, daß man das eine tun und das andere nicht lassen soll (Matth. 23, 23).

Übrigens: Was dem einen unwesentlich erscheint, ist für einen anderen von wesentlicher Bedeutung. In einem Organismus sind auch die nicht so bedeutsamen Glieder vom gleichen Leben durchdrungen. Es ist durchaus unorganisch gedacht, das Peripherische als das Unwesentliche hinzustellen. Die Bibel aber ist ein vom Leben Gottes durchdrungener Geistesorganismus.

Zu einem Missionar kam ein heidnischer Chinese und bat ihn um eine Evangeliumsbotschaft. Der Missionar hatte nur ein Matthäus-Evangelium zur Hand. Eigentlich bedauerte er das. Er hätte ihm lieber ein Johannes-Evangelium gegeben. Denn gerade Matthäus beginne, mit seinem langen, ausführlichen Stammbaumverzeichnis, doch so langatmig, ja so wenig fesselnd! Würde da der Leser nicht schon

---

[18]) z. B. Menschwerdung des Erlösers, Stellvertretungswerk Christi, leibliche Auferstehung, Forderung von Buße und Glaube, Geistesempfang.

[19]) z. B. Jesu Aussage über das Verzehnten von Minz, Dill und Kümmel (Matth. 23, 23); Pauli Wort von seinem Mantel bei Carpus in Troas (2. Tim. 4, 13) oder sein diätetischer Rat an Timotheus (1. Tim. 5, 23).

gleich nach wenigen Zeilen die Freude am Buch verlieren und das Weiterlesen von vornherein aufgeben? — Was aber geschah? — Am nächsten Tag kam der Chinese zurück und drückte seine ganz besondere Freude aus. Gleich der Anfang des Büchleins sei ihm so interessant gewesen; denn — und wir wissen ja, wie die Chinesen so viel Wert auf ihre Vorfahren und Ahnen legen — das müsse doch ein ganz besonders wichtiger Mann gewesen sein, der einen so jahrhundertelangen und hoch bedeutsamen Stammbaum gehabt habe! Dies habe bei ihm sofort ganz besonderes Interesse an der Geschichte eines solchen Mannes hervorgerufen! Gerade der Anfang habe ihn veranlaßt, mit doppeltem Interesse weiterzulesen.

So hat alles in der Schrift seine Aufgabe und Bedeutung. Was dem einen unter Umständen nichts zu sagen hat, ist für einen anderen vielleicht gerade doppelt bedeutsam. Die Bibel ist eben nicht Gottes Buch nur für einzelne, sondern für alle. Darum muß sie passende Verkündigung haben für jedermann, und alles in ihr ist gottgegeben, nützlich und notwendig.

Wir verkennen durchaus nicht die sich aus solcher Glaubenshaltung ergebenden Probleme, besonders geologischer und chronologischer Art. Aber ungelöste Fragen sind für den Glauben kein Hindernis für seine Grundhaltung zu Christus und dem Zeugnis Seiner Propheten und Apostel.

Schwierigkeiten stellen sich auch sonst dem denkenden Glauben entgegen. Niemand bezweifelt, daß die biblische Lehre von der göttlichen Dreieinheit dem menschlichen Denken eine „Schwierigkeit" darbietet. Es ist eine „Schwierigkeit", zu erkennen, daß Gott zugleich Einer und Drei sein kann, daß Christus gleichzeitig göttlich und menschlich, wahrer Gott und wahrer Mensch ist. Es ist eine „Schwierigkeit", zu erkennen, daß Jesus von Nazareth Gottes Sohn ist, der in die Welt gekommen ist, Sünder zu erretten. Es ist „schwierig", einzusehen, daß das stellvertretende Leiden eines Unschuldigen einem Schuldigen rechtlich zugerechnet werden kann. Es ist „schwierig" zu begreifen, daß der Mensch gleichzeitig unfähig und doch verantwortlich ist, daß ein Glaubender, obwohl oft noch sündigend, dennoch vor Gott heilig und gerecht ist. Aber sollen wir warten, bis wir alle diese „Schwierigkeiten" geklärt haben, bevor wir glauben können? Zweifellos würde dann kein Mensch errettet werden! Nein, wir müssen die Lehren der Heiligen Schrift im Glauben einfach annehmen, und zwar schlechthin deshalb, weil sie von den Propheten und Aposteln des Alten und Neuen Testaments und vor allem von dem Herrn Selbst geglaubt und gelehrt worden sind. In diesem Sinne ist auch der Glaube an die biblische Inspiration unzertrennbar verbunden mit der Anerkennung der Autorität und der Zuverlässigkeit der heiligen Schreiber.

Übrigens, schon oft sind scheinbar unlösbare Fragen plötzlich aufgehellt worden, und die Bibel, die man naturwissenschaftlicher oder geschichtlicher Irrtümer bezichtigt hatte, stand gerechtfertigt da. Mit Recht erklärt Augustinus in einem Brief an Hieronymus: „Wenn ich hier oder da auf etwas stoße, was mit der Wahrheit nicht übereinzustimmen scheint, so zweifle ich keinen Augenblick, daß entweder die Abschrift fehlerhaft sei oder daß der Übersetzer den Gedanken des Originals nicht genau ausgedrückt hat, oder daß ich die Sache nicht verstanden habe."[20]) Und überhaupt: Der Glaube kann warten.

Ebenso ist die Frage nach dem Tausendjährigen Reich in weitgehendem Maße eine Frage der Inspiration. Eschatologie und Inspirationsglaube gehören auf das engste zusammen.

Unverkennbar ist die Erwartung eines sichtbaren Gottesreiches noch auf dem Schauplatz der alten Erde vor ihrer Auflösung im Weltenuntergang im Alten und Neuen Testament vorhanden. An Hunderten von Stellen ist davon die Rede. Sie alle „vergeistigen" zu wollen, ist eine exegetische (auslegungsmäßige) Sinnwidrigkeit. Die Verheißungen des ersten Kommens Christi sind buchstäblich erfüllt. Christus kam buchstäblich aus Bethlehem (Micha 5, 1), ritt buchstäblich auf einem Esel nach Jerusalem (Sach. 9, 9), wurde buchstäblich um 30 Silberlinge verraten (Sach. 11, 12) und am Kreuz buchstäblich an Händen und Füßen durchbohrt (Ps. 22, 17). Buchstäblich hat man um Seine Kleider das Los geworfen (Ps. 22, 19), buchstäblich wurde Seine Seite von einer Lanze durchstochen (Sach. 12, 10), buchstäblich wurden Seine Gebeine nicht zerbrochen (Ps. 34, 21). Wer berechtigt uns da, die oft im selben (!) Satz stehenden Verheißungen Seines zweiten Kommens nun lediglich zu „vergeistigen" (z. B. Luk. 1, 31—33)? Wer gäbe uns das Recht, aus den Juden einfach die Christen, aus Jerusalem die Gemeinde, aus Kanaan den Himmel zu machen? Hat je der „Thron Davids" nur im Himmel gestanden (Luk. 1, 32)? Nirgends lehrt die Schrift, daß der Bund Gottes mit Israel mit der Zerstreuung dieses Volkes unter die Nationen endgültig aufgehört habe. Nirgends erklärt sie, daß mit der Erfüllung und damit Aufhebung der ritualen Gottesdienstbestimmungen des alttestamentlichen Gesetzes nun etwa auch alle Sonderverheißungen an das Volk Israel aufgehoben und nun gleichsam auf einer höheren Ebene, in der Gemeinde Christi, zur „Verklärung" und Erfüllung gebracht würden. Nein, eine „Vergeistigung" dieser aus freier Gnade gegebenen und offenkundig buchstäblich verstandenen, messianischen Reichsprophetie und eine Übertragung derselben auf eine andere Körperschaft wäre nichts anderes als ein verschleierter Bundesbruch Gottes Israel gegenüber. Das aber sei ferne!

Ganz offensichtlich erwartet die alttestamentliche Prophetie zwar vor allem eine geistliche Erneuerung und Bekehrung Israels.[21]) Auf diese nimmt im Neuen Testament dann besonders Paulus Bezug.[22]) Desgleichen wird vornehmlich eine geistliche Erneuerung der Völkerwelt angekündigt (Zeph. 3, 9; Jes. 2, 4). Aber ebenso ist eindeutig erkennbar, daß, nach dem unmißverständlichen Wortlaut zahlreicher Weissagungen, die Propheten zugleich mit einer endzeitlichen Rückführung Israels in das Land seiner Väter und seiner national territorialen Wie-

[20]) Bei Lic. W. Möller, Um die Inspiration der Bibel. Lütjenburg 1928, S. 56.
[21]) Sach. 13, 1; Hes. 36, 26; Jes. 4, 4 u. v. a.
[22]) 2. Kor. 3, 16; Röm. 11, 24—26.

derherstellung rechneten (Jes. 11, 11 u. a.). In klaren Worten, die gar keine andere Auslegungsmöglichkeit zulassen, erklären sie, daß sie für die messianische Endzeit eine Wiedervereinigung von Zweistämmereich und Zehnstämmereich und eine Herrschaft des Messias über das gesamte Zwölfstämmevolk in einem eigenen Staatsgefüge und in völkisch nationaler Einheit erwarten (Hes. 37, 15—24). Sie verkünden es als göttliche Botschaft, daß die bis dahin Zerstreuten aus allen Gegenden der Welt zurückgeführt würden und zwar in „ihr" Land (Hes. 28, 25), das Land ihrer Väter (Jer. 16, 15), „dieses" (!) Land (Jer. 32, 41), das „Land Israel" (Hes. 11, 17), in das Land Gilead (!) und auf den Libanon (!), also in die wohlbekannten, durch diese Worte unzweideutig bezeichneten, geographischen Bezirke Vorderasiens, in denen Israel früher gewohnt hatte (Sach. 10, 10). Daß in diesen Worten zugleich mehr gemeint ist als die Rückkehr aus Babel unter Serubabel (536 vor Chr.), beweist der jeweilige Zusammenhang.[23])

Ferner verkünden die Propheten, daß in Jerusalem die Zentralanbetungsstätte sein würde, und zwar nicht nur für Israel allein, sondern auch für die erneuerte Völkerwelt (Jes. 2, 1—3; Sach. 14, 16), und daß überhaupt von diesem, im Heiligen Lande lebenden, israelitischen, erneuerten Gottesvolk starke Einflüsse ausgehen würden auf alle Nationen.[24]) Ohne Schwierigkeiten ließen sich diese Beweise vervielfachen, daß also in der alttestamentlichen Messiasprophetie ein unverkennbar bezeugter, territorialer Realismus vorhanden ist, der allerdings nicht dem unbekehrten, sondern nur dem einst geistlich erneuerten, messiasgläubigen Israel gilt.

Ebenso ist es unwiderlegbar, daß die Offenbarung Johannes ein Gottesreich erwartet, das zwischen der Herrlichkeitserscheinung Jesu und der eigentlichen Welterneuerung liegt. Denn sie spricht erst — im neunzehnten Kapitel — von der Wiederkunft Christi als des glorreichen Triumphators, der, begleitet von Engelheeren, aus geöffnetem Himmel herniederkommt, Seine Feinde zerschmettert und als König der Könige und Herr der Herren Seine Siegesmacht offenbart (19, 11—20). Dann spricht sie hinterher — in Anfang und Mitte des zwanzigsten Kapitels — von dem Reich der tausend Jahre (20, 3—6), das sie dabei ganz deutlich als Folge des soeben geschilderten Sieges erkennen läßt, und erst dann — nach Nennung katastrophaler Schlußereignisse (20, 7—10) — spricht sie am Ende des 20. Kapitels und in Kap. 21 vom Großen Weißen Thron, von Weltuntergang, Weltverwandlung und Welterneuerung (20, 11—15; Kap. 21).

Mit Recht ist darum erklärt worden: „Die biblizistische Begründung kann man nicht so auflösen, daß man erklärt, es sei an den genannten Stellen von einer Vorvollendung nicht die Rede. Bei 1. Kor. 15, 23—25 kann man vielleicht fragen, wie weit hinter den Andeutungen wirklich der Gedanke eines »Zwischenreichs« steht; aber an Off. 20, 4—7 läßt sich nicht deuteln." Wenn dennoch nicht wenige Schriftausleger — unter Hinweis auf sogenannte „innere Gründe" — ein sichtbares Tausend-

[23]) Wir verweisen hier auf die Anmerkungen 34, 35, 36 auf Seite 168.
[24]) Mich. 4, 1—4; 5, 8; Sach. 12, 6.

jähriges Reich ablehnen, so ist dies, bei folgerichtigem Denken, nur unter der Voraussetzung eines teilweise aufgelockerten, von biblischer Sachkritik beeinflußten Inspirationsbegriffes möglich. Der Prophet, so wird behauptet, „hat sich . . . getäuscht".

In der Tat, diese Verheißungen — etwa wegen Israels Messiasverfehlung und seiner Beiseitesetzung — nun zu „vergeistigen" und sie in dieser „geistigen" Form auf eine andere Körperschaft, die Gemeinde, zu übertragen, hieße nichts anderes, als daß diese Reichsverheißungen in ihrem klaren, eindeutig buchstäblichen, alttestamentlichen Sinn **nicht** erfüllt werden. Und es bleibt — bei folgerichtiger Deutung des alttestamentlichen Wortsinns völlig unausweichlich! — keine andere Möglichkeit übrig als (mit einem führenden Hauptvertreter dieser Vergeistigungsmethode) zu erklären: „Die Geschichte hat einen ganz anderen Gang genommen, als das Buch Daniel erwartet . . . Es gibt — und das muß über die alten Dogmatiker hinaus klar ausgesprochen werden — im Alten Testament auch »irrenden« Glauben, Weissagungen von Gott berufener Propheten, die Gott nach ihrem klaren, alttestamentlichen Sinn nicht erfüllt, Erwartungen, die er enttäuscht. Auch Erwartungen, die der Prophet von Gott empfangen zu haben gewiß ist, »vergehen«. Ihre »geistliche« Erfüllung in Christo bedeutet zugleich, daß sie in ihrem alttestamentlichen Sinn nicht erfüllt werden . . . Man muß es entschlossen aussprechen: die »Erfüllung« des Alten Testaments in Christus ist auch eine Kritik und ein Abtun der Weissagung, nämlich des irdisch nationalen Realismus. Die Verheißungen der Weltstellung Israels sind und werden in Christus nicht nur »geistlich« erfüllt . . . , sondern in ihrer irdisch nationalen . . . Art durch Christus mit dieser geistlichen Erfüllung zerbrochen . . . Wenn Jesus das nationale Messiasideal Seiner Zeitgenossen leidenschaftlich abweist, so steht er damit zum Teil auch wider die großen Propheten. Um einen wirklichen Gegensatz handelt es sich zum Teil, um einen anderen Geist, um ein Widereinander, aus dem man kein Nacheinander mehr machen kann, als käme das in Christus noch nicht Erfüllte im Tausendjährigen Reich etwa später noch nach . . . Seit Christus da ist, kann die Stunde für Hesekiel 40—48, die Vision des neuen, priesterlichen Jerusalems, nicht mehr kommen."

In diesen Worten — die wir jedoch nur auf das Entschiedenste ablehnen müssen — ist, bei Voraussetzung geschichtlich richtiger Deutung des alttestamentlichen Wortsinns, folgerichtig und unmißverständlich der allein logische, grundsätzliche Hintergrund aller Leugnung des Tausendjährigen Reiches und aller reinen Vergeistigung der alttestamentlichen Weissagung aufgedeckt. Korrekte Weissagungsexegese und Vergeistigungsmethode lassen sich, bei folgerichtigem Denken, nur auf dem Boden einer gewissen Anerkennung biblischer Sachkritik verbinden.

Nicht alle Vertreter der Vergeistigungsmethode sehen diese Konsequenzen bzw. Wurzeln ihrer eigenen Propheten-Auslegungsart allerdings so deutlich und bringen sie mit derselben Unmißverständlichkeit, Durchsichtigkeit und Folgerichtigkeit zum Ausdruck.

Fraglos aber wird jede, wirklich geschichtlich sorgfältige Prophetenexegese den offenkundig realistischen Sinn der Weissagung einer irdisch nationalen Wiederherstellung Israels in der Endzeit festzustellen haben. Nur ungenaue oder unrichtige Prophetenauslegung wäre imstande, dies grundsätzlich zu bestreiten oder zu übersehen und den offensichtlich buchstäblich gemeinten Prophetenworten von vornherein einen rein „geistlichen" Sinn beizumessen.

Das aber heißt: Wir stehen hier unausweichlich vor einer dreifachen Wahl:

entweder falsche Prophetenauslegung und dann allerdings die Möglichkeit freier, auch voll gläubiger Vergeistigungsmethode

oder aber richtige Prophetenauslegung, dann jedoch reine Vergeistigunsmethode nur unter Anerkennung eines gewissen Maßes von biblischer Sachkritik — vorausgesetzt, daß die Probleme wirklich bis zu Ende, bis zu ihren letzten Wurzeln, durchgedacht werden —

oder schließlich richtige Prophetenauslegung verbunden mit vollem Inspirationsglauben, dann aber zugleich notwendige Erwartung einer buchstäblichen Erfüllung dieser als buchstäblich gemeint erkannten Gottesverheißungen in einem sichtbaren, endgeschichtlichen Gottesreich.

Eine vierte Möglichkeit dürfte wohl kaum bestehen.

Durchaus zu Recht gilt der Satz: „Wo man die alte Inspirationsauffassung vertritt, muß man naturgemäß jede Sichtung der alttestamentlichen Weissagung ablehnen; das Neue Testament ergänzt dann wohl durch Erfüllung und Verheißung die alte Weissagung, aber es sichtet sie nicht."

Diese Stellungnahme zur Inspiration ist allerdings unsere Glaubenshaltung. Darum erklären wir — und wir tun dies zugleich in Übereinstimmung mit einer großen Zahl bibelgläubiger Ausleger und Freunde des prophetischen Wortes aus den verschiedensten christlichen Kirchen, Freikirchen und Gemeinden —: Alle Worte der Weissagung werden ihre Erfüllung finden! Sie werden tatsächlich und vollständig erfüllt werden und zwar in demselben Sinn, in dem sie ursprünglich gemeint waren. Wohl ist es wahr, daß Gott in dem Reichtum Seiner Güte manche Weissagungen, darüber hinaus, in einem noch viel höheren, geistlichen, ewig-verklärten Grade erfüllt, der sogar das Verständnis der Propheten selbst übertrifft. Dies ist aber kein Gegenbeweis, etwa daß dadurch der ursprüngliche, zuerst erkennbare, buchstäbliche Sinn aufgelöst wird. Nimmermehr werden die Erwartungen, soweit sie von Gott Selbst durch Seine inspirierte Prophetie erweckt worden waren, etwa jemals von Ihm enttäuscht. Nein, Gott, der Unwandelbare und Treue, hält immer Sein Wort und tut dies in demselben Sinn, in welchem Er es gegeben hat.

Aber es ist dann Seine überströmende Güte, wenn Er Sein Wort, indem Er es erfüllt, zugleich oft auch noch übertrifft und den wartenden Glauben durch die Entfaltung von Segnungen geradezu überrascht, die zwar schon von Anbeginn im heiligen Text mitenthalten, aber doch zunächst noch verborgen gewesen waren. „Unwiderruflich sind die Gnadengaben und die Berufung Gottes" (Röm. 11, 29).

Darum wird erst die endgültige Erfüllung die volle Deutung aller Weissagung bringen. Die genaueren Einzelheiten, Einzelstufen und Einzel-Aufeinanderfolgen aller Zwischenereignisse der Vollendungsgeschichte sind nicht geoffenbart. Aber in froher Zuversicht darf der Glaube das prophetische Wort erforschen. Die großen Linien hat uns Gott kundgetan. Das Ziel wird erreicht. Das Reich Gottes triumphiert. Der Ratschluß des Ewigen, der durch Äonen und Offenbarungsperioden hindurchgegangen ist, wird einst zur Vollendung gelangt sein, und Gott wird sein alles in allem (1. Kor. 15, 28).

Für unser Denken und Anschauungsvermögen mag es nicht leicht sein, sich im einzelnen ein solches, irdisches Reich des überirdischen Christus vorzustellen. Auch mag es uns Not machen, verstandesmäßig zu begreifen, wie es in unserer diesseitigen, also noch zeitlich materiellen Welt unter Menschen, die noch im Fleische sind, einst ein Gottesreich geben soll, in dem die Sünden- und Todeskräfte zwar geschwächt, aber doch noch nicht restlos vernichtet sein werden.[25]) Überhaupt mag diese ganze, biblische Lehre vom kommenden, irdischen Herrlichkeitsreich des aus dem Hause Davids stammenden, messianischen Gottkönigs für viele ein Dorn, ja, ein Stein des Anstoßes sein, ein Ärgernis besonders für den modernen Menschen, für seine wissenschaftliche Vernunft, seine philosophische Geschichtsanschauung, sein rassisches und völkisches Selbstbewußtsein — zumal auch heute noch in nicht wenigen Ländern der Welt der Antisemitismus bei vielen unter der Decke vorhanden ist.

Dennoch kann man diese ganze Bibel- und Glaubens„not" nicht einfach durch Umdeutung der betreffenden, messianischen Prophetien beseitigen, und ebensowenig durch Brandmarkung dieser ganzen Lehre als Unnüchternheit und Schwärmerei, sondern doch wohl einzig und allein nur dadurch, daß sich der Glaube unter das göttliche Wort einfach beugt. Dabei aber wird er zugleich auch erkennen, „daß Kirche und theologische Wissenschaft nicht selten mit durchaus falschen Voraussetzungen an dieses Stück der göttlichen Lehroffenbarung herangetreten sind und sich darum ihre Not des Begreifens und Glaubens selber bereitet haben." Aber durch gläubige Anerkennung des gesamten, prophetischen Schriftwortes wird diese Reibung zwischen Theologie und Bibel überwunden werden können.

In diesem gewaltigen Entwicklungsgang der Heilsgeschichte und Bibeloffenbarung ist Christus der Mittelpunkt. Er ist die Zentralsonne der ganzen Bibel. Alle Bücher der Heiligen Schrift „treiben Christus" (Joh. 5, 39). Gerade oft auch an solchen Stellen, wo es zunächst gar nicht so scheint — wie z. B. im Auftreten Melchisedeks (1. Mos. 14, 17—24) oder dem Zeugnis des Hosea über Israel, daß Gott aus Ägyp-

[25]) Jes. 65, 17; 20 vgl. „Triumph", S. 197.

ten Seinen Sohn gerufen habe (Hos. 11, 1) und vielen anderen mehr — zeigt uns die Belehrung des Heiligen Geistes im Neuen Testament, daß auch dort zugleich von Christus die Rede gewesen war (Hebr. 7; Matth. 2, 15).

Auch hier sind es oft gerade die Feinheiten und Einzelheiten des Textes, die nicht nur eine allgemeine, sondern geradezu eine genau spezialisierte Inspiration offenbaren, die sich sogar auf die einzelnen Wörter, Sätze und Satzverbindungen bezieht. Nur dieser Inspirationsglaube kann es Paulus ermöglichen, seinen Schriftbeweis im Galaterbrief in d e r Form durchzuführen, wie er es tut (Gal. 3, 16). Er sagt: „Nun aber sind die göttlichen Verheißungen dem Abraham und seinem Samen gegeben. Es heißt nicht: »und dei n e n Samen« in der M e h r zahl, sondern in bezug auf einen e i n zelnen: »und dei n e m Samen«, und das ist Christus." So sieht Paulus die Messiasprophetie des Alten Bundes als bis in die kleinsten Einzelheiten des Textes, ja bis in die Einzahl- und Mehrzahl-Endungen der Wörter genau göttlich geordnet an. Ja, der Hebräerbrief geht sogar so weit, daß er nicht nur das Reden, sondern auch das Schweigen des Alten Testaments für göttlich inspiriert ansieht. Denn gerade seinen Hauptschriftbeweis für die Ewigkeit der Melchisedekschen Hohenpriesterordnung leitet er von dem ab, was im heiligen Text n i c h t steht, eben von der Tatsache, daß der alttestamentliche Geschichtsbericht über den Melchisedek der Abrahamzeit weder seinen Vater noch seine Mutter, weder den Anfang noch das Ende seines Lebens erwähnt, so daß also der Priester-König von Salem i n d e r b i b l i s c h e n U r k u n d e gleichsam „ohne Vater, ohne Mutter, ohne Geschlechtsregister" auftritt, „weder Anfang der Tage noch Ende des Lebens habend", und gerade in dieser Hinsicht darum dem Sohn Gottes „verglichen" und (typologisch) „vollkommen gleichgemacht" sei.[26]) Das einer solchen Beweisführung zugrunde liegende Schriftprinzip ist aber durchaus das einer vollen Inspiration. „Des Verfassers Anschauung geht offenbar dahin, daß der Geist Gottes nicht nur die tatsächlichen Gestaltungen der Heils g e s c h i c h t e, sondern auch die urkundlichen Gestaltungen der heiligen Geschichts s c h r e i b u n g derartig beseelt und geordnet hat, daß nicht nur ihr positives Reden, sondern auch ihr tatsächliches Schweigen typisch-messianische Geltung hat" (Prof. J. H. Kurtz).

Ferner ist auch dies ein Zeugnis von der wunderbaren Ordnung des heiligen Textes, daß die Propheten zuweilen über Dinge geweissagt haben, die sie selber nicht voll verstanden, so daß sie geradezu „nachgesonnen" haben, „indem sie nachforschten, welche oder was für eine Zeit es sei, auf die der in ihnen wirkende Geist Christi hinweise". Und da sie offenbar über ihre eigenen Botschaften und deren Bedeutung nicht recht zur Ruhe gelangten, wurde ihnen von Gott als allgemeine Erklärung geoffenbart, „daß sie durch ihren Dienst nicht sich selbst, sondern e u c h dasjenige vermitteln, was . . . euch jetzt verkündigt worden ist" (1. Petr. 1, 11; 12). Diese Tatsache erhebt es über allen Zweifel, daß, nach dem Zeugnis des Neuen Testaments, die biblisch-prophetische Inspiration über den Begriff einer

[26]) Hebr. 7, 3; 1. Mos. 14, 18—24.

bloßen „Gedanken"- oder „Personal"-Inspiration hinausgeht, ja sich zu einer von Gottes Geist geleiteten Auswahl der Worte gesteigert hat. Denn wenn die Propheten Botschaften erhielten, die sie zuweilen selber nicht voll verstanden, wenn also in ihren Worten, in die sie doch ihre Botschaften kleiden mußten, mehr enthalten war, als sie es selber erfaßten, so ist dies eben nur dadurch möglich, daß auch die Worte selber und nicht nur die Gedanken oder Botschaften vom Geist Gottes eingegeben und angeordnet waren.

So geht aus der praktischen Stellungnahme des Neuen Testaments zum alttestamentlichen Schriftwort hervor, daß der Glaube an eine volle Inspiration für die Apostel Jesu Christi — zwar ohne Aufstellung diesbezüglicher, lehrhafter, spezialisierter Formulierungen — dennoch geradezu stillschweigende Voraussetzung gewesen ist. Der Glaube an eine volle Inspiration findet sich im Neuen Testament zwar nicht als dogmatisch theologische Formel, wohl aber als praktisches, geistliches Glaubensgut.

Ja, im zweiten Timotheusbrief gibt Paulus sogar eine Aussage, die geradezu eine grundsätzliche Erklärung über den Inspirationscharakter des Alten Testaments als des Heiligen Buches Gottes unverkennbar darstellt. „Alle Schrift (!) ist von Gott eingegeben (griech. theopneustos, »gott-gegeistet«, von Gottes Geist eingegeben und durchdrungen) und ist nütze zur Lehre, zur Strafe, zur Besserung, zur Züchtigung in der Gerechtigkeit."[27])

Man hat eingewendet, daß die Zahl solcher unmittelbaren, neutestamentlichen Aussagen über den Inspirationscharakter des Alten Testaments doch nur sehr klein sei. Darauf antworten wir ein Doppeltes:

Der Glaube an eine gottgegebene Aussage hängt nicht davon ab, wie oft Gott eine solche Aussage verkünden läßt. Schon ein einziges Mal hat zu genügen, Gott zu glauben, wenn Er etwas sagt. Dazu kommt die andere Tatsache, daß es sich ja gar nicht einmal nur um eine oder zwei vereinzelte Hauptstellen solcher neutestamentlicher Inspirationsaussagen handelt, sondern daß es die Gesamthaltung des Neuen Testaments zum heiligen, alttestamentlichen Gottesbuch ist, die hier zum entscheidenden Grundzeugnis wird, ein Gesamtzeugnis, das sich an Hunderten von Stellen durch die Tatsache und die Art und Weise der Anführung alttestamentlicher Schriftworte offenbart. So ist das ganze Neue Testament geradezu durchdrungen von diesem Zeugnis zum Inspirationscharakter des Alten Testaments. An Hunderten von Stellen erklärt es in bezug auf die alttestamentlichen, heiligen Bücher: „Die Schrift sagt", „Der Heilige Geist sagt", „Gott sagt". Auch hat ein Schriftwort, das eingeleitet wird durch „David sagt", „Jesaja sagt", im Sinn der neutestamentlichen Schreiber, die gleiche Beweiskraft wie ein Schriftwort, das eingeführt wird durch „Gott sagt".

---

[27]) 2. Tim. 3, 16; 17. Vgl. auch 1. Kor. 2, 13.

VI.

W i r g l a u b e n a n e i n e z u v e r l ä s s i g e , v o l l e I n s p i r a t i o n **um der Autorität Jesu und Seiner Apostel willen.**

Hunderte Male bezeugt das Alte Testament: „So spricht der Herr!" Christus Selbst hat erklärt: „Die S c h r i f t (!) kann nicht aufgelöst werden" (Joh. 10, 35). Hierbei bezieht Er Sich auf ein alttestamentliches Bibelwort, welches nur ein einziges Mal im ganzen Alten Testament vorkommt. Wer also dies e i n e Wort, das sich nur e i n mal in e i n e m Psalm findet (Ps. 82, 6), auflöst, löst, nach dem Zeugnis Jesu, den Gesamtorganismus der „Schrift" auf! Die Bibel gleicht sozusagen dem ungenähten Rock Jesu, gleichsam einem Teppich oder Hause, aus dem man nur an e i n e r Stelle oder durch e i n e Tür hinauszugehen hat, um damit zugleich außerhalb des g e s a m t e n Teppichs beziehungsweise des g a n z e n Hauses zu sein. So stark glaubt Jesus an den Organismuscharakter der „Schrift"! Zu den Emmausjüngern sagt Er: „Es muß alles erfüllt werden, was von mir »geschrieben« ist im Gesetz Moses, in den Propheten und in den Psalmen . . . Also ist's g e s c h r i e b e n , und also mußte Christus leiden und auferstehen von den Toten am dritten Tage" (Luk. 24, 44—47). Und in der Bergpredigt bezeugt Er: „Wahrlich, ich sage euch: Bis Himmel und Erde vergehen, wird vom Gesetz nicht der k l e i n s t e B u c h s t a b e und kein S t r i c h l e i n vergehen, bis a l l e s in Erfüllung gegangen ist" (Matth. 5, 18).

Für Christus, das personhaft lebendige „Wort" (Joh. 1, 1; 14), war schon ein „Tüttel" oder „Jota" des geschriebenen (!) Wortes mehr wert als alle Sternenwelten und Sonnensysteme des gesamten Universums. Hier haben wir den Autoritätsbeweis in besonders wuchtiger Form. Und Paulus, Sein größter Apostel, bekennt: „Ich glaube an a l l e s , was im Gesetz und in den Propheten g e s c h r i e b e n steht" (Apg. 24, 14). „Alle S c h r i f t ist von Gott eingegeben" (2. Tim. 3, 16). Der Glaube an den Offenbarungscharakter der Heiligen Schrift und ihre unzerstörbare Autorität ist darum keine geistlose Vergötterung des Buchstabens, keine kleingeistig unchristliche Buchstabenknechtschaft, sondern hat die größten Geister der Heilsgeschichte, ja, Christus, den Sohn Gottes Selber, auf seiner Seite. „Die Offenbarung steht, nein, sie g e s c h i e h t für uns in der Schrift; sie geschieht — es gibt kein Ausweichen — in den biblischen Texten, in den Worten und Sätzen, in dem, was die Propheten und Apostel als ihre Zeugen sagen wollten und gesagt haben."

Der Begriff eines „Kanons", das heißt, einer „Bibel" als Sammlung gottgegebener, heiliger Bücher als autoritativer Glaubensregel war nicht ein Begriff, der in der christlichen Gemeinde als Gedankengut erst allmählich neu zu gewinnen war. Vielmehr war er schon vorher in der jüdischen Gemeinde vorhanden und wurde von dort her von der christlichen Gemeinde einfach geistlich „geerbt".

Die alttestamentliche Gemeinde besaß eine Gruppe von Büchern — „Das Gesetz, die Propheten und die Schriften" oder, kürzer genannt, „Das Gesetz und die Propheten" oder, ganz einfach „Das Gesetz" —, die sie als Ergebnis göttlicher Inspiration ansah und der sie darum volle, göttliche Autorität zuerkannte. Nur dann gewann eine Lehre Gültigkeit und Anerkennung, wenn sie durch ein Schriftwort dieses „Buches" (hassepher) begründet werden konnte, wenn also nachgewiesen werden konnte: „Die Schrift sagt" (amar quara, amar hakkethibh), „Der All-Barmherzige sagt" (amar rachmana) oder ganz einfach: „Er sagt" (we 'amar). So findet sich auch der von Paulus gebrauchte Ausdruck „heilige Schriften" (hiera grammata, 2. Tim. 3, 16) bereits bei Josephus wie auch bei Philo.[28])

Diesen Begriff eines Kanons hat dann die neutestamentliche Gemeinde zugleich mit der Sache selbst geerbt, eben bei der Übernahme der jüdischen „heiligen Schriften", das Kanons des Alten Testaments. Schon von Anfang an war, wie bei den Juden, so bei den Christen das Alte Testament als gottverordnete Offenbarungsurkunde anerkannt. Es wurde auch mit denselben Ausdrücken bezeichnet: „Gesetz, Propheten und Schriften",[29]) „Gesetz und Propheten",[30]) „Gesetz".[31])

Die Ausdrücke: „Es steht geschrieben", „Die Heilige Schrift sagt" waren bei den neutestamentlichen Schreibern dasselbe wie „Gott sagt". Immer wieder finden wir im Neuen Testament einen geradezu wechselseitigen Austausch, ja, eine unmittelbare Gleichsetzung dieser Ausdrücke.

Natürlich hatte es weder in den Tagen Abrahams (1900 v. Chr.) noch Pharaos vor dem Auszug aus Ägypten (1500 v. Chr.) eine alttestamentliche, heilige „Schrift" gegeben, und Paulus und der Schreiber des Hebräerbriefes haben dies genau so gut gewußt wie wir. Jehova hatte zu Abraham gesagt: „In dir werden gesegnet werden alle Nationen" (1. Mos. 12, 1; 3). Paulus aber erklärt: „Die Schrift verkündete dem Abraham: In dir werden gesegnet werden alle Nationen" (Gal. 3, 8).

Gott hatte zu Pharao gesagt: „Ich habe dich erweckt, damit ich meine Macht an dir erzeige" (2. Mos. 9, 16 vgl. V. 13). Paulus aber schreibt: „Die Schrift sagt zum Pharao" (Röm. 9, 17).

David, der Psalmist, hatte gesagt: „Heute, wenn ihr seine (Jehovas) Stimme höret, so verhärtet eure Herzen nicht" (Ps. 95, 7; Hebr. 4, 7). Der Schreiber des Hebräerbriefes aber erklärt: „Der Heilige Geist sagt: „Heute . . . verhärtet eure Herzen nicht!" (Hebr. 3, 7.)

Diese doppelte Gleichsetzung „Gott = Schrift", „Schrift = Gott = Heiliger Geist" entspringt eben der tiefen Überzeugung, daß das Wort der „Schrift" zugleich Wort „Gottes" ist. Für die Schreiber des Neuen Testaments und darum auch für uns und alle Zeiten ist die heilige Urkunde Stimme Gottes und als solche etwas ewig Lebendiges.

Daher auch die wechselseitige Ausdrucksform: „David selbst hat im Heiligen Geist gesagt" (Mark. 12, 36 wörtl.) und „Der Heilige Geist hat durch den Mund Davids gesagt" (Apg. 1, 16).

---

[28]) Vgl. Warfield, a. a. O., S. 229. 231.
[29]) Luk. 24, 44 „Gesetz Mose, Propheten und Psalmen".
[30]) Matth. 7, 12.
[31]) Joh. 10, 34; 1. Kor. 14, 21.

So werden die menschlichen Schreiber unumwunden genannt und die echt menschliche Verfasserschaft anerkannt,[32]) und doch wird ihr Wort einfach gleichsetzt mit dem Wort Gottes und des Heiligen Geistes. Der Ausdruck „Mose sagt", „David sagt" ist für die Schreiber des Neuen Testaments eben nur e i n e von verschiedenen Ausdrucksformen für das Gleiche. Er ist gleichbedeutend mit dem Ausdruck: „Die Schrift sagt", und dieser ist ihnen wiederum gleichbedeutend mit „Gott sagt". Darum wird auch in bezug auf die Vollwertigkeit der Autorität kein Unterschied zwischen diesen verschiedenen Aussageweisen gemacht.

Paulus hat der Hauptsache nach vier Hauptarten, alttestamentliche Zitate anzuführen. Manchmal zitiert er die Schrift als g ö t t l i c h e s G a n z e s. Dann lautet sein Ausdruck: „Die Schrift sagt".[33]) Manchmal führt er sie an nach dem Namen des m e n s c h l i c h e n S c h r e i b e r s : „David sagt", „Jesaja spricht".[34]) Manchmal führt er sie an nach ihrem I n h a l t : „Das Gesetz spricht",[35]) „Die Gerechtigkeit, die aus dem Glauben ist, spricht",[36]) „Die göttliche Antwort spricht".[37]) Manchmal schließlich führt er sie an ganz einfach durch die einleitende u n p e r s ö n l i c h e Z e i t w o r t f o r m „s a g t", ohne das sprechende Subjekt zu nennen.[38]) Diese subjekt-lose Zeitwortform „sagt" gebraucht auch schon Philo, und zwar ebenfalls in demselben Sinn wie „Gott sagt", gleichbedeutend mit „Die Schrift sagt".

So tief sind eben Paulus und die anderen Schreiber des Neuen Testaments von der Einzigartigkeit und Göttlichkeit der geschriebenen, heiligen Urkunden überzeugt, daß sie es oft gar nicht einmal für erforderlich halten, auch nur den Namen des Autors zu nennen. Denn sprechen tat im tiefsten Grunde ja immer doch nur der Eine, Derselbe, nämlich Gott, ob man diesen Sprechenden nun mit dem Wort „Schrift" oder durch Nennung des Namens des menschlichen Schreibers oder unmittelbar durch das Wort „Gott" selbst angeführt. Aber auch dies letztere geschieht oft, indem unumwunden erklärt wird: „Der Herr (=Jehova) sprach",[39]) „Der Heilige Geist sprach" (Apg. 1, 16; 28, 25).

In diesem kanonischen Sinn kommt das Wort „Schrift" im Neuen Testament ungefähr 50 mal vor, und zwar 23 mal in den Evangelien, 7 mal in der Apostelgeschichte, 20 mal in den Briefen, davon 14 mal bei Paulus. Für die Schreiber des Neuen Testaments kam in diesem Sinne eben überhaupt nur eine einzige Schrift in Frage, die „Heilige Schrift", die „heiligen Schriften" (2. Tim. 3, 16).

---

[32]) „Mose sagt": Röm. 10, 19; „Mose schreibt": Röm. 10, 5; „Mose hat geschrieben": Mark. 12, 19; Luk. 20, 28.
David sagt: Luk. 20, 42; Apg. 2, 25; Röm. 11, 9; „David hat gesagt": Mark 12, 36 (wörtl.).
„Jesaja sagt": Röm. 10, 20 (wörtl.); „Jesaja ruft": Röm. 9, 27; „Jesaja hat zuvor gesagt": Röm. 9, 29. „Jesaja hat geweissagt": Mark. 7, 6; Matth. 15, 7 (vgl. Warfield, a. a. O. S. 146. 151 f.).

[33]) Röm. 4, 3; 9, 17; 11, 2; Gal. 4, 30; 1. Tim. 5, 18.

[34]) Röm. 4, 6; 11, 9 — Röm. 10, 16; 20; 15, 12.

[35]) Röm. 3, 19; 7, 7; 1. Kor. 9, 8.

[36]) Röm. 10, 6 vgl. V. 8.

[37]) Röm. 11, 4.

[38]) Röm. 15, 10; Gal. 3, 16; Eph. 4, 8 (wörtl.) — Warfield a. a. O. S. 324.

[39]) Matth. 1, 22; 2, 15; Apg. 4, 25; 13, 34 (vgl. V. 33).

Aus diesem allen ergibt sich unsere persönliche Stellungnahme: Wir glauben an die volle, biblische Inspiration in erster Linie um dieser Gesamthaltung des Neuen Testaments willen, eben deshalb, weil sie Glaubensgut Christi und Seiner Apostel gewesen ist.

Darum: Wer die Lehre von der vollen Inspiration leugnet, muß entweder beweisen, daß dies nicht ein Glaubensgut ist, das im Neuen Testament selbst bezeugt ist und in ihm lebt, oder er muß beweisen, daß das Neue Testament in Fragen der Glaubenshaltung nicht absolut zuverlässig und maßgebend ist. Wenn dies erstere nicht möglich ist, bleibt, bei folgerichtigem Denken, nichts anderes übrig, als mit der Verneinung einer vollen Inspiration zugleich auch das absolute Vertrauen auf die Urkunde alles Heilsglaubens, d. h. das Neue Testament, zu erschüttern.

So glauben wir gleichsam zuerst an die allgemeine Zuverlässigkeit der Bibel in Glaubensfragen, und dadurch nehmen wir auch in gleicher Weise ihre Lehre und ihr Glaubensgut über die Inspiration an.

Wie das Neue Testament, so bezeugen auch die ersten Lehrer der urchristlichen Gemeinden in der nachapostolischen Zeit solchen Glauben an ein vollinspiriertes, geschriebenes Gotteswort. Der Glaube an eine volle Inspiration ist in der christlichen Gemeinde nicht etwa erst allmählich entstanden, sondern war von Anfang an schon da.

Zwar gibt Clemens von Rom (um 100 n. Chr.) seine alttestamentlichen Anführungen ohne Namennennung nach der griechischen Bibel (Septuaginta); aber ausdrücklich schreibt er die prophetischen Aussprüche sowohl Gott (15, 21, 46) als auch Christus (16, 22), sowohl dem Heiligen Wort (13, 56) als auch dem Heiligen Geist zu (13, 16), und nicht selten gebraucht er die bekannte Ausdrucksweise: „Es steht geschrieben“ (gegraptai, 14, 39).

Irenäus, der Schüler Polykarps, des Schülers des Apostels Johannes (um 200), erklärt: „Die Schriften sind vollkommen; denn sie sind geschrieben worden durch Gottes Wort und Seinen Geist.“ Origenes (gest. 254) sagt: „Der Heilige Geist war der Mitarbeiter der Evangelisten in der Zusammenstellung der Evangelien, und daher sind Fehler des Gedächtnisses, Irrtum oder Trug ihnen unmöglich gewesen.“ Augustinus (um 400) bezeugt seinen festen Glauben, „daß kein Schreiber der kanonischen Schriften sich in irgendeinem Punkt beim Schreiben geirrt hat.“[40])

Auch die allegorische Schriftauslegung, wie sie in jenen Anfangstagen der Gemeinde weithin verbreitet war (Barnabas-Brief, Origenes) und die oft in den winzigsten Einzelheiten des heiligen Textes hochbedeutsame, heilige Wahrheiten zu erkennen glaubte, ist eine Tochter dieser gleichen Hochachtung vor den Einzelheiten des geschriebenen Wortes. Sie ist geradezu undenkbar ohne den Glauben an eine volle, biblische Inspiration, der in allem, was der kanonische Text enthält, in tiefster Ehrfurcht Aussagungen Gottes erblickt, mag diese Auslegungsart in der Form ihrer Durchführung auch zuweilen eigenartig gewesen sein und uns manchmal sogar befremdlich erscheinen.

---

[40]) bei Warfield, a. a. O. 108; 325.

Auch in allen späteren Jahrhunderten ist der Glaube an eine volle, biblische Inspiration die vorherrschende Überzeugung im Volk Gottes geblieben. Darin hat weder Unglaube noch Halbglaube irgendeine wesenhafte Änderung herbeiführen können, wie sie auch nicht imstande gewesen sind, irgendeinen gleichwertigen Ersatz darzubieten.

Töricht ist der Einwand durch Hinweis auf das Pauluswort: „Der Buchstabe tötet" (2. Kor. 3, 6). Denn dort bedeutet „Buchstabe" ja gar keine Aussage über den heiligen Text und die Art seiner Inspiration, sondern die alttestamentliche Gesetzesoffenbarung schlechthin, wie sie von außen, als tötende Forderung an den noch unerneuerten Menschen herantritt, im Gegensatz zur Geistesoffenbarung des Neuen Bundes, die sich in dem erneuerten Menschen organisch, innerlich und lebendigmachend bezeugt.

Und hat Christus Sich nicht gerade zu heute ganz besonders heiß umstrittenen Teilen des Alten Testaments eindeutig bekannt? Zur Geschichtlichkeit von Adam und Eva (Matth. 19, 8; Joh. 8, 44), zur Tatsächlichkeit der Sintflut (Matth. 24, 37; 38), zum Wundererlebnis des Propheten Jona (Matth. 12, 39; 40)? Bekennt Er Sich nicht ganz besonders auffällig zum Buche Daniel? Denn gerade diesem, vom Unglauben heute so sehr angefochtenen Buch entnimmt Er die sinnbildliche Hauptbezeichnung Seiner eigenen Person („Menschensohn"),[41]) ja verbindet Sich gerade mit diesem Buch durch den einzigen Eidschwur Seines Erdenlebens! (Matth. 26, 63.) Und wiederum ist es gerade dies Buch Daniel, im welchem die Hauptbezeichnung der Botschaft Jesu „Himmelreich" (Königreich, Herrschaft der Himmel) wurzelt.[42])

So stammen auch die meisten Seiner Bezugnahmen auf Jesaja gerade aus dem zweiten Teil dieses Prophetenbuches (Jes. 40—66), das moderner Unglaube oder Halbglaube einem anderen Verfasser, einem sogenannten „Deutero-Jesaja", zuschreibt![43]) Jesus aber — und ebenso Paulus — nennen Stellen gerade aus dem zweiten Teil und sagen: „Jesaja spricht.[44])

Auffällig ist ferner, daß alle (!) drei Bibelworte, mit denen Jesus in der Versuchung den Feind schlägt, gerade aus dem fünften Buch Mose (Deuteronomium) stammen, also gerade dem Teil des mosaischen Pentateuchs (Fünfbuchs), das der Unglaube in besonderer Weise für unecht erklären will.[45])

Dies Ganze erhält noch dadurch eine besondere Zeugniskraft, daß Jesus und Seine Apostel die ersten Kapitel der Bibel und ebenso andere, besonders ange-

---

[41]) Dan. 7, 13; 14; Matth. 26, 64.

[42]) Dan. 4, 26: „Die Himmel herrschen" (wörtl.) Menge: Vers 23 b.

[43]) Griech. deuteros = der zweite.

[44]) Röm. 10, 16 vgl. Jes. 53, 1;
Röm. 10, 20 vgl. Jes. 65, 1;
Luk. 4, 18 vgl. Jes. 61, 1;
Joh. 12, 38 vgl. Jes. 53, 1;
Joh. 1, 23 vgl. Jes. 40, 3.

[45]) Matth. 4, 4 vgl. 5. Mos. 8, 3;
Matth. 4, 7 vgl. 5. Mos. 6, 16;
Matth. 4, 10 vgl. 5. Mos. 6, 13.

fochtene Teile des Alten Testaments nicht nur als Berichte wirklicher, geschichtlicher Ereignisse behandeln, sondern sogar l e h r h a f t e F o l g e r u n g e n aus ihnen ziehen. Die Gottesbildlichkeit des Menschen,[46]) die gottgewollte Ordnung der Einehe,[47]) die Schlangennatur Satans,[48]) die Todverfallenheit der Menschheit (1. Kor. 15, 21; 22), der Organismuscharakter der Gemeinde Christi,[49]) die Leibesverklärung der einst Auferstandenen (1. Kor. 15, 45—49) — was für große und zentrale, neutestamentliche Ordnungen und Heilswahrheiten sind dies doch alles! Und sie werden von Christus und Seinen Aposteln — teils als Erfüllung, teils in Gegenüberstellung — mit den Geschichtsberichten der biblischen **Ur**geschichte in Verbindung gebracht. Mit Recht ist darum gesagt worden: „Ist also das Neue Testament Wahrheit, so ist 1. Mose 1—3 Geschichte" (Prof. D. Dr. Ebrard).

Diese offenbare Tatsache kann für einen ungebrochenen Christusglauben unmöglich dadurch umgedeutet werden, daß man — etwa mit Hilfe gewisser Spekulationen über die Selbsterniedrigung (Kenose) Christi — die Irrtumslosigkeit des menschgewordenen Gottessohnes in Abrede stellt oder gar erklärt, daß Christus Sich, wider besseres Wissen (!), dem Irrtum Seiner Zeitgenossen in Herablassung oder aus erzieherischen Gründen „angepaßt" habe. Daß Sich der Herr dem S p r a c h g e b r a u c h Seiner Zeit angepaßt hat, ist offenbar. Daß Er Sich aber dem I r r t u m Seiner Zeit angepaßt habe, ist restlos unvereinbar mit Seiner vollkommenen Wahrhaftigkeit und Göttlichkeit.

So lösen wir die Frage der Bibel zentral, das heißt, von dem Mittelpunkt der Bibel, von Jesus Christus, aus. Wir glauben an die Bibel um Jesu willen. Durch den Glauben an Christus kommen wir auch zum vollen Glauben an Sein Wort. In Christus, dem Zentrum der Heilsoffenbarung Gottes, haben wir auch das Zentrum einer gottgemäßen Bibelanschauung.

Dies ist auch glaubensmäßig das allein Folgerichtige. Denn Christus Selbst ist der „Logos", die Urform des Wortes, das personhaft lebendige „Wort", der treue und wahrhaftige Zeuge,[50]) der Mund der ewigen Wahrheit, ja, d i e Wahrheit selbst (Joh. 14, 6). Sein Geist aber, der „Geist Christi", hat die Propheten inspiriert (1. Petr. 1, 11), und „das Zeugnis Jesu" ist „der Geist der Weissagung" (Off. 19, 10).

Mit Recht sagt Bischof Wordsworth: „Das Neue Testament kanonisiert das Alte; das Fleischgewordene Wort setzt Sein Siegel auf das geschriebene Wort. Das Fleischgewordene Wort ist Gott. Daher ist die Inspiration des Alten Testaments durch Gott Selbst beglaubigt."[51])

Zweifellos gibt es Schwierigkeiten im Hinblick auf die biblische Inspiration. Aber ist es nicht n o c h schwieriger, zu glauben, daß die ganze Gemeinde Gottes, von

---

46) Jak. 3, 9 vgl. 1. Mos. 1, 27.
47) Matth. 19, 4—9 vgl. 1. Mos. 2, 23; 24.
48) Off. 20, 2, „die alte Schlange", vgl. 1. Mos. 3.
49) Christus, der „letzte Adam": Röm. 5, 12—21; 1. Kor. 15, 21; 22.
50) Joh. 1, 1; Off. 1, 5.
51) „The New Testament canonizes the Old; the Incarnate Word sets His seal on the Written Word. The Incarnate Word is God; therefore, the inspiration of the Old Testament is authenticated by God Himself" (Wordsworth, On the Canon, p. 51, bei Warfield, a. a. O., S. 213. 128.

ihren allerersten Anfängen an, sich nun schon fast 2 000 Jahre hindurch getäuscht haben soll in ihrer Wertschätzung der heiligen, ihr anvertrauten Schriften? Und ist es nicht noch viel schwieriger, zu glauben, daß die ganze Gruppe der Apostel, mit Jesus Christus Selbst an ihrer Spitze (!), sich geirrt haben soll im Hinblick auf die Natur der heiligen Schriften, die sie vom Alten Bund her übernommen hatten? Nein, wir bekennen uns zur Haltung des Herrn und Seiner Apostel auch im Hinblick auf die biblische Inspiration. Mag es auch zuweilen schwierig erscheinen, freimütig seine Stellung auf der Seite Christi und Seiner Apostel einzunehmen: stets wird sich dies dennoch als das beste und allersicherste erweisen.

Wir glauben an die volle Inspiration nicht auf der Grundlage rein gefühlsmäßiger Erwägungen, auch nicht bloßer Glaubenspostulate, die wir aus allgemeinen Gedankengängen heraus von vornherein für notwendig erachten. Dies letztere ist zwar ebenso der Fall, und wir haben auf solche Glaubenserfordernisse desgleichen schon hingewiesen.[52]) Die entscheidende Grundhaltung aber ist: Wir glauben an die volle Inspiration, weil dies das Glaubensgut Jesu, Seiner Apostel und überhaupt aller Schreiber des Neuen Testaments ist. Unser Glaube an die volle Inspiration ist ein Ausfluß unseres Glaubens an die Zuverlässigkeit Christi und Seiner Apostel als Verkündiger der Heilslehre überhaupt. Glaube an die Inspiration ist unzertrennbar verbunden mit der vollen Anerkennung der Autorität der neutestamentlichen, heiligen Schreiber. Wenn wir die anderen Lehren des Neuen Testaments, trotz mancher Geheimnisse und Schwierigkeiten, annehmen, und zwar auf keiner anderen, entscheidenden Grundlage als der, daß wir die Glaubwürdigkeit und Zuverlässigkeit der Bibel als Führer der Wahrheit grundsätzlich und praktisch bejahen, so nehmen wir auch diese Lehre — das Glaubensgut der vollen Inspiration — auf derselben Grundlage an. Mit Recht ist gesagt worden: Wenn wir das Zeugnis der Bibel über sich selbst nicht annehmen, warum sollten wir dann ihr Zeugnis annehmen, das sie über andere Dinge aussagt?

Hier aber stehen wir auf Glaubensboden. Autorität ist — auch schon im rein menschlichen Leben — stets etwas, das nicht „bewiesen“, sondern erlebt werden muß. Alles geistig Lebendige erkennt man durch Intuition (unmittelbare, innere Schau). Die Gottheit Jesu von Nazareth und damit Seine unbedingte Autorität in allen Fragen des Glaubens und Lebens ist zwar nicht mathematisch beweisbar; aber Wahrheit beweist sich selbst. Hier setzt das Christuserlebnis, die Herzenserfahrung, ein.

VII.

Wir glauben an eine lebendige, volle Inspiration um der auch die kleinsten Bestandteile der Bibel durchwaltenden Geisteskraft willen.

Oft ist die Frage gestellt worden, wie wohl die Abgrenzung der biblischen Bücher als „kanonisch“ von allem anderen Schrifttum begründet werden könne (Kanon = Richtschnur, Maßstab). Die Antwort liegt — abgesehen von dem Hinweis auf

[52]) Vgl. unsere Ausführungen auf S. 101 ff., 105, 108, 112. — Vgl. auch Warfield, a. a. O. 218.

ihre inhaltliche Harmonie und ihre heilsgeschichtliche Einheit — besonders in dem „Zeugnis des Heiligen Geistes" (lat. testimonium Spiritus Sancti). Man lese nur einmal die doch so überaus wertvollen Schriften der sogenannten „Apostolischen Väter", also der führenden Männer der Urchristentums, die unmittelbar auf die Generation der Apostel und neutestamentlichen Schreiber folgten, d. h. die Briefe eines Clemens, eines Ignatius, eines „Barnabas", eines Polykarp oder die Zwölfapostellehre (Didache), den Hirten des Hermas, den Brief an Diognet! Man vergleiche einmal z. B. den Römer- oder Epheserbrief des Ignatius mit den an dieselben Gemeinden gerichteten, neutestamentlichen Briefen des Paulus, den Korintherbrief des Clemens mit dem des großen Heidenapostels oder den Philipperbrief des Polykarp mit dem uns bekannten Philipperbrief des Neuen Testaments! Welch gewaltiger Abstand macht sich doch hier — trotz höchster Wertschätzung all des vielen wahrhaft Geistlichen, Edlen und Schönen — schon in diesem Schrifttum des zweiten Jahrhunderts im Vergleich zum Neuen Testament bemerkbar! Oder man vergleiche die alttestamentlichen Apokryphen mit den Schriften des hebräischen Kanons! Hier steht überall das Zeugnis des Heiligen Geistus durchaus auf der Seite der biblischen Schriften!

Niemand sage, daß wir damit in den Fehler eines willkürlichen Subjektivismus verfielen! Das Zeugnis des Heiligen Geistes wird in der Schrift deutlich von dem Zeugnis unseres eigenen, auch des in Christus erlösten Menschengeistes unterschieden. „Dieser Geist Selbst zeugt »mit« unserem Geist (d. h. in Übereinstimmung mit unserem Geist, der also vom Heiligen Geist unterschieden wird), daß wir Kinder Gottes sind" (Röm. 8, 16). Der in der Gemeinde waltende göttliche Geist ist es, der Seine eigenen Erzeugnisse anerkennt. Die Autorität der Heiligen Schrift ist eine inwendige, geistgewirkte, unmittelbar sich selbst bezeugende. Sie ist keine bloße Buchautorität, sondern durchaus Geistautorität. Die Heilige Schrift ist, wie Paulus es einmal in bezug auf das Alte Testament ausdrückt, „gottgegeistet".[53]) Nur so entsteht die Fähigkeit der Bibel, Übernatürliches und Himmlisches hervorzurufen. Nur so kommt es zur inwendigen Wirkungskraft des Bibelwortes und zur Selbstbezeugung des Heiligen Geistes in den Herzen der Gläubigen, welche in und durch die Bibel geschieht. „Das Herz spricht: Das ist wahr, und sollte ich hundert Tode darum leiden" (Luther). Mit Recht sagt Calvin: „Die Schrift trägt in sich selbst den Beweis der Wahrheit, gerade wie Schwarz und Weiß den seiner Farbe, Süß und Bitter den seines Geschmacks."

Die „Autorität" der Heiligen Schrift ist in der Person ihres göttlichen „Autors" begründet. Ihre Autorität wurzelt geschichtlich in ihrer Inspiration. Sie ist eine innerliche, objektive und bleibende. Die Bibel hat ihre Autorität in sich selbst.

Das subjektive Erleben dieser Autorität wird dann durch das innere Zeugnis des Heiligen Geistes vermittelt, der Sich mit dem geschriebenen Wort lebendig und dauernd wirksam verbindet.

---

[53]) Griech. theopneustos, 1. Tim. 3, 16.

Inspiration des Heiligen Geistes und Zeugnis des Heiligen Geistes sind darum hier zu unterscheiden.

Die biblische I n s p i r a t i o n des Heiligen Geistes ist ein Werk Gottes der Vergangenheit. Das innere Z e u g n i s des Heiligen Geistes geschieht — in Verbindung mit diesem Wort — in aller Folgezeit bis in unsere Gegenwart und Zukunft.

Die Inspiration des Heiligen Geistes bezieht sich auf die Bibel selbst. Das Zeugnis des Heiligen Geistes bezieht sich auf ihre Leser und Hörer. Diese sollen durch die Wirksamkeit des Heiligen Geistes zur Überzeugung von der Inspiration und der Autorität der Heiligen Schrift und damit zum Glaubensgehorsam geführt werden.

Darum war auch der Kanon der Heiligen Schrift — von Gott aus, also ideell und tatsächlich in sich selbst — schon im ersten Augenblick der fertigen Abfassung der zuletzt entstandenen, neutestamentlichen Schrift abgeschlossen und vollständig vorhanden. Was noch zu geschehen hatte, war nur die tatsächliche Zusammenfassung dieser Schriften in einem einzigen Buch und die allgemeine Anerkennung ihrer göttlichen Autorität in der christlichen Gemeinde.

Dies Ziel wurde — nach Überwindung mancher Schwankungen — im Verlauf der folgenden zwei Jahrhunderte erreicht. Hierbei war das Entscheidende nicht menschliche Übereinkunft — Gemeindebeschlüsse oder Konzilien —, sondern die eigene, geistgewirkte Autorität der Heiligen Schrift, ihre durch die Inspiration des Heiligen Geistes von vornherein innewohnende, göttliche Vollmacht.

Zugleich stand das Ganze unter der Überwaltung und Führung durch das erhöhte, göttliche Haupt der Gemeinde. Die Gemeinde selbst hatte also keineswegs den biblischen Kanon erst „abzuschließen“ oder gar zu „schaffen“, sondern lediglich ihn a n z u e r k e n n e n.

So hat Sich Gottes Geist unerklärbar, aber wundersam stark mit dem inspirierten Bibelbuch verbunden wie mit keinem anderen, auch dem edelsten und allerbesten, sonstigen christlichen Schrifttum der Welt. In jenen Urkunden über altersgraue Ereignisse der Vergangenheit ist etwas Gegenwärtiges, Lebendiges, webt und wirkt eine geheimnisvolle, unvergängliche Macht, eben der Geist des lebendigen Gottes. Darum ist die Bibel ein l e b e n d i g e s Buch. „Das Wort von d a m a l s spricht h e u t e.“ „Als Organ der Gegenwart Christi tritt die Bibel aus dem Reiche aller anderen Geschichtsurkunden heraus und erhält einen einzigartigen Wert“ (Prof. Karl Heim). Hier ist kein bloßes Einst, sondern ein Jetzt, kein ledigliches Gestern, sondern ein Heute, keine bloße Jenseitigkeit, sondern gottdurchdrungene Diesseitigkeit. Hier ist nicht nur geschriebenes, sondern geistlich lebendiges Wort, nicht äußerlicher Buchstabe, sondern innerlich gesprochene und sprechende Geistesrede. So nimmt die Heilige Schrift in geradezu unvergleichlichem Maße Teil an dem Gegenwartscharakter des Ewigen.

Der Geist Gottes hat das geschriebene Wort nicht nur „eingehaucht“ (in-spiriert) und „gegeben“, sondern ist bei ihm g e b l i e b e n. Er begleitet es und macht es wirksam. Er macht die bloße „Urkunde“ zu einer Himmelsbrücke. Gott „kommt“

nun durch Sein Wort zu uns, und das Jahrhunderte alte Wort bleibt frisch und ewig jung. Es ist, als sei es gestern, ja, gerade soeben erst geschrieben, „als sei die Tinte noch nicht trocken“. So nimmermehr alternd, so zeitüberlegen, so gegenwartsnahe!

Dabei aber sind es oft ganz winzige Ausdrücke, an denen der Leser vielleicht hundertmal vorbeigelesen hat, die ihm urplötzlich strahlend aufleuchten und zu Gottesbotschaften werden, die sein Leben beeinflussen, ja, es grundlegend umgestalten können. Welch großer Unterschied, ob Gott sagt, daß Er uns „nach“ Seinem Reichtum oder nur „aus“ Seinem Reichtum segnen wolle (Eph. 3, 16)! Wieviel zuversichtliches Hoffen für irrende Seelen liegt doch in den beiden, kleinen Wörtchen „bis jetzt“: „Wer da sagt, daß er in dem Lichte sei und haßt seinen Bruder, ist in der Finsternis bis jetzt“ (1. Joh. 2, 9). Wieviel seelsorgerische Weisheit offenbart das kleine Wort „teilweise“: „Ich höre, es seien Spaltungen unter euch, und »teilweise« glaube ich es!“ (1. Kor. 11, 18.)

Und überhaupt: Wie stärkt es doch den Glauben, wenn er die Verheißungen Gottes beim Wort nehmen kann! Hat nicht gerade dieses Sichstützen auf das ganze Wort immer wieder in der Geschichte des Reiches Gottes Glaubensmut geweckt, frohe Zuversicht beflügelt, Taten gewirkt, ja, Geschichte gemacht? War diese Glaubenshaltung nicht die Kraft eines Georg Müller, eines Hudson Taylor, eines August Hermann Francke, eines Charles Haddon Spurgeon und so vieler anderer Männer Gottes, von deren Leben und Werk Ströme des Segens in die Welt und in die Gemeinde Gottes ausgegangen sind? Und vor allem: War dies nicht die Siegeswaffe Jesu selbst, als Er in der Versuchung in der Wüste den Feind bezwang? „Es steht geschrieben!“ (Matth. 4, 4; 7; 10.) War das „geschriebene“ Wort nicht Seine Siegeswaffe?

Einem jungen, gläubigen Manne sandte einst ein bewußter Nichtchrist ein ganzes Paket gottleugnender Literatur und gab ihm den Rat, diese Lektüre der Bibel vorzuziehen. Daraufhin schrieb ihm der junge Christ: „Sehr geehrter Herr, wenn Sie etwas kennen, das besser ist als die Bergpredigt, als das Gleichnis vom verlorenen Sohn, oder wenn Sie etwas haben, das erquickender und schöner ist als der 23. Psalm, oder, auf das Ganze gesehen, das mehr Licht über die Zukunft gibt und mir einen barmherzigeren und gütigeren Vater offenbart als das Neue Testament, dann, bitte, senden Sie es mir.“

Mit dieser wundersamen, inneren Geisteskraft der Bibel verbindet sich ihre äußere Unüberwindbarkeit und Siegeskraft. Auch dies ist ein Erfahrungsbeweis und ein Zeugnis ihrer göttlichen Inspiration.

Die Bibel ist ein Hochgebirge, das alle anderen Bücher der Welt gleichsam wie Hügel oder Niederungen überragt. An die Verbreitung, die Lebensdauer und Lebenskraft der Bibel kommt kein Schrifttum der ganzen Erde heran.

Die Bibel hat die größte Lebensdauer bewiesen. Denn sie ist in ihren ältesten Teilen über 3 300 Jahre alt, und doch ist alles in ihr taufrisch und jugendneu, eben „ewig neues Altes Testament“ und „ewig neues Neues Testament“!

Die Bibel hat die größte Auflagenzahl. Allein in den Jahren 1923 und 1930 wurden je 30 Millionen Bibeln und Bibelteile in der Welt verbreitet. Eine einzige Bibelgesellschaft (die Britische und Ausländische Bibelgesellschaft in London) hat zwischen 1804 und 1951 über (!) 600 Millionen Bibeln und Bibelteile ausgegeben (gegenwärtig alljährlich laufend 11 Millionen).[54])

Die Bibel hat die größte Zahl an Übersetzungen. Um 1500 gab es gedruckte Bibeln in zunächst 14 Sprachen, um 1600 in 40 Sprachen. Zweihundert Jahre später waren es bereits 72 Sprachen, und dann setzte im 19. Jahrhundert der unvergleichliche Siegeslauf der Bibel ein. Am Ende dieser Zeit (um 1900) waren es schon 567 Sprachen und Hauptdialekte,[55]) bis 1937 die Zahl 1 000 erreicht war, 1950 sogar über 1 100. Und dies alles trotz aller Vernichtungsversuche und Bibelverbote, trotz aller Bekämpfung mit geistigen, religiösen, philosophischen und weltanschaulichen, mit polizeilichen, militärischen und staatlichen Mitteln! Wie eine Ironie der göttlichen Weltregierung mutet es einen an, daß gerade das 19. Jahrhundert, das Jahrhundert einzigartiger Bibelkritik in Theologie, Literatur und Volkspropaganda, zugleich das Jahrhundert des einzigartigen Bibelsieges geworden ist. „Der im Himmel wohnt, lacht ihrer und der Herr spottet ihrer!" (Ps. 2, 4.) „In des Königs Wort ist Gewalt" (Pred. 8, 4).

So hat das Wort der Schrift immer wieder seine Gotteskraft bewiesen. Wie Christus, das personhafte „Wort", ist allerdings auch das geschriebene Wort — und zwar oft — gleichsam ans Kreuz geschlagen, begraben und totgesagt worden. Aber stets ist es auch — so wie Er, das „lebendige" Wort — am dritten Tage wieder auferstanden und lebt! Wie die Boten Jesu Christi allgemein, so können es auch die Bücher und Worte der Bibel mit Paulus bezeugen: „Durch Ehre und Unehre, durch böses Gerücht und gutes Gerücht . . . , als Sterbende, und siehe, wir leben! (2. Kor. 6, 8; 9.)

So ist die Bibel wie die Sonne: uralt und doch immer wieder neu, stets die Nacht überwindend, Licht und Leben verbreitend, alles andere Licht überstrahlend, kurz, die Königin im Reich des Geistes, die Zentralquelle aller bleibenden, wahren Erleuchtung.

„An Deiner Rede will ich bleiben,
Drauf läßt sich's bauen felsenfest.
Ich weiß ja, daß von Deinen Worten
Du keins zur Erde fallen läßt.
Eh' sollen Berg und Hügel weichen,
Eh' stürzt der ganze Weltkreis ein,
Eh' auch das kleinste Deiner Worte,
Herr Jesu, unerfüllt wird sein."

(Dr. Adolf Morath.)

---

[54]) Vgl. The Gospel in many Tongues, London 1948, S. 187; 188.
[55]) Börsenblatt vom 22. 2. 1925.

Dritter Teil

Das kommende Reich Gottes

Besprechung von zwölf Haupteinwänden
gegen die Lehre vom Tausendjährigen Reich.

Mannigfaltigkeiten prophetischer Erkenntnis.

In der Darbietung des Heils, wie das Evangelium sie verkündet, ist alles auf die Vollendung ausgerichtet. An über 300 Stellen spricht das Neue Testament von der Wiederkunft Jesu. Wir sind „auf Hoffnung errettet" (Röm. 8, 24).

Von dieser kommenden Endentwicklung spricht die Heilige Schrift nur in großen, allgemeinen Grundlinien. Die genaueren Einzelheiten teilt sie uns nicht mit. Nicht unsere Neugier soll befriedigt werden, sondern unsere Hoffnung und Heiligung soll stets neue, lebendige, himmlische Impulse empfangen. Weissagung ist nicht Wahrsagung. Gott ist ein Gott, der Überraschungen liebt. Darum gibt Er den Seinen zunächst nur gewisse Teilerkenntnisse (1. Kor. 13, 9—12). Allerdings liegt in diesen Ahnungen zugleich schon heilige Vorfreude; aber die eigentliche Volloffenbarung kommt erst in der Vollendung selbst. Dann, wenn wir im vollen Licht sind, werden wir sagen: „Nicht die Hälfte hat man mir gesagt!" (2. Chron. 9, 6.) Die Erfüllung wird alle Erwartungen unendlich übertreffen. Bis dahin sind wir Pilger nach dem himmlischen Ziel und schauen die Zinnen der ewigen Gottesstadt erst von ferne.

So gibt uns die Heilige Schrift keine spezialisierte Einzelschilderung des Ablaufs und der Reihenfolge der zukünftigen Ereignisse. Nur die Hauptstufen und Hauptstationen läßt sie uns erkennen. Aber auch hierin besteht nicht ohne weiteres allgemeine Übereinstimmung unter allen gläubigen Schriftauslegern. Darum gilt es, vorsichtig zu sein, nicht zu dogmatisieren, offen zu bleiben für neue Belehrungen aus der Schrift, einander hoch zu achten, auch bei Verschiedenheit der Erkenntnis, und uns jederzeit zu beugen unter jedes Wort Gottes, das uns irgendwie neues Licht oder Berichtigung unserer bisherigen Überzeugung oder Vertiefung bereits gewonnener und befestigter Erkenntnisse schenkt.

In hohem Maße hängt die umfassende Schau der prophetischen Ereignisse und überhaupt das Gesamtbild der allgemeinen, geschichtlichen Struktur des göttlichen Erlösungsplanes ab von der grundsätzlichen Stellungnahme des einzelnen zur Erwartung eines sichtbaren Gottesreiches noch auf dem Schauplatz der alten Erde vor ihrer Auflösung in Weltuntergang und Weltverklärung. Drei Überzeugungen stehen hier nebeneinander:

1. Die Erwartung der persönlichen Wiederkunft des Herrn in Herrlichkeit und Macht zu Beginn und zum Zweck der Aufrichtung eines solchen sichtbaren Gottes- und Messiasreiches („Prae-Millennialismus"; lat. prae = „vor").

2. Der Glaube, daß das Kommen eines solchen, goldenen Zeitalters nicht durch eine persönliche Erscheinung des Herrn in sichtbarer Offenbarung Seiner Herrlichkeit bewirkt wird, sondern durch Entwicklung und Fortschritt der Menschheit, durch Christianisierung der Kultur, durch den allmählichen Sieg des Evangeliums im Einzel-, Sozial- und politischen Völkerleben und daß Christus erst am Ende dieser Glanzzeit erscheint, um die Geschichte der Menschheit hinüberzuführen in den ewigen Zustand der Vollendung und Herrlichkeit („Post-Millennialismus"; lat. post = „nach").

3. Die Lehre, daß ein Idealzustand der Menschheit am Ende der Geschichte auf dieser Erde überhaupt nicht zu erwarten ist, daß es also überhaupt kein endgeschichtliches, irdisches Gottesreich (Millennium) geben wird, sondern daß alle Weissagungen der Schrift, die man damit in Verbindung gebracht hat, „vergeistigt" werden müssen und sich auf den Himmel und die Ewigkeit beziehen („A-Millennialismus", „Anti-Millennialismus"; a = „ohne", anti = „gegen").

Genauere Gründe für unseren Glauben an die Richtigkeit der Erwartung der persönlichen Wiederkunft des Herrn v o r Anbruch des Tausendjährigen Reiches (des Prae-Millennialismus) haben wir in unserem Buch „Der Triumph des Gekreuzigten" gegeben, besonders in dem Abschnitt: „Die geschichtliche Wirklichkeit des sichtbaren Gottesreiches auf Erden" (S. 166—196). Wir halten es aber für nützlich, einmal kurz die bedeutsamsten Einwände zu besprechen, die von den Vertretern der beiden anderen Ansichten in der Regel erhoben werden.

Von vornherein sei zum Ausdruck gebracht, daß dies im Rahmen unseres Buches hier zugleich die Grenze unserer Zielsetzung ist. Wir glauben, aus der Schrift den Nachweis erbringen zu können, daß die gegen die urchristliche Erwartung eines sichtbaren, endgeschichtlichen Gottesreiches auch von bibelgläubiger Seite oft geltend gemachten Gegengründe nicht beweiskräftig genug sind. Unsere eigene, p o s i t i v e Beweisführung f ü r die Richtigkeit dieses urchristlichen Hoffnungsgutes haben wir nicht so sehr hier als in dem soeben genannten Buch über die neutestamentliche Offenbarungsgeschichte niedergelegt. Zu einer wirklichen Klärung dieser Fragen erscheint es jedoch erforderlich, auch die Gründe zu durchdenken, welche andere bibelgläubige Schriftausleger noch nicht so recht zu einer vollen Bejahung der urchristlichen Lehre kommen lassen wollen. Erst durch Ausräumung dieser Bedenken kann eine vollständigere Klärung erreicht werden.

In der Behandlung dieser Fragen beschränken wir uns auf das Wesentliche und besprechen diese Hinweise wohl am besten weniger in systematischer Folge als vielmehr einfach in der Form von Rede und Gegenrede, von Einwand und Antwort. Das heißt, wir stellen einfach jedesmal einen der Haupteinwände fest und geben dann dazu unsere Stellungnahme. Zuerst nennen wir die Einwände leichterer Art.

die darum auch kürzer behandelt werden können. Dann gehen wir zu den schwierigeren und entscheidenderen Fragen über.

Hierbei haben wir uns bemüht, auch die Stellungnahme derjenigen Bibelausleger innerlich zu verstehen, die da glauben, das Kommen des Herrn erst am Ende des Tausendjährigen Reiches sehen zu müssen oder die sogar glauben, das Kommen eines Tausendjährigen Reiches überhaupt verneinen zu sollen.

Die Darstellung dieser Bedenken ist hier absichtlich nicht in der Form von Zitaten erfolgt. Vielmehr ist die Textform auch dieser Einwendungen von uns selbst gestaltet. Das Ganze möchte eben durchaus den Charakter einer eigentlichen Diskussion vermeiden. Wir möchten niemand angreifen, sondern uns gegenseitig verstehen. Die Form von Rede und Gegenrede, von Einwand und Antwort ist nur deshalb gewählt, um die verschiedenen Stellungnahmen möglichst prägnant und klar herauszuarbeiten.

Als Ergebnis unseres Nachsinnens glauben wir, an der urchristlichen Erwartung eines sichtbaren, irdischen Gottesreiches festhalten zu müssen. Dabei geht aber unsere Darstellung zugleich den Weg einer Vermittlung. Auch bei Festhaltung des Glaubens an ein Millennium gilt es, wirklich solche Begründungen zu geben, die einer ernsthaften Betrachtung standhalten. Schon manchmal ist eine gute und richtige Sache dadurch geschwächt worden, daß man sie mit nicht ganz ausreichenden Gründen gestützt hat.

So hoffen wir, mit den folgenden Darlegungen zu einem gegenseitigen Verständnis beizutragen. Wir hoffen, daß auf diese Weise manches Mißverständnis verschwindet und die urchristliche Hoffnung, wie sie besonders die Offenbarung des Johannes und die nachapostolischen Väter und die Kirchenväter des zweiten und dritten Jahrhunderts (z. B. Papias, Justin, Irenäus, Tertullian) bezeugen, von manchen Zweifeln befreit wird.

Im übrigen aber wollen wir alle, die wir an Christus und das Zeugnis der Prophetie glauben, einander achten und lieben, auch wenn in größeren oder kleineren Fragen vielleicht Verschiedenheiten der Erkenntnisse bestehen bleiben. Hier gilt es, aufeinander zu hören, sich gegenseitig zu verstehen, bereit zu sein, sich gegenseitig befruchten zu lassen, beiderseits voneinander zu lernen und einer den anderen höher zu achten als sich selbst (Phil. 2, 3).

I.

„Die Lehre vom Tausendjährigen Reich ist unnüchtern und unwissenschaftlich. Sie ist mit so vielen Übertreibungen, oft kindischen Phantasien verbunden, daß man geradezu die Pflicht hat, vor ihr zu warnen. Insonderheit haben oft Laienkreise und namentlich gewisse Sekten und schwarmgeistige Strömungen außerordentlich viel Mißbrauch mit ihr getrieben."

Allerdings. Gerade hier ist es im Verlauf der Geschichte sehr oft zu derartigen Übertreibungen gekommen, daß bei vielen die ganze Lehre in Verruf gekommen ist. Die Geschichte des „Chiliasmus" (der Lehre vom Tausendjährigen Reich. Griech. chilioi = tausend) beweist, daß sich in der Tat sehr oft Einseitigkeiten und Auswüchse einer „verwilderten Eschatologie"[1]) gezeigt haben. Dies geschah besonders in gewissen schwärmerischen und sektiererischen Sonderbewegungen, so schon in der Reformationszeit, später namentlich bei den Ernsten Bibelforschern, den Zeugen Jehovas, den Adventisten.

Schon in der urchristlichen Zeit, selbst bei Männern wie Papias von Hierapolis (2. Jahrhundert), sind solche schwärmerischen Übertreibungen und phantastischen Ausmalungen zu finden. So berichtet Papias, um die Fruchtbarkeit der Natur im messianischen Gottesreich zu schildern, ein vermeintliches Wort des Herrn: „Es werden Tage kommen, in welchen Weinstöcke wachsen werden, welche je 10 000 Hauptäste haben werden und an einem Hauptast je 10 000 Zweige und an einem jeden Zweig 10 000 Büschel und an jedem Büschel 10 Trauben und an jeder Traube 10 000 Beeren, und jede Beere wird, wenn sie gepreßt wird, fünf Maas Wein geben, und wenn einer der Heiligen eine Traube ergreift, wird eine andere rufen: »Ich bin eine bessere Traube, nimm mich und danksage durch mich dem Herrn!" (das heißt, im Kelch der Segnung bei der Abendmahlsfeier). Ähnlich wird auch ein Weizenkorn 10 000 Ähren erzeugen, und jede Ähre wird 10 000 Körner enthalten, und jedes Korn wird fünf doppelpfündige Maas feines, reines Semmelmehl liefern."[2])

Man wird verstehen, daß solche und ähnliche Schilderungen bei Männern wie Origenes oder Augustinus, mit ihrem stark griechisch-philosophischen beziehungsweise nüchtern-juristischen Denken, eine derartig heftige Reaktion auslösten, daß diese nun in das entgegengesetzte Extrem verfielen und die Berechtigung einer Erwartung eines solchen irdischen Gottesreiches, das heißt, die Lehre vom Tausendjährigen Reich, überhaupt gänzlich bestritten und nunmehr alles „vergeistigten". Man verlegte die Weissagung vom Tausendjährigen Reich in die Kirchengeschichte und erklärte, mit dem Sieg des Christentums über das Heidentum im vierten Jahrhundert sei die Königsherrschaft Gottes und das in der Offenbarung angekündigte Gottesreich angebrochen. Nicht mit Unrecht bemerkt hierzu Dr. R. Pache: „Wenn dem so wäre, so müßte man die messianische Herrschaft eine wirklich jämmerliche

[1]) Lehre von den letzten Dingen. Griech. eschatos, der letzte.
[2]) Vgl. Prof. D. Dr. Theod. Zahn, Die Offenbarung des Johannes. Leipzig 1924, S. 622.

nennen; denn es hat durchaus nicht den Anschein, als sei Satan gebunden und außerstande, die Völker zu verführen. Oder er müßte — wie es einmal jemand gesagt hat — an einer schrecklich langen Kette liegen" und darum noch über viel Bewegungsfreiheit verfügen.[3])

In jedem Fall steht fest, daß die Erwartung einer nicht nur geistlichen, sondern auch irdisch-nationalen Wiederherstellung Israels und eines „Zwischenreiches" zwischen Wiederkunft Christi (Parusie, Epiphanie) und Weltuntergang und Weltvollendung ein sowohl urchristlicher Glaube gewesen ist als auch von führenden Männern der neueren, bibelgläubigen, theologischen Wissenschaft immer wieder eindeutig bezeugt worden ist. Nur Mangel an Sorgfalt oder unzureichende Kenntnis der Geschichte der Theologie vermöchte dies zu übersehen.

Aus der Geschichte des Urchristentums nennen wir Papias von Hierapolis (um 140), Justin von Sichem (um 150), Irenäus (gest. um 202), Tertullian (gest. nach 222).

In den ersten Jahrhunderten erlahmte der Chiliasmus erst mit dem Erstarken des griechisch-philosophischen Denkens unter den Christen. Besonders durch Clemens und Origenes von Alexandria im Osten (um 250) sowie durch Ticonius (um 400) und Augustinus (Bischof von Karthago, gest. 430) im Westen kam es für die offizielle Kirche zur Auslöschung des Chiliasmus, und die Lehre von den letzten Dingen wurde mehr und mehr zum „Niemandsland" der kirchlichen Theologie. Dem griechischen Empfinden und Denken widerstrebte eben die Vorstellung eines endgeschichtlichen Dramas und die realistische Diesseitigkeit des Tausendjährigen Reiches.

Dies hat dann allerdings manchen schwarmgeistigen Bewegungen in dieser Hinsicht Tür und Tor geöffnet. Besonders seit der Reformation haben allerlei Sekten merkwürdige Theorien über das Millennium vertreten. Schuld daran ist aber zu großem Teil das Versagen der offiziellen Theologie auf diesem Gebiet. Dadurch ist ein Vakuum entstanden, in das die Schwarmbewegungen eingedrungen sind. Schwärmerische Bewegungen leben oft von der Vernachlässigung biblischer Wahrheiten durch rechtgläubige Bewegungen.

Bahnbrechend für die Wiederentdeckung der biblisch-prophetischen Wahrheit wurden dann in der Geschichte des älteren Protestantismus Campegius Vitringa (Theologieprofessor in Leiden in Holland) und Friedrich Adolph Lampe (Theologieprofessor in Bremen), beide im 17. Jahrhundert. Von diesen beeinflußt waren die biblizistischen Württembergischen Väter, besonders Prälat Johann Albrecht Bengel (Stuttgart, gest. 1752), sowie Prälat Oetinger (gest. 1782).

Durch diese Württemberger vermittelt, ging der Chiliasmus, teils in milderer, teils in strenger Form, auch in die wissenschaftliche Theologie des 19. Jahrhunderts ein. Hierbei waren besonders führend die Lutheraner von Hofmann (Theologieprofessor in Erlangen, gest. 1877), Fr. H. R. Frank (ebenfalls Theologieprofessor

---

[3]) Dr. R. Pache, Le Retour de Jésus Christ. Vennes sur Lausanne (Suisse) 1949, P. 424.

in Erlangen, gest. 1894), K. A. Auberlen (Theologieprofessor in Basel, gest. 1864), ebenso K. J. H. A. Ebrard (Professor für reformierte Theologie in Erlangen, gest. 1888), Johann Tobias Beck (Theologieprofessor in Tübingen, gest. 1878), auch Prälat Dr. Th. Hermann (1924).

Es wäre darum ein an theologiegeschichtlichen Tatsachen durchaus vorbeigehendes Fehlurteil, wenn man den Eindruck erwecken oder es gar erklären würde, die Erwartung eines buchstäblichen Tausendjährigen Reiches sei eine Verirrung, wie sie sich eben bei Schwarmgeistern und „Sektenhäuptern", bei „Laien" oder unwissenschaftlichen Bibelerklärern finde, die den Namen „Theologen" nicht verdienen, die aber keine namhaften Vertreter in den Reihen der bibelgläubigen, kirchlichen, wissenschaftlichen Theologie aufzuweisen habe. Dies zu widerlegen, war der Grund, warum in den soeben gegebenen Ausführungen die akademische Lehrtätigkeit zahlreicher, oben genannter Bibelerklärer zugleich so stark und wiederholt hervorgehoben wurde.

Unter den Neueren erwähnen wir Dächsel, Modersohn, Professor Bettex, Dr. theol. Haarbeck, General von Viebahn, P. Stockmayer, Georg Müller (Bristol), John Nelson Darby, Johann de Heer (Holland), Moody, Dr. Torrey, Hudson Taylor. Fernerhin nennen wir von englischen Gelehrten Dr. Scofield, Dr. Gaebelein, Dr. Pierson, G. H. Pember, M. A., Dr. Tregelles, den neutestamentlichen Textforscher, Dr. H. Alford, Dekan von Canterbury, den Herausgeber umfangreicher, wissenschaftlicher, neutestamentlicher Kommentarwerke, ebenfalls Dr. Billy Graham. Man wird von diesen Bibelerklärern beziehungsweise führenden Gottesmännern der Gemeinde Jesu doch gewiß nicht sagen können, daß sie „Sektenhäupter" oder Vertreter einer laienhaften „verwilderten Eschatologie" gewesen seien bzw. seien!

Der Herr hat in Seiner Gemeinde die urchristliche Reichs- und Vollendungserwartung eben nicht untergehen lassen. Auch in dieser Hinsicht ist Christus als der Kommende bei Seinem Volk geblieben.

Schließlich aber ist hier zu sagen: Man bekämpft niemals in rechter Weise ein Extrem dadurch, daß man in das andere Extrem geht. Durch den Mißbrauch einer Sache ist die Sache selbst noch lange nicht widerlegt. Wohl mag ein Extrem dazu beitragen, ein anderes Extrem zu erzeugen. Aber dadurch ist weder das eine noch das andere gerechtfertigt. Bei aller Ablehnung gewisser Auswüchse einer biblischen Lehre gilt es darum dennoch, in Nüchternheit an der biblischen Lehre selbst festzuhalten.

II.

„Jesus ist nicht gekommen als politischer Messias, sondern um ein geistliches Werk zu tun. Die Ziele Seiner Erlösungstat waren rein geistlicher Art, und die Aufrichtung eines sichtbaren, irdisch-nationalen Gottesreiches würde im Widerspruch stehen zu dem wesenhaft geistlichen Charakter Seines Heilswerkes."

Niemand bestreitet, daß das Grundwesen des Reiches Gottes durchaus geistlicher Art ist. Christus ist gekommen, um von Sünden zu erretten, nicht von politischer Schmach und Unterdrückung.[4]) Buße und Wiedergeburt sind darum die Grundbedingung für den Eintritt in dieses Sein Reich.[5]) Nicht fleischliche Geburt — ganz gleich von wessen Fleisch, ob Israel oder Nichtjude —, sondern neues Leben von oben, nicht Unter- und Einordnung unter neue, zweifellos dann bessere Staats-, Sozial- und Finanzgesetze, sondern Einordnung unter das Geistesgesetz der neuen Natur[6]) ist die Voraussetzung. Der Jude ist ausgeschlossen, wenn er nicht wiedergeboren ist, und der Heide ist eingeschlossen, wenn er wiedergeboren ist.[7]) So können denn weder Juden noch Heiden Eintritt gewinnen als nur auf der Grundlage persönlicher Wiedergeburt. Schon dies beweist, daß das Königreich Gottes, wie Jesus es brachte, seinem Wesen nach nicht nationaler, sondern geistlicher Grundnatur ist.

Dies widerlegt aber nicht die Tatsache, daß es einen Durchbruch dieses Geistlich-Sittlichen auch in die Sphäre des Kulturellen, Sozialen, ja Politischen geben kann. Daß das Wesen des Reiches Gottes innerlich und geistlich-sittlich ist, schließt keineswegs aus, daß es auch eine geschichtliche Offenbarungsform geben kann, in der sich sein inneres Wesen äußerlich und sichtbar darstellt, eine Offenbarungsform, in der Christus, der Sündentilger, Sein dann von Sünde gereinigtes Gottesvolk auch zum Triumph über seine Feinde und zur Erhöhung und Ehrenstellung bringt.

Und was wollen wir schließlich dazu sagen, wenn Gott es nun einmal erklärt, daß Er es durch besondere Liebes- und Machtoffenbarungen zustande bringen wird, daß Der, der allerdings zuerst und vor allem als geistlicher Erretter von Sündenschuld und Sündennot erschien, einst dastehen wird als der Schiedsrichter unter den Nationen (Jes. 2, 4), daß Sein Heilands- und Herrscherwerk vom Inneren zum Äußeren, vom Persönlichen zum Kollektiven, vom Einzelleben zum Gemeinschaftsleben durchdringen und darum auch entscheidende Auswirkungen haben wird auf Völkerleben, Gesetzgebung, Kultur, internationale Beziehungen, Fragen von Krieg und Frieden, Abrüstung, soziale Ordnung und Rechtsprechung (Jes. 2, 2—4; 11, 4)! Wo soll hier ein Widerspruch vorliegen? Inwiefern soll das Zweite das Erste grundsätzlich ausschließen? Ist nicht das Irdische und Sichtbare desgleichen ein Teil

---

[4]) Matth. 1, 21; Hebr. 9, 24—28.
[5]) Joh. 3, 3; 5; Matth. 3, 2; 4, 17.
[6]) Röm. 8, 1; 2; 14, 17.
[7]) Matth. 3, 9; 8, 11; 12.

der Schöpfung Gottes? Soll das Leibhafte etwa grundsätzlich ausgeschaltet sein aus den geistlichen Lebenswirkungen des Ewigen? Wie können wir hier ein „Entweder-Oder“ aufstellen, während die Heilige Schrift ein „Sowohl — als auch“ enthält? Nein, im Gegenteil: Gehört es nicht gerade umgekehrt zu den Erfordernissen eines wahrhaft lebensstarken Geistlichen, daß es auch das Leibliche ergreift? Beherrscht etwa in unserem Organismus unser unsichtbares, geistiges Inneres nur unsere Gedanken- und Empfindungswelt, also lediglich unser geistiges Innenleben? Beeinflußt und lenkt es nicht vielmehr ebenfalls die sichtbare Außenseite unseres Lebens, seine stofflichen Formen, seine körperlichen Handlungen, seine leibhaften Tätigkeiten? Ist also nicht schon in unserer eigenen Einzelpersönlichkeit der Geist und die Seele zugleich leibgestaltendes Lebensprinzip? Können wir eine Einwirkung des Geistes auf den Leib und das Sichtbare nicht also schon bei uns selbst feststellen?

Aus diesem allen ergibt sich, daß der oben genannte Einwand in keiner Weise eine Widerlegung der von den alttestamentlichen Propheten und der Offenbarung des Johannes bezeugten Erwartung eines endgeschichtlichen, sichtbaren Gottesreiches ist. Ihm liegt zugrunde eine Spaltung der Natur mit Unterschätzung des Leiblichen, wie sie die griechische Philosophie, besonders seit dem Aufkommen des Hellenismus, verkündete — der Leib als Kerker der Seele, das Endziel darum nicht Erlösung des Leibes, sondern Erlösung vom Leibe und also reine Geistigkeit. So beruht er mehr auf griechisch-platonischem, nicht aber biblischem Denken. Er ist Hellenismus, aber nicht Christentum; er ist Philosophie, aber nicht Offenbarung.

Die Bibel aber vollzieht, als Volloffenbarung Gottes, eine harmonische Zusammenschau von beiden: von Geist und Natur in ihrer schöpfungsmäßigen Einheit, von Ewigkeit und Zeit, von Himmel und Erde, von Reich Gottes und Geschichte.

Gott bleibt eben nicht auf halbem Wege stehen. Er befreit von der Sünde — ihrer Schuld und Strafe, ihrer Macht und Befleckung —; aber dann will Er auch neue Weltverhältnisse schaffen. Er errettet Geist und Seele. Aber auch das Irdische und Leibhafte soll einst Seine Herrlichkeit schauen.

III.

„Die Erwartung eines sichtbaren, irdischen Gottesreiches ist eines Himmelsbürgers unwürdig. Die Gemeinde ist himmlisch und darf darum nur geistliche Segnungen erwarten. Deshalb hat ein irdisch nationales, geradezu „materielles“ Reich keinen Platz in ihrem Hoffnungsgut.“

Wir antworten:

Die Erwartung des Tausendjährigen Reiches hängt weniger mit der Vollendung der Gemeinde als mit der Vollendung Israels, der Völkerwelt, des Naturlebens und der Erde zusammen. Hier dürfen die verschiedenen, heilsgeschichtlichen Linien nicht durcheinandergemengt werden. In Gottes Schöpfungsbereich und Heilsplan bestehen verschiedene Gruppen geschöpflicher Wesen. Israel ist nicht die Gemeinde. Die Gemeinde ist nicht die Völkerwelt. Wieder eine andere Gruppe ist die Engelwelt. Weiterhin sind zu unterscheiden die verschiedenen Reiche des Naturlebens, die Sternenwelt, die Pflanzenwelt, die Tierwelt.

Für alle diese hat Gott Seine Liebespläne und Liebesoffenbarungen. Diese sind aber für jede Gruppe, je nach ihrer Stellung im Gesamtratschluß Gottes, verschieden.

Über die Stellung der Gemeinde im Tausendjährigen Reich sagt uns die Heilige Schrift unmittelbar nichts. Nur dies läßt sie uns ahnen, daß die auferstandenen Gläubigen dann vom Himmel her mit dem verherrlichten Christus regieren werden. „Die Gemeinde Jesu hat ja durch Entrückung und Auferstehung die sichtbare Erde verlassen und himmlische Wohnstätten bezogen, denen auch die Natur ihres dann verklärten Leibes entspricht. Die Schrift sagt uns nirgends, daß der Herr Seine Gemeinde aus dieser ihrer neuen, himmlischen Heimat wieder auf die alte Erde zurückführt, um hier zu wohnen. Die Erde ist ja noch nicht verklärt. Darum kann sie dem Herrn der Herrlichkeit und Seiner verklärten Gemeinde auch keine entsprechende Wohnstätte im Vollsinn des Wortes bieten. Vielleicht werden Christus und die Auserwählten zur Erde ähnlich stehen wie Christus in den Tagen zwischen Seiner Auferstehung und Himmelfahrt, so nämlich, daß sie erscheinen, so oft die Erde ihre Anwesenheit erfordert, während ihr Wohnsitz im Himmel bleibt. Die Hauptsache aber ist: Sie werden bei dem Herrn sein allezeit" (1. Thess. 4, 17).[6])

Diese geistliche Vollendung der Gemeinde schließt aber nicht aus, daß Israel, die Völkerwelt und die Erde — im Rahmen ihrer andersartigen Lebensordnung — noch auf dem alten Schauplatz ihrer Geschichte einen sichtbaren Triumph des Herrn miterleben werden. Es ist also keineswegs eines Himmelsbürgers unwürdig, wenn er erwartet, daß Gott auch die anderen Gruppen Seiner Schöpfung, je nach der Art ihrer Stellung und Berufung, vollenden und segnen wird.

IV.

„Im Neuen Testament ist die Botschaft vom Tausendjährigen Reich nur einmal vorhanden. Im übrigen schweigt das ganze Neue Testament, sowohl die Evangelien wie die paulinischen und die sonstigen Briefe, über diese Lehre. Nirgends jedenfalls findet sich — abgesehen von Offenbarung 20 — eine einzige, ausführliche Erwähnung."

Die Antwort hierauf ist nicht schwer.

a) Die Wahrheit und Zuverlässigkeit eines göttlichen Wortes hängt nicht von der Anzahl der Aussagen ab, die Gott über die betreffende Botschaft vollziehen läßt. Auch wenn Gott eine Botschaft nur eimal verkündigt, so haben wir sie ein-

---

[6]) Dr. theol. Theodor Haarbeck, Kurzgefaßte biblische Glaubenslehre, Elberfeld 1930. S. 196. 197.

fach zu glauben. Hier zeigt sich, wie Inspirationsglaube und Reichserwartung zusammengehören. Wir erinnern noch einmal an das Wort eines Gelehrten unserer Tage, der allerdings unter Anerkennung bibelkritischer Gesichtspunkte (!) ein sichtbares Gottesreich noch auf dem Schauplatz der alten Erde dennoch bestreitet: „Die biblizistische Begründung des Tausendjährigen Reiches kann man nicht so auflösen, daß man erklärt, es sei an den genannten Stellen von einer Vorvollendung nicht die Rede. Bei 1. Kor. 15, 23—25 kann man vielleicht fragen, wie weit hinter den Andeutungen wirklich der Gedanke eines »Zwischenreiches« steht; aber an Offenbarung 20, 4—7 läßt sich nicht deuteln."

b) Auch ist von vornherein gar nicht zu erwarten, daß das Neue Testament eine wiederholte und ausführliche Darstellung dieser Lehre gibt. Denn das Hauptthema des Neuen Testaments ist die G e m e i n d e, nicht aber Israel und die Völkerwelt. Darum ist es nur durchaus voll verständlich, daß die Botschaft vom Tausendjährigen Reich in ihm wesentlich zurücktritt, und daß Christus und die Apostel nur gelegentliche Hinweise geben, niemals aber eine genauere Darstellung.

c) Dennoch sind auch schon diese wenigen Hinweise des Neuen Testaments vollkommen a u s r e i c h e n d, um die Reichserwartungen der alttestamentlichen Propheten zu bestätigen. So sagt der Herr Selbst: „Ihr, die ihr mir nachgefolgt seid, auch ihr werdet in der Wiedergeburt (= Messiasreich), wenn der Sohn des Menschen sitzen wird auf Seinem Thron der Herrlichkeit, auf zwölf Thronen sitzen und richten die zwölf Stämme Israels" (Matth. 19, 28). Und als Ihn Seine Jünger nach Seiner Auferstehung fragten: „Herr, stellst du in dieser Zeit dem Volke I s r a e l (!) das Reich (griech. basileia = Königreich) wieder her?", hat Er sie nicht wegen „fleischlicher Vorstellungen" gescholten oder das Kommen des von ihnen gemeinten, sichtbaren Gottesreiches überhaupt in Abrede gestellt, sondern nur gesagt: „Es gebührt euch nicht, zu wissen Z e i t oder S t u n d e, welche der Vater seiner Macht vorbehalten hat" (Apg. 1, 6, 7). Damit aber beweist gerade dieser prophetische Ausdruck „Zeit oder Stunde", daß das Reich Gottes tatsächlich einst aufgerichtet werden wird. (Genaueres vergleiche „Triumph des Gekreuzigten", S. 166—196.)

d) Außerdem war es ja auch gar n i c h t e r f o r d e r l i c h, daß das Neue Testament hierüber ausführliche Belehrungen gab. Denn die alttestamentlichen Schilderungen waren so zahlreich vorhanden und ausführlich, daß es gar nicht nötig war, sie im Neuen Testament noch oft zu wiederholen.

e) Nicht zu übersehen ist außerdem, daß gerade an der Stelle der Offenbarung — wenn diese auch die einzige, ausführlichere Stelle des Neuen Testaments ist — s o starker Wert auf diese Botschaft vom Tausendjährigen Reich gelegt wird, daß sie die Zahl „tausend" nicht weniger als sechsmal (!) nennt! (Off. 20, 2; 3; 4b; 5; 6; 7). Damit ist doch wahrlich stark genug zum Ausdruck gebracht, daß es sich hier um etwas Wichtiges, ja höchst Beachtenswertes handelt!

f) Zuletzt bemerken wir — allerdings gleichsam nur am Rande —, daß die Offenbarung Johannes gar nicht einmal das erste oder einzige Buch ist, in welchem in jener Zeit von einem endgeschichtlichen Zwischenreich von tausend Jahren die Rede ist. Wenn es sich hierbei nun zwar auch nicht um ein biblisches Buch und darum auch nicht um einen göttlich inspirierten Text handelt, so ist es doch von Interesse, daß die Lehre von einem endgeschichtlichen, messianischen Zwischenreich schon im zeitgenössischen Judentum verkündigt und daß die Dauer desselben verschiedentlich sogar ebenfalls auf genau tausend Jahre angesetzt wurde.

Schon die jüdische Synagoge des ersten Jahrhunderts unterschied zwischen den Tagen des Messias und der Endvollendung im „Olam ha-ba", d. h. in der zukünftigen Welt. Jene seien zeitlich begrenzt, der Olam ha-ba aber währe ewig. Über die Dauer der messianischen Vorvollendung waren die Meinungen der jüdischen Theologen von Anfang an geteilt. Rabbi Eliezer ben Hyrkanus (um 90) ist die älteste, rabbinische Autorität, die eine tausendjährige Herrschaftsdauer des Messias vertritt. Dabei war Eliezer einer der zähesten Verfechter älterer Traditionen, so daß er selbst von sich gesagt hat: „Ich habe nie einen Ausspruch getan, den ich nicht aus dem Munde meines Lehrers gehört hätte." So ist offensichtlich die tausendjährige Dauer der messianischen Zwischenperiode bereits v o r Eliezer, also unter den jüdischen Zeitgenossen eines Paulus oder Petrus, in den jüdischen Synagogen gelehrt worden, und vom allgemeinen, religionsgeschichtlichen Standpunkt aus läßt sich nicht einmal behaupten, wie manche es getan haben, daß ohne die berühmte Stelle in Offenbarung 20 die Lehre vom Tausendjährigen Reich gar nicht bestände (vgl. Professor D. Dr. Strack-Billerbeck, Kommentar zum Neuen Testament aus Talmud und Midrasch, München 1926, Bd. III, S. 824 und 827).

Für uns aber genügt schon der e i n e Hinweis der Heiligen Schrift im Buch der Offenbarung. Wir haben kein Recht, von Gott zu erwarten, daß Er eine Botschaft erst fünfmal oder zehnmal wiederholen muß, bevor wir Ihm glauben können.

V.

„Das Neue Testament kennt nur z w e i „Zeitalter", das jetzige und das zukünftige (Eph. 1, 21; Matth. 12, 32). Es beschreibt o h n e Unterbrechung, d. h. ohne Erwähnung einer solchen Zwischenperiode, die Erscheinung Christi in Herrlichkeit und den Eingang in die Ewigkeit (Matth. 25, 31 u. 46), die Auferstehung der Gerechten und die Auferstehung der Verlorenen (Joh. 5, 28. 29; Apg. 24, 15), die Bestrafung der Gottlosen und die Belohnung der Auserwählten (Matth. 13, 30. 41—43; 2. Thess. 1, 6—10)."

Diese Bemerkung ist in dreifacher Hinsicht hinfällig.

a) E r s t e n s übersieht sie die Stelle der Offenbarung des Johannes (20, 1—6), die dennoch ganz deutlich von einem solchen Zwischenreich spricht, das sie h i n t e r die Erscheinung des Herrn in Herrlichkeit (19, 11—21) und v o r die Ereignisse der Weltvollendung setzt (Weltuntergang, Weltgericht, Weltverklärung: 20, 7—21), also z w i s c h e n Epiphanie und Vollanbruch der Ewigkeit!

b) Zweitens ist auch der Hinweis unrichtig, daß das Neue Testament nur von zwei Zeitaltern spreche, dem gegenwärtigen und dem zukünftigen. Dies ist zwar an einigen Stellen der Fall,[9]) durchaus aber nicht an der überwiegenden Mehrzahl der Schriftstellen.

Vielmehr spricht Paulus im Epheserbrief von „kommenden Zeitaltern" in der Mehrzahl, also nicht nur von „einem" zukünftigen Äon (2, 7).

Der Hebräerbrief gebraucht den Ausdruck „Zeitalter des Zeitalters": „Dein Thron, o Gott, ist in das Zeitalter des Zeitalters" (1, 8), also gleichsam: Zeitalter vervielfältigt mit Zeitalter!

Im zweiten Gebet des Epheserbriefes gebraucht Paulus sogar einen noch stärkeren Ausdruck: „Ihm sei die Herrlichkeit in Christo auf alle Geschlechter des Zeitalters der Zeitalter", also Einzahl verbunden nicht nur mit Einzahl, sondern geradezu mit Mehrzahl (!) von Zeitaltern (Eph. 3, 21).

Und an einer ganzen Anzahl noch weiterer Stellen setzen Petrus, Paulus, Johannes und der Schreiber des Hebräerbriefes dieser Ausdrucksform geradezu die Krone auf, indem sie nicht nur eine doppelte Einzahl, nicht nur eine Verbindung von Einzahl mit Mehrzahl gebrauchten, sondern geradezu in doppelter (!) Mehrzahl sagen: „in die (!) Zeitalter der (!) Zeitalter". Also Mehrzahl der Fülle in dem nur denkbar gesteigerten Maße! Plural vom Plural! Mehrzahl von der Mehrzahl! Vielheit von Vielheit kommender Zeitalter! Oder, gleichsam mathematisch ausgedrückt: Äon äonenmal mit Äonen multipliziert![10])

Zu bemerken ist noch hierbei, daß man solchen biblischen Ausdrücken überhaupt nur dann gerecht wird, wenn man jede Einzelstelle sorgfältig in ihrem eigenen Sinn und Zusammenhang beachtet.

In jedem Fall aber beweist dies alles, daß der obige Einwand — es gäbe nur zwei neutestamentliche Zeitalter, und darum sei kein Raum für eine Zwischenperiode — als völlig hinfällig angesehen werden muß.

c) Drittens. Genau so wenig Beweiskraft hat der Hinweis auf die Tatsache, daß die neutestamentliche Prophetie an zahlreichen Stellen Christi Erscheinen in Herrlichkeit und den Anbruch der Ewigkeit, die Auferstehung der Gerechten und die Auferstehung der Verlorenen in einem Bilde zusammenschaut, ohne Erwähnung einer längeren Zwischenzeit zwischen beiden.

Denn dies gehört einfach zum Wesen der prophetischen Schau. So beschreibt ja auch die alttestamentliche Prophetie das erste und das zweite Kommen Jesu meist in einem einzigen Zusammenhang, ohne Nennung der nun schon fast zwei tausend Jahre lang währenden, gegenwärtigen Zwischenzeit. So spricht Jesaja im gleichen Satz vom Kommen Jesu als Heiland und Seinem Kommen als Richter, obwohl in

[9]) Eph. 1, 21; Luk. 20, 34; 35; Matth. 12, 32.
[10]) Petrus — 1. Petr. 4, 11; 5, 11.
Paulus — Gal. 1, 5; Phil. 4, 20; 1. Tim. 1, 17; 2. Tim. 4, 18.
Johannes — Off. 1, 18; 11, 15; 22, 5.
Hebräerbrief — Kap. 3, 21.

der Erfüllung die ganze, neutestamentliche Heilsgeschichte dazwischen liegt (Jes. 61, 1; 2). So spricht Jesaja 53, ohne Erwähnung einer Zwischenperiode, in einem einheitlichen Zusammenhang von dem Leiden und dem Triumph des Gottesknechtes, ebenso David im Psalm 2 und Psalm 22.

Darum beweisen auch die oben genannten, neutestamentlichen Stellen keinesfalls, daß, weil sie eine Zwischenzeit nicht nennen, nun etwa zwischen der Erscheinung des Herrn in Herrlichkeit und dem Anbruch der Ewigkeit, zwischen der Auferweckung der Gerechten und der Auferweckung der Gottlosen unter allen Umständen keine solche Zwischenzeit liegen könne.

Es gilt eben auch hier, wie bei der alttestamentlichen Prophetie, das Gesetz der prophetischen Perspektive zu beachten. Der Prophet schaut, wie der Wanderer im Hochgebirge, die Gipfel der hintereinanderliegenden Berge in einem Gesamtbild, ohne im einzelnen die dazwischenliegenden Täler gleichfalls zu sehen.

Und weiterhin gilt zu beachten, daß es in der Geschichte der Prophetie einen Fortschritt der Offenbarung und Erkenntnis gibt (Matth. 13, 16; 17). Was im Alten Testament, und zuweilen auch noch in den Weissagungen der Evangelien, zu e i n e m Bilde zusammengefaßt war, tritt im Verlauf der Weiterführung der Prophetie in seinen Einzelheiten immer mehr auseinander und wird immer klarer bezeugt. Wie der Herr Selbst gesagt hat: „Noch vieles habe ich euch zu sagen; aber ihr könnt es jetzt nicht tragen. Wenn aber jener, der Geist der Wahrheit, gekommen ist, wird er euch in die ganze Wahrheit leiten" (Joh. 16, 12; 13).

So schauen die alttestamentlichen Propheten und teilweise auch manche Weissagungen des Neuen Testaments b e i d e s i n e i n e m: Tausendjähriges Reich und ewige Herrlichkeit. Für sie flossen Vorstufe und Abschluß, Einleitung und Hauptteil, Endzeit und Jenseits, irdisches und himmlisches Jerusalem zu einem einzigen, großartigen Bilde zusammen. Sie sehen das endzeitliche Diesseits und das ewige Jenseits als eine einzige, diesseits geartete, fortlaufende Linie an und schildern die N e u schöpfung der Vollendung mit den Farben des Herrlichkeitsreiches der a l t e n Schöpfung (vgl. Jes. 54, 11; 12 = Off. 21, 18—21). Erst das Neue Testament, besonders Offenbarung 20, zieht eine deutliche Querlinie durch beide hindurch, welche Ewigkeit und Zeit voneinander scheidet. Diese Trennungslinie zwischen dem „Diesseits" und dem „Jenseits" der Erde sind die Ereignisse der Weltvollendung, das heißt, Weltuntergang, Weltgericht und Weltverklärung (Off. 20, 7—21, 1).

Mit dem gleichen Recht aber, mit dem man, wegen dieser Zusammenschau, die Existenz eines Zwischenreiches zwischen Parusie und Vollendung bestreiten wollte, könnte man aus der Zusammenschau des ersten und zweiten Kommens Jesu in zahlreichen, alttestamentlichen Weissagungen auch das Vorhandensein der gegenwärtigen Zwischenzeit der Gemeinde bestreiten. Und doch ist diese Gemeindezeit da und währt nun schon fast zweitausend Jahre.

Dies alles beweist, daß durch einen solchen Einwand der Glaube an ein Tausendjähriges Reich und die Richtigkeit der Weissagung von Offenbarung 20 keineswegs widerlegt werden kann.

VI.

„Die jetzige Periode des Gemeindezeitalters seit Pfingsten wird in der Schrift als die »letzte Zeit« bezeichnet (Apg. 2, 16; 17; 1. Joh. 2, 18). Darum kann es — da wir demnach bereits in der »Endzeit« sind—keinen Raum mehr für ein noch etwa kommendes Zwischenreich geben, da eben auf dies »Letzte« jetzt unmittelbar nur noch die Ewigkeit folgen kann."

Hierauf antworten wir:

Nach dem Sprachgebrauch der Schrift ist allerdings die gesamte neutestamentliche Heilsentfaltung „Endzeit". Mit dem ersten Kommen Jesu begannen die „letzten Tage".[11]) Die Ausgießung des Heiligen Geistes am Pfingsttag in Jerusalem war schon Erfüllung der Joel-Weissagung von den „letzten Tagen" (Apg. 2, 16; 17). Johannes erklärt in seinem Brief, also bereits im ersten Jahrhundert: „Kindlein, es ist die letzte Stunde" (1. Joh. 2, 18).

Dies schließt aber nicht aus, daß, wenn die „letzten Tage" nun heute schon fast zweitausend Jahre gedauert haben, sie, so Gott es will, gegebenenfalls noch weitere tausend Jahre andauern könnten, eben die tausend Jahre des Millenniums nach dem Abschluß der Gemeindezeit.

In jedem Fall gehört, nach Joel 2, die Ausgießung des Heiligen Geistes „auf alles Fleisch" — das heißt, die Erfassung der ganzen Menschheit durch die Kraft des Geistes „in jenen Tagen" — zur messianischen Vollendung. Unverkennbar bezieht sich der Ausdruck „jene Tage", wie ihn die alttestamentlichen Propheten auch sonst des öfteren gebrauchen, auf das von ihnen erwartete Reich des Messias und die damit verbundene Wiederherstellung Israels.[12]) In der Pfingstpredigt des Petrus wird dieser Ausdruck „jene Tage" mit dem Ausdruck „letzte Tage" gleichgesetzt (Apg. 2, 17 = Joel 2, 28; 29). Daraus geht hervor, daß das Messiasreich, wie die Propheten und Apostel es erwarteten, zu diesen „letzten Tagen" gehört.

Genau wie der Anfang der neutestamentlichen „End"zeit sich in verschiedenen Einzelstufen vollzog — das Gemeindezeitalter begann ja in seinem Vollsinn noch nicht sofort bei der Geburt Christi, sondern erst nach Golgatha, ja erst nach Pfingsten, ja erst nach der Aufnahme des ersten Vollheiden in die Gemeinde bei den Vorgängen im Hause des Römers Kornelius in Cäsarea (Apg. 10) und den Offenbarungen, die Paulus zuteil geworden waren —, so kann sich auch ebenfalls der Abschluß dieser „End"zeit in solchen, zeitlich aufeinanderfolgenden Abstufungen vollziehen.

Daß dies tatsächlich der Fall ist, beweist Offenbarung 20 auf das deutlichste. Wir weisen noch einmal darauf hin, daß hier von einem Reich der tausend Jahre gesprochen wird, das h i n t e r der Erscheinung des Herrn in Herrlichkeit (Off. 19, 11—21) und v o r Weltuntergang und Weltverklärung genannt wird (20, 7—21, 1), also

---

11) Hebr. 1, 1; 9, 26. 1. Petr. 1, 20.
12) So gleich hinterher bei Joel 3, 1. Ferner Jer. 3, 16; Sach. 8, 23 (wörtl.).

vom biblischen Bericht selbst ganz offensichtlich als „Zwischen"periode gekennzeichnet wird, wobei die Zahl „tausend" nicht weniger als sechsmal (!) erscheint.

Nach dem Gesamtzeugnis des Neuen Testaments bestehen eben die „letzten Tage" aus zwei großen Hälften: der Zeit der Gemeinde und der Zeit des sichtbaren Gottesreiches auf Erden. Dann beginnt der „Tag Gottes", das heißt, die Ewigkeit (2. Petr. 3, 12; 18).

VII.

„Eine zweimalige Offenbarung des Herrn in Herrlichkeit — das erste Mal zu Beginn, das zweite Mal nach Abschluß des kommenden, sichtbaren Gottesreiches auf Erden — ist nicht zu erwarten. Das Reich Gottes kommt durch Entwicklung und Fortschritt, durch Verchristlichung der Kultur, durch Veredlung der Menschheit und die Durchdringung alles persönlichen, sozialen und politischen Lebens mit den Idealen des Evangeliums. Erst nachdem dies goldene Zeitalter der Gerechtigkeit, des Friedens und der allgemeinen Brüderlichkeit erreicht ist, wird Christus erscheinen und die Endverherrlichung und den Eingang der Menschheit in die Ewigkeit bewirken. Eine Wiederkunft Christi zu Beginn und zwecks Aufrichtung des Millenniums wird darum nicht eintreten."

a) Dieser Fortschrittsglaube steht im Widerspruch zur Erfahrung wie auch zur Schrift. Bis 1914 hat diese Lehre (der „Post-Millennalismus") zahlreiche Anhänger gewonnen. Aber seit den Krisen und Katastrophen zweier Weltkriege und namentlich heute, im Zeitalter der Atombombe, hat sich eine wesenhafte Veränderung in der geistigen Grundhaltung und Stimmung der Menschheit bemerkbar gemacht. Dies ist in zunehmendem Maße der Fall, auch ganz abgesehen von der positiven oder negativen Haltung der einzelnen Menschen zum christlichen Glauben. Aus dem Zeitalter optimistischer Kulturseligkeit und selbstsicheren Fortschrittglaubens ist weithin ein „Zeitalter der Angst" geworden. Wird die Menschheit nicht schließlich dem Wahnsinn der Selbstvernichtung und des kollektiven Selbstmords verfallen? Ist diese Endkastastrophe überhaupt noch vermeidbar? Ist sie nicht eigentlich schon heute nur noch eine Frage der Zeit? Wie lange wird man sie vielleicht noch hinausschieben können? Und wird dann das Ende nicht nur „Untergang des Abendlandes" sein, sondern ebenso auch „Untergang des Morgenlandes", Untergang Amerikas, ja schließlich Untergang aller Kultur überhaupt?

Nur utopistische Schwärmer und wirklichkeitsfremde, gedankenschwache Theoretiker können heute noch mit Überzeugung den Fortschrittsglauben vertreten. Das Ende der humanistischen Illusion ist da! Die Weltgeschichte — gerade auch mit ihrem modernen Fortschritt in Erfindungen und Entdeckungen, Weltverkehr und Technik — ist angesichts der Bosheit, ja der wachsenden Gottlosigkeit ganzer Völkergruppen, ein geradezu unwiderleglicher Gegenbeweis gegen diese Theorie.

b) Zu diesem Erfahrungsbeweis kommt der Schriftbeweis. „Es ist die unverkennbare Lehre der Bibel, daß das »Ziel« der Geschichte nicht das »Ergebnis« der Geschichte ist, daß das Reich Gottes nicht durch Wachstum und Aufstieg, sondern erst nach Zusammenbrüchen und Weltkatastrophen zur Herrschaft gelangt. Die Gesetzlosigkeit wird »überhandnehmen«, die Liebe in vielen erkalten (Matth. 24, 12), und der Menschensohn wird, wenn er kommt, nur wenig Glauben finden auf Erden (Luk. 18, 8). Nicht Christianisierung der Welt bis zur erfolgten Verchristlichung der Kultur, sondern zunehmende Feindschaft der Welt bis zur Ausstoßung des Christentums seitens der Kultur — das ist der Gang, den die biblische Weissagung prophezeit.[13]) »Lasset euch niemand verführen, denn des Herrn Tag kommt nicht, es sei denn, daß zuvor der Abfall komme und geoffenbart worden sei der Mensch der Sünde, der Sohn des Verderbens, der Widersacher, der Boshafte, den der Herr Jesus, wenn er kommt, umbringen wird mit dem Hauch seines Mundes« (2. Thess. 2, 3; 4; 8). Nicht also Versöhnung, sondern Steigerung des Kampfes gegen Ende, nicht Verklärung, sondern Umbruch der Menschheitsentwicklung, nicht Bündnis zwischen Gott und Menschenruhm, sondern Zerschmetterung des Weltreichs durch das Gottesreich — das ist die Art, wie die Sache des Herrn triumphiert."[14])

c) Hiermit steht auch das Gleichnis vom Sauerteig nicht im Widerspruch (Matth. 13, 33). Allerdings muß es in Übereinstimmung mit der prophetischen Gesamtlehre des Neuen Testaments ausgelegt werden.

Der Sauerteig ist ein Sinnbild des Grundsatzes der Durchdringung. An allen anderen Stellen der Heiligen Schrift wird er als Sinnbild des Bösen verwandt.[15]) Wenn er in diesem Sinne nun auch in unserem Gleichnis gemeint sein sollte (Einbruch böser Lehren und bösen Benehmens in die Entwicklung des Reiches Gottes), so kann dies Gleichnis schon von vornherein nicht als Beweis angesehen werden, daß der „Sauerteig des Evangeliums" auf dem Wege des Fortschritts und der Christianisierung allmählich die ganze Welt durchdringen wird.

Aber auch dann, wenn, wie andere Ausleger meinen, der Sauerteig hier ausnahmsweise ein Sinnbild des Guten sein würde — das Reich Gottes selbst wird ja hier mit dem Sauerteig verglichen! —, so ist damit für den christlich kulturellen Entwicklungsglauben ebenfalls nichts bewiesen. Denn auch dann müßte das Gleichnis in Harmonie mit der prophetischen Gesamtverkündigung ausgelegt werden und könnte unmöglich in Widerspruch gesetzt werden zu den sonstigen, eindeutigen Zeugnissen der Schrift von einer zunehmenden Feindschaft gegen Gott und einer wachstümlichen Entchristlichung der Kultur bis hin zum Auftreten des Antichristentums und seiner allgemeinen (!) Anerkennung durch die von Gott abgefallene Kulturmenschheit (Off. 13).

---

[13]) Off. 13; 2. Tim. 3, 1—4; 2. Petr. 3, 3.
[14]) Dan. 2, 34; 35; Off. 19, 11—21. Vgl. „Triumph", S. 134 f.
[15]) z. B. 1. Kor. 5, 6—8; Matth. 16, 12; Mark. 8, 15.

Dann aber kann der wachstümliche Fortschritt des Guten, wie dies in solchem Fall das Gleichnis vom Sauerteig besagen würde, sich nur auf das Einzelleben, nicht aber die kollektive Weltentwicklung beziehen. Es würde dann besagen, daß die Königsherrschaft Gottes, gleichsam wie ein Sauerteig, das ganze Leben der Einzelpersönlichkeit durchdringen und erfüllen will, bis Christus, durch das Wachstum der Heiligung, den ganzen Menschen nach Geist, Seele und Leib durchdringt und beherrscht (1. Thess. 5, 23).

In keinem Fall aber ist dies Gleichnis — ob man das Symbol des Sauerteigs nun im Sinn des Bösen oder des Guten auffaßt — ein Beweis, daß die gesamte, sonstige Prophetie des Neuen Testaments von dem zunehmenden Abfall der Menschheit von Gott etwa unrichtig sei. Am Ende der Kulturentwicklung und des Fortschritts steht nicht eine verchristlichte Menschheitskultur, sondern die Weltherrschaft des Antichristentums. Daß trotzdem das Reich Gottes dann siegen wird, geschieht, nach dem eindeutigen Zeugnis des Herrn Selbst, des Paulus und des Johannes, nur durch die Machtoffenbarung des in Herrlichkeit wiederkommenden Christus.[16])

Im Licht solcher klaren Zeugnisse des Neuen Testaments muß eine symbolische Stelle wie das Gleichnis vom Sauerteig ausgelegt werden. Bildhafte Stellen der Heiligen Schrift müssen im Licht bild*loser* gedeutet werden. Man erkläre Schriftwort durch Schriftwort, dunkle Schriftstellen durch helle, solche, die *mehrere* Deutungen zulassen, durch solche, die nur *eine* Deutung erlauben, symbolische Stellen durch direkte Aussagen und darum auch Gleichnis-Schriftwort durch *Nicht*gleichnis-Schriftwort. Dies ist ein unerläßlicher Grundsatz gesunder Schriftauslegung.

Zu der Frage selbst, ob in unserem Gleichnis der Sauerteig das Gute oder das Böse darstellt, nehmen wir hier nicht Stellung. In unserem Zusammenhang genügt der Nachweis, daß — wie immer man auch das Symbol hier deutet — der christliche Fortschrittsglaube keine Möglichkeit hat, sich auf diese Stelle als biblische Begründung zu berufen.

VIII.

„Wie kann erwartet werden, daß Israel eine buchstäbliche, nationale Wiederherstellung erfährt, wo es doch das *geistliche* Israel ist, dem Gott Seine Segnungen schenkt? Gott hatte doch niemals Seine Verheißungen dem buchstäblichen Israel gegeben einfach deshalb, weil sie Israeliten waren nach dem Fleisch! Ausdrücklich bezeugt doch die Schrift, besonders in den Evangelien und den paulinischen Briefen: »Denkt nicht bei euch selbst zu sagen: wir haben Abraham zum Vater; denn ich sage euch, daß Gott dem Abraham aus diesen Steinen Kinder zu erwecken vermag« (Matth. 3, 9 vgl. Joh. 8, 39). »Denn nicht der ist ein Jude, der es äußerlich ist, noch ist die äußerliche Beschneidung im Fleische Beschneidung; sondern der ist ein Jude, der es innerlich ist, und Beschneidung ist die des

[16]) Matth. 24, 29—31; 2. Thess. 2, 8; Off. 19, 11—21.

Herzens, im Geist, nicht im Buchstaben« (Röm. 2, 28; 29 vgl. Off. 3, 9). »Nicht alle, die aus Israel sind, diese sind Israel; auch nicht, weil sie Abrahams Same sind, sind alle Kinder . . . Nicht die Kinder des Fleisches, diese sind Kinder Gottes, sondern die Kinder der Verheißung werden als Same gerechnet« (Röm. 9, 6–8).

Darum ist auch für Israel als Volk keine äußere, geradezu national-territoriale Wiederherstellung zu erwarten, sondern es ist der gläubigeÜberrest, das heißt, das geistliche Israel, dem die Hoffnung Israels – und zwar in rein geistlicher Weise – gilt. Diese ist erfüllt in den Gläubigen aus Israel, die zu der neutestamentlichen Gemeinde gehören, und den Heiden, die Gott durch das Evangelium und den Glauben hinzugefügt und somit das neutestamentliche Gottesvolk, das »Israel nach dem Geist«, schafft. »Denn wir sind die Beschneidung, die wir durch den Geist Gottes dienen . . . und nicht auf Fleisch vertrauen« (Phil. 3, 3). »Die aus Glauben sind, diese sind Abrahams Söhne« (Gal. 3, 7; vgl. 6, 16).

Nicht das ganze, buchstäbliche Israel ist eben in wahrem Sinne »Israel«. Nicht die leibliche Geburt hat Ewigkeitswert vor Gott, sondern die geistliche Geburt, nicht die buchstäbliche Beschneidung als äußere Beobachtung, sondern die geistliche Beschneidung des Herzens (Kol. 2, 11), also überhaupt nirgends das rein Buchstäbliche und Äußere, sondern das Geistliche und Innere."

Wir antworten:

a) Zweifellos! Niemand bestreitet dies. Gottes Verheißungen werden niemals bedingungslos gegeben. Dies ist Sein Regierungsgrundsatz zu allen Zeiten. Die Verwirklichung von Verheißungen ist stets an den Glauben der Verheißungsempfänger gebunden. Hierbei ist der Glaube der Kreatur allerdings kein Verdienst, keine Gegenleistung, kein „Werk", wodurch etwa der Charakter der freien Gnade aufgehoben würde. Wohl aber ist er die leere Hand, die das Geschöpf Gott entgegenstreckt und in die Er, aus freiem Erbarmen, das unverdiente Geschenk Seiner Liebe hineinlegt. Ist aber diese leere Hand nicht ausgestreckt, so gibt Gott auch nicht Seine Gnadengeschenke. Der Glaube ist zwar nicht Grundlage, wohl aber Bedingung des Gesegnetwerdens.

So auch bei Israel. Niemand wird sagen, daß das buchstäbliche Israel als solches eine Segensstellung im kommenden Gottesreich haben wird, einfach deshalb, weil es buchstäbliche Nachkommenschaft Abrahams ist. Nein, die ihm von Gott gegebenen Zusagen werden nur dann und nur da zur Durchführung gebracht, wann und wo Glaube in Israel vorhanden ist.

Darum verwirklicht sich Gottes Heilsrat mit Israel zunächst nur im messiasgläubigen Kern. Die große Masse schließt sich von selbst durch ihren Unglauben von den ihnen zugesagten Verheißungsgütern aus. Darum trifft sie das Gericht. Nur ein „Wurzelschoß" bleibt übrig, der gläubige „Überrest", der „heilige Same", aus dem neues Leben entsprießt (Jes. 6, 13).

b) Nicht aber nur das „geistliche", sondern das buchstäbliche Israel ist es gewesen, mit dem Gott am Sinai den Gesetzesbund beschloß. „Siehe, Tage kommen, spricht der Herr, da ich mit dem Hause Israel und mit dem Hause Juda einen neuen Bund machen werde, nicht wie der Bund, den ich mit ihren Vätern gemacht habe, an dem

Tage, da ich sie bei der Hand faßte, um sie aus dem Lande Ägypten herauszuführen, welchen meinen Bund sie gebrochen haben" (Jer. 31, 31; 32). Also diejenigen, welche später den Bund brachen (!), waren es gewesen, mit denen Jehovah den Bund gemacht hatte, das heißt, das buchstäbliche Israel als Nation, nicht etwa nur das „wahre" Israel, der spätere „Überrest", der „geistliche Same" des Patriarchen! Ebenso war Gottes „erstgeborener Sohn", den der Pharao ziehen lassen sollte, durchaus nicht nur die Frommen in Israel, sondern Jakobs g e s a m t e, l e i b l i c h e Nachkommenschaft, wie sie Jahrhunderte hindurch in Ägypten, dem Land der Unterdrückung, gelebt hatte (2. Mos. 4, 22). Gottes „Sohn", den Er, wie Hosea bezeugt, aus Ägypten gerufen hatte, war nicht nur das „geistliche" Israel, sondern zugleich auch die Gruppe von Menschen, die später den Baalim geopfert und den geschnitzten Bildern geräuchert haben (Hosea 11, 1;2). Vor allem aber beweist die ganze Form der Berichterstattung des zweiten Buches Mose über die Gesetzgebung am Sinai selbst, daß Gott Seinen Bund nicht nur mit einem Teil, nämlich den Gläubigen unter der leiblichen Nachkommenschaft Abrahams, geschlossen hat, sondern unverkennbar mit Israel als Volk, mit der Gesamtheit derer, die Er als leibliche Nachkommenschaft des Patriarchen mit hocherhobener Hand aus Ägypten herausgeführt hatte. Ohne Schwierigkeit ließen sich die Beweise vervielfachen.[17])

Allerdings ist dann die große Masse von National-Israel den Weg des Unglaubens gegangen und mußte schließlich aus dem edlen Ölbaum des Gottesreiches „ausgebrochen" werden (Röm. 11, 20). Damit machten diese, wie die Pharisäer zur Zeit Jesu — „in bezug auf sich selbst den Ratschluß Gottes wirkungslos" (Luk. 7, 30 wörtl.). Dies widerlegt aber nicht die Tatsache, daß Gott Selbst sie von S i c h aus ursprünglich in den Ratschluß Seines Bundes miteingeschlossen hatte.

c) Was die praktische Verwirklichung betrifft — da Gottes Gnade ihr freies Geschenk ja immer nur dem Glauben verleiht —, konnte Israels Volksberufung sich nur da tatsächlich entfalten, wo wahrer Glaube in Israel vorhanden war. Darum wurde nun die kleine, gläubige Schar, der „Überrest",[16]) der Träger der eigentlichen Idee „Israel". Darum wurde sie, diese zahlenmäßige Minderheit, der theokratische Kern des Volkes, sein Herz, seine wesenhafte Substanz, sein Zentrum, sein Repräsentant vor Gott, eben das „wahre Israel". Darum ist von nun an in den Augen Gottes nur d a s wirklich „Israel", was es „innerlich" ist,[19]) und nur d i e Beschneidung gilt als „Beschneidung", die „Beschneidung des Herzens" ist.[20])

d) Dennoch schließen sich diese beiden Gesichtspunkte — das Nationale und das Geistliche — keineswegs aus. Gerade dies ist eben einer der Hauptfehler in der Bestreitung einer zukünftigen, nationalen Wiederherstellung Israels, daß man einen Widerspruch konstatiert, der in Wahrheit gar nicht besteht, daß man die Synthese

---

[17]) Man lese nur einmal Stellen wie 1. Kor. 10, 1—5.
[18]) Jes. 6, 13; 10, 21; 22; 11, 11; 1. Kön. 19, 18; Hes. 5, 1—4; Röm. 11, 1—7.
[19]) Röm. 2, 28; 29; 9, 6—8; Off. 3, 9.
[20]) Phil. 3, 3; Kol. 2, 11.

der zwei sich gegenüberstehenden Pole, ihre harmonische Zusammenschau und damit die Lösung der Spannung nicht gewinnt.

Was die Propheten aber bezeugen, ist: Das „Geistliche" wird einst den Gesamtrahmen des „Nationalen" und „Buchstäblichen" ausfüllen,[21]) und das Nationale und Buchstäbliche wird, nach diesem Vollsieg des Geistlichen, zur Entfaltung und Verklärung gelangen.[22])

Dies geschieht durch die zukünftige Bekehrung von National-Israel beim Erscheinen des Messias (Off. 1, 7; Sach. 12, 10—14; Hosea 3, 5). Dies ist das „jüdische Wunder" (Jes. 52, 8). „Die Geschichte Israels ist eine Geschichte des Wunders, und zugleich ist sie das Wunder der Geschichte" (Adolph Saphir). Erst so wird die praktische Synthese gefunden. Die Spannung in der biblisch-prophetischen Schau betreffend Israel zwischen „Geistlich" und „National-Buchstäblich" wird erst eschatologisch (endgeschichtlich) gelöst.

Natürlich gibt es kein Heil für Israel einfach deshalb, weil sie buchstäbliche Nachkommenschaft Abrahams nach dem Fleisch sind. Vielmehr bezieht sich die gesamte Heilsweissagung des Alten Testaments auf das umgewandelte und erneuerte Israel. Dem unbekehrten, entweder noch im Lande weilenden oder wegen seiner Sünden unter die Völker zerstreuten, ausbeuterischen „Jakob", gibt das Alte Testament nicht eine einzige Zusage von Herrschaft und Segen.

Aber was wollen wir denn schließlich dazu sagen, wenn Gott es nun einmal erklärt, daß eines Tages, durch besondere Offenbarungen Seiner Herrlichkeit, die ganze, dann auf Erden lebende, leibliche Nachkommenschaft Jakobs durch das Schauen des wiedergewonnenen Messias zum Glauben gelangen wird, daß das Volk derer, die den Messias durchstochen haben, Ihn schließlich anerkennen wird (Off. 1, 7) und die ausgebrochenen „natürlichen (!) Zweige" in „ihren eigenen (!) Ölbaum" wieder eingepfropft werden und somit „ganz Israel errettet" wird?! (Röm. 11, 21; 23; 24.)

Es ist völlig unmöglich, den hier von Paulus in Römer 11 gebrauchten Ausdruck „ganz Israel" vergeistigend auf die Gemeinde zu beziehen. Schon das viermalige Vorkommen des gleichen Wortes „Israel" im Zusammenhang desselben Kapitels macht es von vornherein klar, daß Paulus hier überall das Wort in gleichem Sinne meint und von dem nationalen, buchstäblichen Israel spricht.

Schon zu Anfang erklärt er: „Auch ich bin Israelit, aus dem Samen Abrahams, aus dem Stamm Benjamin" (V. 1), wobei das Wort „Israelit" nur in buchstäblichem Sinn als von der nationalen Volkszugehörigkeit des Apostels gemeint sein kann. Sofort einige Verse später sagt er: „Was Israel sucht, das hat es nicht erlangt" (V. 7), was sich ebenfalls nur auf das buchstäbliche, irdisch-nationale Volk Israel beziehen kann. Und in dem ganz engen Zusammenhang des Abschnitts, in dem er das Wort „ganz Israel" gebraucht, hat er unmittelbar vorher von „Israel" im Ge-

[21]) Jes. 11, 9; Sach. 8, 3; 14, 20; 21; Joel 3, 17.
[22]) Hes. 37, 15—24; Jes. 11, 11—13; Sach. 10, 6.

gensatz zu den „Nationen" gesprochen, so daß dies ebenfalls nur zweifellos das irdische, buchstäbliche Volk Israel sein kann. Verstockung ist „Israel" widerfahren (doch nur) zum Teil (und auch nur), bis die Vollzahl der „Nationen" eingegangen ist (V. 25). Und wenn er dann in der Schlußfolgerung desselben Satzes sofort hinterher erklärt, daß also „ganz Israel" errettet wird (V. 26a), so macht dieser denkbar engste Zusammenhang es völlig unbestreitbar klar, daß er auch hier — wie an den drei anderen Stellen von Römer 11 — von Israel als in buchstäblichem, nicht etwa vergeistigtem Sinne (= Gemeinde) spricht.

Ferner erhebt es auch der sonstige, weitere Zusammenhang von Römer 11 über jeden Zweifel, daß der Apostel von dem gleichen (teils gläubigen, teils ungläubigen) buchstäblichen Israel schreibt. Denn er spricht von den „natürlichen" Zweigen, die aus „ihrem eigenen" Ölbaum ausgebrochen werden mußten, und sagt, daß darum zunächst nur ein Teil dieses Israel durch den Glauben errettet wird. In der Endzeit aber werden auch die ausgebrochenen, natürlichen Zweige wieder eingepfropft werden, und somit wird dann „ganz" Israel errettet werden. Unverkennbar steht der Ausdruck „ganz" hier im Gegensatz zu der bisherigen Zweiteilung, d. h. der im Ölbaum verbliebenen und der aus dem Ölbaum ausgebrochenen, natürlichen Zweige.

So soll denn zuletzt diese Zweiteilung aufgehoben werden. Durch die Bekehrung der Juden bei der Erscheinung des Messias geht der Glaube des kleinen „Überrests" in die große Gesamtmasse über. Das buchstäbliche Israel ist zugleich geistliches Israel geworden. Abrahams Nachkommen nach dem Fleisch sind durch Bekehrung und Wiedergeburt wahrhafte Söhne des Patriarchen, also „Israel nach dem Geist" geworden (Gal. 3, 9). Das Nationale deckt sich von nun an mit dem Geistlichen. Der „Überrest" ist zum Gesamtvolk geworden, und das errettete, nationale Volk ist dann beides zugleich: sowohl buchstäbliche Nachkommenschaft Abrahams als auch geistlicher Same.

So löst sich die Spannung in den prophetischen Aussagen. Nur auf diese Weise werden wir der Gesamtheit dieser beiden Reihen gottgegebener Prophetenworte über Israel gerecht:

Auf der einen Seite steht die starke Betonung, besonders bei Johannes dem Täufer, dem Herrn Selbst und bei Paulus, daß das Leibliche und Nationale nicht das Entscheidende ist, sondern das Geistliche und innerlich Echte, und

auf der anderen Seite steht die ebenso starke Betonung bei vielen Propheten, daß mit der Aufrichtung des kommenden Gottesreiches auch eine nationale Wiederherstellung Israels verbunden sein wird.

Das Nationale wird eben einst geist-erfüllt, und das Geistliche setzt sich durch im Gesamtrahmen des Buchstäblichen und Nationalen. Damit aber wird der zu Eingang genannte Einwand gegen eine Errettung und Wiederherstellung des nationalen Israel im sichtbaren Messiasreich (Millennium) hinfällig.

IX.

„Die alttestamentlichen Propheten haben ganz offensichtlich oft Bildersprache gebraucht. Die neutestamentlichen Schreiber haben bei nicht wenigen ihrer Anführungen aus dem Alten Testament solche Weissagungsworte durchaus nicht immer rein buchstäblich auf Letztzeit und Zukunft, sondern geistig und sittlich auf Jetztzeit und Gegenwart bezogen. In weitgehendem Maße ist »Vergeistigung« die Auslegungsmethode des Neuen Testaments. Geht daraus nicht hervor, daß die alttestamentlichen Reichsweissagungen eben überhaupt nicht buchstäblich, sondern symbolisch oder typisch zu verstehen sind, so daß eine buchstäbliche Erfüllung in einem etwa noch kommenden, endgeschichtlichen Gottesreich niemals gemeint war und darum auch gar nicht zu erwarten ist?"

Wir antworten:

a) Ganz unverkennbar gebrauchen die alttestamentlichen Propheten oft bildhafte Rede und wenden sie in mannigfaltigen Formen — in Typen, Metaphern und Allegorien — höchst eindrucksvoll an. An zahlreichen Stellen erhebt sich ihre Botschaft geradezu auf die allerhöchsten Höhen sprachlicher Ausdrucksform. Prophetie und Poesie verbinden sich und schaffen großartige Kunstwerke, wie sie zu den gewaltigsten Spitzenleistungen der gesamten Menschheitsliteratur gehören (besonders Jesaja).

Im Hintergrund aller Bildersprache steht die Naturoffenbarung Gottes. Als Ausfluß des göttlichen Willens ist die Natur ein verstofflichter Ausdruck der Gedanken des Schöpfers. Die Geistesgesetze des ewigen Seins spiegeln sich in der Naturwelt wider. Zwischen der Unendlichkeit und der Endlichkeit, dem Idealen und dem Realen besteht eine so grundsätzliche Parallelität, daß das Sichtbare geradezu eine Einkleidung des Unsichtbaren, eine sinnlich-faßbare Verbildlichung des Übersinnlichen wird. Daher stellt auch die menschliche Sprache im allgemeinen immer wieder das Stoffliche und Geistige nebeneinander und trägt beide gegenseitig ineinander hinein. So „vermenschlicht" die Sprache das Außermenschliche und redet von einer „lachenden" Sonne, einem „munteren" Bach; und umgekehrt überträgt sie das Außermenschliche und spricht von einer „kalten" Lieblosigkeit, einem „sonnigen" Charakter oder einer „strahlenden" Freude. So überträgt Jesaja das Körperliche auf das Geistige und spricht von „eiternden" Sündenwunden (1, 6), wie er umgekehrt das Naturhafte in das Menschliche hineinträgt und von einem „blühenden" und „knospenden" Israel spricht (27, 6). Ähnlich die Psalmisten und auch andere Propheten. Zuweilen steigern sie hierbei ihre Rede bis zum Gebrauch lebhafter Personifikationen und gestalten dann diese Personifikationen nach gewissen Hauptwesenszügen und Tätigkeiten der menschlichen Natur. So sprechen sie von jubelnden Bergen (Jes. 49, 13), frohlockenden Feldern (Ps. 96, 12a), singenden Bäumen (Ps. 96, 12b wörtl.), sich freuenden und singenden Wüsten (Jes. 35, 1 wörtl.), ja, von den Bäumen des Feldes, die in die Hände klatschen (Jes. 55, 12). Hosea erklärt, daß Korn, Most und Öl einst das Gebet des sie um Nahrung bittenden Menschen „erhören" werden (Hosea 2, 22). Dichterische Sprache ist es auch, wenn Joel erklärt, daß dann im Messiasreich die Berge „von Most triefen und die Hügel von Milch fließen werden" (Joel 3, 18).

b) Zum Wesen der prophetischen Darstellungsweise gehört ferner eine starke Anwendung von Vorbildern (Typen). Dies ist der Grund, warum das Neue Testament an nicht wenigen Stellen alttestamentliche Reichsweissagungen vergeistigt und auf die gegenwärtige Gemeindezeit anwendet. Ja, auch gewisse Handlungen des Herrn Selbst werden erst von hier aus richtig verständlich.

So ist das buchstäbliche Israel zugleich Typus eines geistlichen Gottesvolkes, weshalb Paulus die Glieder der neutestamentlichen Gemeinde — sogar in einem an Heiden(!)christen gerichteten Brief — (geistliche) „Söhne Abrahams" nennt (Gal. 3, 26; 29), und Petrus wendet die großen Ehrentitel des alttestamentlichen Gottesvolkes auf die neutestamentliche Gemeinde an: „auserwähltes Geschlecht", „heilige Nation".[23]) So entsprechen die 12 Jünger Jesu den 12 Patriarchen, gleichsam als Stammväter eines neuen Gottesvolkes. Die Aussendung der 70 Jünger (Luk. 10) erinnert irgendwie an die 70 Ältesten Israels. So nennt Paulus Christus das „Passahlamm" (1. Kor. 5, 7). Das Abendmahl ist eine Parallele zum Passahfest. Die Taufe ist eine Parallele zum Durchzug durch das Rote Meer (1. Kor. 10, 1; 2).

Dieser typologische Gesamtzusammenhang ist auch der Grund, warum Jesus das Abendmahl gerade am Passahfest eingesetzt hat, also die neutestamentliche, heilige Mahlfeier am Tage der alttestamentlichen, heiligen Mahlfeier, als ihre Fortsetzung, Erfüllung und Verklärung.

So sieht auch das große, leuchtende Dreigestirn apostolischer Führerpersönlichkeiten, Petrus, Paulus und Johannes, in der neutestamentlichen Gemeinde ein königliches und heiliges „Priestertum", indem sie diesen Ausdruck von der alttestamentlichen Berufung Israels her nehmen.[24]) Sowohl Petrus wie auch Paulus sehen die Handlungen ihrer Anbetung und praktischen Hingabe als geistgewirkte „Opfer" (1. Petr. 2, 5), „Schlachtopfer" (Röm. 12, 1), „Trankopfer" an,[25]) ebenso der Verfasser des Hebräerbriefes (13, 15; 16). Ja, Paulus verwendet die Weissagung vom königlichen Herrschen des „Wurzelsprosses Isais, der da aufsteht, über die Nationen zu herrschen" (Jes. 11, 10), geradezu als Beweis für die Annahme der gläubigen Heiden im Gemeindezeitalter und zieht daraus die Folgerung, daß nun auch die gläubigen Juden diese gläubigen Heiden und damit beide Gruppen einander gegenseitig „aufnehmen" sollen (Röm. 15, 12 vgl. V. 7!).

Die Beschneidung wird von Paulus ebenfalls als Vorbild auf eine geistliche Erfahrung der Glieder der neutestamentlichen Gemeinde dargestellt. Hierbei handelt es sich um etwas Unsichtbares, Geistiges und Inneres, zu dem auch die neutestamentliche Taufe in Beziehung steht. Die Beschneidung ist, nach Paulus, zwar nicht etwa ein Vorbild auf die Taufe unmittelbar, sondern, wie sich der Apostel im Kolosserbrief ausdrückt, auf etwas, was „nicht mit Händen" geschieht. Niemand

---

[23]) 1. Petr. 2, 9 vgl. 2. Mos. 19, 6; Jes. 43, 21.
[24]) 1. Petr. 2, 4; 5; Röm. 15, 16; Off. 1, 6; 5, 10.
[25]) Phil. 2, 17. Griech. spendomai.

aber kann taufen — mag es nun Kinder- oder Glaubenstaufe sein —, ohne seine Hände zu gebrauchen. Wohl aber ist sie ein Vorbild auf das „Abgeschnittenwerden der Sündentriebe bis an die Wurzel unserer Existenz" oder, wie Paulus es sagt, auf das „Ausziehen des Leibes des Fleisches" (Kol. 2, 11), das heißt, die Dahingabe unseres alten Lebens in den Tod, unsere grundsätzliche und praktische Kreuzesgemeinschaft mit Christus, dem für uns Gestorbenen, aber auch für uns Auferstandenen.

Denselben geistigen Kern hat die urchristliche Taufe, und zwar in der einen Seite ihrer Handlung, dem Untertauchen und symbolischen „Begrabenwerden" (Röm. 6, 3; 4). Die andere Seite ihrer Bedeutung ist dann die Lebensgemeinschaft mit dem Auferstandenen, dargestellt durch das Wiederemporsteigen des Täuflings aus dem Wassergrab als dem Sinnbild der Auferstehung.

Das Verhältnis von Beschneidung und Taufe ist darum folgendes: Beide weisen hin auf das „Abtun des alten Menschen", und zwar tut dies die Beschneidung in der V o r wärtsschau von der alttestamentlichen Heilsvorbereitung her, und die urchristliche Taufe in der R ü c k wärts- und E i n wärtsschau von der neutestamentlichen Heilserfahrung her, nämlich als grundsätzlich im Glauben in der Kreuzesgemeinschaft mit Christus verwirklicht.

So haben sie beide gemeinsam dieselbe geistliche Zentralwahrheit. Sie stehen aber nicht zueinander in direkter Beziehung wie Vorbild (Typus) und Erfüllung, sondern gleichsam wie zwei, in gewisser Entfernung voneinander stehende Wegweiser mit einem gemeinsamen, zwischen beiden liegenden Mittelpunkt, auf den der eine Wegweiser (Beschneidung) vorwärts-, der andere Wegweiser (Taufe) rückwärtsweist. Keiner aber der beiden Wegweiser weist unmittelbar auf den anderen hin.

In diesem Ganzen allerdings liegt „Vergeistigung" eines Typus in dem edelsten und tiefsten Sinne vor (Kol. 2, 11; Phil. 3, 3).

c) Zuweilen — wenn auch nur sehr selten — geht die prophetische Ausdrucksweise so weit, daß sie zur Bezeichnung des Antitypus sogar den Namen des ursprünglichen Typus gebraucht, also beide mit derselben Bezeichnung belegt, so bei Elia und David. Johannes der Täufer wird geradezu „Elia" genannt: „Ich will euch Elias senden" (Mal. 4, 5; 6), und Christus, der davidische Messiaskönig, wird von Hesekiel und Hosea direkt „David" genannt. „Danach werden die Kinder Israel umkehren und Jehova, ihren Gott, und David, ihren König, suchen."[26])

So wird also der Name einer alttestamentlichen Person gebraucht, um auf eine neutestamentliche Persönlichkeit hinzuweisen, die nicht buchstäblich dieselbe ist und auch nicht buchstäblich denselben Namen trägt. Der Täufer war der angekündigte Elia,[27]) und doch war er nicht der buchstäbliche Elia.[28]) So ist Christus der angekündigte David und dennoch nicht der buchstäbliche David.

---

[26]) Hos. 3, 5; Hes. 37, 24 vgl. Vers 22.
[27]) Luk. 1, 17; Matth. 11, 14; 17, 10—13.
[28]) Joh. 1, 21; Mark. 6, 15; 9, 11.

Der Grund solcher Gleichsetzung dieser Namen aber ist die Absicht, auf diese Weise die starke Übereinstimmung zwischen Typus und Antitypus, Vorbild und Erfüllung um so deutlicher hervorzuheben. Ein Beweis, daß folglich überhaupt die gesamte, alttestamentliche Reichsprophetie ganz allgemein nicht buchstäblich zu nehmen sei, ist mit zwei solchen Einzelfällen aber keineswegs gegeben. Außerdem handelt es sich auch bei diesen zwei Sonderfällen gar nicht einmal um eine rein „geistige" Erfüllung. Denn der neutestamentliche Elia (= Johannes der Täufer) war eine buchstäbliche Person, keine Idee oder nur geistige Realität. Und der neutestamentliche David (= Christus) ist desgleichen eine buchstäbliche Persönlichkeit, eben Jesus von Nazareth. In beiden Fällen handelt es sich also nicht um rein „geistige" Erfüllung, sondern um Erfüllung in buchstäblichen Personen.

d) So ist das Alte Testament voller Sinnbilder und Vorbilder. Diese sind Personen, Handlungen, Einrichtungen, Ereignisse. Im Neuen Testament weisen der Herr Selbst, Paulus und namentlich der Hebräerbrief darauf hin.

Hierbei gibt es Vorbilder mit einfacher, zweifacher, ja dreifacher neutestamentlicher Erfüllung. Sie haben manchmal eine nähere und dann noch eine fernere, ja zuweilen sogar eine allerfernste Erfüllung. Das heißt, sie haben in solchen Fällen eine ihrer Verkündigungszeit bald unmittelbar folgende, dann eine erst in weiterem Zeitabstand eintreffende und zuletzt noch eine endgültige und ewige Erfüllung. Demnach haben sie verschiedene Formen der Erfüllung — geistig, buchstäblich und übergeschichtlich —, und ebenso haben sie verschiedene Zeiten und Stufen der Erfüllung — Vorerfüllung, Mehrerfüllung und Vollerfüllung.

Das Ganze aber geht hervor aus der Einheit des biblisch-geschichtlichen Gesamtplans und aus der Erziehungsweisheit Gottes, die in allen Vorentwicklungen stets das Endziel im Auge hatte, und schließlich aus der planmäßigen, stufenweisen, tatsächlichen Fortführung der Offenbarung zu den festgesetzten, ewigen Zielen der Vollendung.

(1) Vorbilder mit einer neutestamentlichen Erfüllung sind die erhöhte Schlange in der Wüste, die da hindeutete auf das Kreuz (Joh. 3, 14), das Passahlamm als Hinweisung auf Christus und Seinen Opfertod (1. Kor. 5, 7; 8), Adam, das erste Haupt der Menschheit, als Gegenbild zu Christus, dem „letzten" Adam (Röm. 5, 12—21).

(2) Vorbildliche Prophetie mit doppelter Erfüllung ist die Immanuels-Weissagung. Denn der von Jesaja angekündigte Immanuel ist zunächst ein kleiner, jüdischer Knabe der Jesajazeit selbst, das heißt, des 8. vorchristlichen Jahrhunderts, der noch ganz jung sein würde beim Zusammenbruch der Staaten Damaskus und Nordisrael.[29]) Zugleich aber ist er ein Typus des großen Immanuel, des Messias, dessen Geburt einst ebenfalls in Armut und Schlichtheit, dessen Zeitgenossen ebenfalls in politischer Unterdrückung und Not, dessen Leben und Dienst aber ebenfalls

[29]) Damaskus erobert 732. Samaria zerstört 722 v. Chr. — Vgl. Jes. 7, 14. Besonders vergleiche Vers 16 mit Vers 4—8.

unter den Verheißungen und der Treue Jehovas stehen würde, dessen Auftrag und Sieg darum in den Ozean weltweiter Rettung und glorreichen Triumphes einmünden wird.[30])

Eine „vorbildliche“ Prophetie mit doppeltem, geschichtlichem Inhalt ist auch das Wort in Hosea: „Aus Ägypten habe ich meinen Sohn gerufen“ (11, 1). Hier ist im Sinn des Propheten eine Rückwärtsschau auf Israels Auszug unter Mose. Zugleich aber war hier eine dem Hosea selbst wohl noch unbewußte, von Gott aber mitgemeinte Vorwärtsschau auf die Jugendgeschichte des Messias.[31])

(3) Zahlreiche vorbildliche Weissagungen des Alten Testaments haben sogar eine d r e i f a c h e Erfüllung. Zu diesen gehören sehr viele Aussagen der Reichsprophetie.

Im Sinn des Propheten beziehen sie sich meist auf das irdische Gottesreich Israels am Ende der Zeit.

Hierbei schaut er mit diesem Gottesreich der Vorvollendung oft auch die Ewigkeit als in e i n e m Bilde zusammen.[32])

Nach der neutestamentlichen Auslegung ist aber auch schon die Zeit der Gemeinde eine geistige Vorerfüllung. Denn die neutestamentlichen Schreiber beziehen zahlreiche Reichsprophetien des Alten Testaments auf das gegenwärtige Evangeliumszeitalter (vgl. S. 170—176).

Da außerdem manche Prophetenworte noch eine ausgesprochen direkte Beziehung zu der zeitgenössischen Gegenwart des Propheten selbst haben (vgl. den „ersten“ Immanuel von Jes. 7), so muß gesagt werden: Die alttestamentliche Reichsprophetie hat, heilsgeschichtlich grundsätzlich, eine vierfache Bedeutung und muß darum auch vierfach ausgelegt werden:

1. geschichtlich-zeitgenössisch — auf die alttestamentliche Umwelt der Propheten selbst;
2. geistlich-vorbildlich — auf die Zeit der Gemeinde;
3. buchstäblich-endgeschichtlich — auf Israel und die Weltvölker im kommenden Gottesreich der alten Erde;
4. ewigkeitlich — auf den neuen Himmel und die neue Erde.

Es wäre aber vorschnell, aus der Tatsache, daß das Neue Testament von einer geistlichen Erfüllung dieser alttestamentlichen Reichsprophetie spricht, den Schluß zu ziehen, daß damit ihre Vollerfüllung gegeben und keine weitere Letzt-Erfüllung mehr zu erwarten sei. Mit demselben Recht könnte man dann auch ihre Beziehung zur Ewigkeit und Vollvollendung leugnen, was aber niemand tut und worin in Wahrheit jeder gesunde Bibelausleger sogar ihren eigentlichen Hauptsinn sieht.

Vielmehr ist mit dieser mehrfachen Erfüllung alttestamentlicher Weissagungen das Folgende bewiesen: „Bis hin zur Vollendung ist alles erst Vorhalle. Das Alte Testament ist die Vorhalle zur Gemeindezeit; die Gemeindezeit ist die Periode vor

---

[30]) Jes. 8, 8; 10; 9, 6; Matth. 1, 21—23.
[31]) Matth. 2, 15 vgl. 1. Petr. 1, 11; 12.
[32]) Jes. 65, 17; 20; 66, 22. Vgl. „Triumph“, S. 181, 182.

dem sichtbaren, irdischen Gottesreich. Aber auch das sichtbare, irdische Gottesreich ist nicht Endziel, sondern ebenfalls nur Vorhalle. Erst in der Ewigkeit, im neuen Himmel und auf der neuen Erde, ist der Königspalast der Vollendung ganz geöffnet."[33])

e) Aus dem allen ergibt sich:

Nach der Schrift ist sowohl buchstäbliche wie bildlich-vergeistigende Auslegungsmethode grundsätzlich berechtigt. In jedem Fall wird alle Weissagung — ob „buchstäblich" oder „vergeistigt" — tatsächlich erfüllt werden.

Es gibt auch in Wirklichkeit auf beiden Seiten niemand, der alles nur buchstäblich oder alles nur bildlich erklärt. Vielmehr vertreten alle auf beiden Seiten beides. Nur ist, was auf der einen Seite die Regel ist, auf der anderen die Ausnahme.

Hierbei aber müssen sich beide vor Extremen bewahren lassen. Übertreibungen sind auf beiden Seiten vorgekommen. Dies berechtigt aber niemals die andere Seite, nun ihrerseits in ein entgegengesetztes Extrem zu verfallen.

Es gibt keine eiserne, für alle Einzelfälle gleichgeltende Regel, wo und wie buchstäbliche oder bildliche Auslegung die allein richtige ist. Zu entscheiden hat von Fall zu Fall eine sorgfältige Exegese unter Berücksichtigung des jeweiligen Zusammenhangs und des Schriftganzen.

Hierbei gilt, gleichsam wie ein Lotse zwischen zwei Klippen, der Grundsatz: „Jedes Wort ist in seiner einfachsten, buchstäblichsten Bedeutung zu nehmen, es sei denn, daß Wortlaut, Zusammenhang und sinnverwandte, andere Schriftstellen es klarmachen, daß es anders aufgefaßt werden muß." Oder wir erinnern an das gesunde Gesetz zuverlässiger Schriftauslegung: „Wenn der einfache Sinn einer Schriftstelle vernünftigen Sinn ergibt, so suche keinen anderen Sinn. Nimm daher jedes Wort bei seiner ursprünglichen, gewöhnlichen, buchstäblichen Bedeutung, wenn nicht klare Tatsachen des Zusammenhangs eine andere Deutung fordern." Vernachlässigung dieses Gesetzes hat Unsicherheit, Verwirrung und Willkür zur Folge. Bei Beobachtung und rechter Anwendung dieses Gesetzes entfaltet sich aber Gottes Wort als ein harmonisches und zusammenhängendes Ganzes.

In den allermeisten Fällen macht der Zusammenhang und der allgemeine Gedanke jedem unbefangenen Leser von vornherein klar, ob es sich um eine buchstäbliche oder eine bildhafte Redeweise handelt. Wenn z. B., um ein drastisches Beispiel zu nehmen, Jesaja in seiner Weissagung vom Vorläufer des Messias verkündigt: „Jedes Tal soll erhöht und jeder Berg und Hügel erniedrigt werden" (Jes. 40, 4), so ist von vornherein klar, daß dies bildlich gemeint ist und daß es sich hier nicht um Planierungsarbeiten handelt (vgl. Luk. 3, 2—6). Oder wenn Sacharja erklärt, daß im kommenden Messiasreich zehn Heiden einen Juden beim Rockzipfel ergreifen werden, so ist ebenfalls klar, daß dies zwar recht plastisch und drastisch ausgedrückt, aber zweifellos nicht buchstäblich gemeint ist, vielmehr

[33]) „Morgenrot", S. 165, 166. Schluß von Anm. 12.

in dem Sinne, daß die Nationen erkennen werden, wie sehr Gott das errettete Israel einst segnet, und wie nun durch Israel auch ihnen Hilfe und Heil zuteilwerden kann (Sach. 8, 23).

Umgekehrt aber ist ebenso klar, daß die Weissagung durchaus buchstäblich gemeint sein muß, wenn sie, unter eindeutigster Nennung ganz bekannter Landschaften und Bezirke und mit direkter Angabe ihrer politischen und geographischen Namen („Gilead“, „Libanon“) erklärt, daß Israel in der Messiaszeit in diesen, unmißverständlich bezeichneten Gebietsteilen des heutigen Vorderasiens leben wird. Dabei tut sie dies weiter noch unter ausdrücklicher Hervorhebung der Ausdrücke: „dieses“ Land (Jer. 32, 41), „ihr eigenes Land“ (Hes. 28, 25), „Land ihrer Väter“ (Jer. 16, 15).

Sie werden „in ihrem eigenen Lande wohnen, das ich meinem Knechte Jakob gegeben habe“ (Hes. 28, 25).[34]) „Ich werde sie in ihr Land zurückbringen, das ich ihren Vätern gegeben habe“ (Jer. 16, 15).[35]) „Ich werde sie pflanzen in diesem Lande“ (Jer. 32, 41).[36]) „Ich will sie zurückführen . . . in das Land Gilead und auf den Libanon bringen“ (Sach. 10, 10). Sacharja, der Prophet, durch den Gott diese letztere Weissagung gab, hat seine Prophetentätigkeit erst 15 Jahre nach der Rückkehr aus der babylonischen Gefangenschaft begonnen (im zweiten Jahr des Darius, d. h. 521 v. Chr., Sach. 1, 1; Esra 4, 24; 5, 1). So ist auch von diesem Gesichtspunkt aus klar, daß die Rückkehr, von der er, auch von seinem Zeitstandpunkt aus, als noch zukünftig spricht, nur eine hinter der Rückkehr aus Babel liegende, also auch heute noch zukünftige sein muß!

f) Aus diesem allen geht hervor, daß der allgemeine Hinweis auf das Vorhandensein zahlreicher, sinnbildlicher und vorbildlicher (typologischer) Aussageformen in den Propheten keineswegs als Widerlegung der Erwartung eines sichtbaren, endgeschichtlichen Gottesreiches gelten kann. Im Gegenteil, die vielen symbolischen und typologischen Sprachschönheiten des prophetischen Wortes zeigen nur, wie wichtig und herrlich dies kommende Gottesreich sein wird, wie darum alles sich schon vorher darauf freut und seine Schönheit so farbenprächtig in prophetischen Symbolen vor Augen hat.

g) Richtig ist, daß die buchstäbliche Auffassung auch die Berechtigung symbolischer Einzelauslegungen anerkennen muß.

---

[34]) Daß es sich hierbei nicht um die Rückkehr aus Babel, sondern um die zukünftige und endliche Errettung Israels handelt, beweist der Zusammenhang: „Wenn ich das Haus Israel aus den Völkern sammeln werde, unter welche sie zerstreut worden sind . . .“

[35]) Auch hier beweist der Zusammenhang, daß es sich nicht nur um die Rückkehr aus Babel handelt; denn dies Wohnen in „ihrem“ Vaterlande soll stattfinden, wenn der Herr „die Kinder Israel heraufgeführt hat aus dem Lande des Nordens und aus all den Ländern“, wohin sie vertrieben waren. Dies geht weit über den Rahmen von Babel hinaus.

[36]) Auch hier zeigt der Zusammenhang, daß es sich um mehr handelt als die Rückkehr aus Babel, nämlich um das endgeschichtliche Heil. Denn unmittelbar vorher wird gesagt: „Ich werde einen ewigen Bund mit ihnen machen“ (Jer. 32, 40). Offenbar wird hier die Rückkehr aus Babel (Chaldäa) mit der endgeschichtlichen Wiederherstellung Israels zusammengeschaut.

Richtig ist ferner, daß sich die buchstäbliche Auffassung bewahren lassen muß vor einer zu starken Hineintragung von Einzelausschmückungen in das Millennium.

Richtig ist weiterhin, daß die buchstäbliche Auffassung dem Millennium, im Verhältnis zur Ewigkeit, keine übertrieben große Bedeutung beimessen darf. Denn auch das Millennium ist ja nur Vorstufe zur Ewigkeit. Es ist die erste, kleinere, gleichsam einleitende Periode des kommenden Gottesreiches. Bei aller Buchstäblichkeit und Geschichtlichkeit, bei allem Glanz und aller Macht des Tausendjährigen Reiches muß gesagt werden: Der eigentliche, wesentliche Kern der Vollendung ist nicht das irdische Gottesreich der alten Erde (dieser erste Teil des kommenden Reiches Gottes), sondern die Ewigkeit, für die jenes nur Vorraum und Vorhalle gewesen sein wird (dieser zweite und eigentliche Hauptteil des kommenden Reiches Gottes), die Nationen auf der neuen Erde und das dortige, neue Jerusalem.

In diesem Sinne ist die alttestamentliche Reichsprophetie, wenn sie von dem einst kommenden, sichtbaren Herrlichkeitsreich Gottes auf der alten Erde spricht, gar oft auch zugleich eine bildhafte Weissagung auf die Endvollendung auf der neuen Erde. Denn wenn sie das nicht wäre, ständen wir ja vor der schlechterdings unbegreiflichen Tatsache, daß sich die ganze, alttestamentliche Reichsverheißung lediglich auf einen doch nur sehr kurzen Zeitraum von eintausend Jahren bezöge und von dem eigentlichen Endziel der Heilsgeschichte überhaupt nicht rede! Nein, sie ist zugleich „vorbildliche“ Weissagung auf die Ewigkeit. In diesem tiefsten und edelsten Sinne ist darum „Vergeistigung“ allerdings entschieden am Platz.

So stehen sich diese beiden Arten der Prophetenauslegung durchaus nicht unversöhnlich gegenüber. Buchstäblichkeit und Sinnbildersprache sind in der Weissagung harmonisch verbunden.

Was aber das irdische Gottesreich selber betrifft, so ist es keinesfalls widerlegt durch die Tatsache, daß die Propheten ihre Botschaft oft in Form von Sinnbildern und Vorbildern ausgedrückt haben. Wohl aber beweist dies,

daß die prophetische Botschaft sich auf den höchsten Höhen des Geistes, Gefühls und Empfindens bewegt,

daß sie in einheitlicher Zusammenschau Irdisches und Himmlisches zu einem großartigen Gesamtbilde vereinigt,

daß das Irdische und Gegenwärtige Vorbild und Einleitung des Himmlischen und Zukünftigen ist,

daß Gott von diesem Himmlischen und Zukünftigen, in herablassender Erziehungsweisheit, schon vor Seinem Eintreten Vorbilder und Gleichnisse geschenkt hat,

daß bis zur Vollendung alles Vorstufe und Einleitung, Vorausdarstellung und Überleitung, Vorraum und Vorhalle ist,

daß darum schon vor der tatsächlichen Vollerfüllung in diesen Vorstufen zahlreiche Vorerfüllungen bestanden haben, daß alles — wachstümlich voranschreitend — den letzten Zielen entgegengeht und somit die letzte Zeit, ja die Ewigkeit selbst, sich schon in allen ihren Einleitungen und Vorentwicklungen andeutet,

daß darum die Ewigkeit in all ihren Wegbereitern und Vorausdarstellungen, schon vor dem Anbruch des vollen Tages, morgenrotartig, mehr oder weniger hell aufleuchtet.

„Ewigkeit, in die Zeit
Leuchte hell hinein,
Daß uns werde klein das Kleine
Und das Große groß erscheine!
Sel'ge Ewigkeit."

X.

„Das Neue Testament bezieht zahlreiche Weissagungen des Alten Testaments auf die gegenwärtige Haushaltung des Evangeliums. Geht daraus nicht hervor, daß zu ihrer Erfüllung ein etwa noch kommendes Reichszeitalter gar nicht erforderlich, ja geradezu ausgeschlossen ist, so daß nach der Zeit der Gemeinde ein Reichszeitalter gar nicht zu erwarten ist?"

a) Auch hier gilt es, sich vor Extremen nach beiden Seiten hin zu hüten. Es wäre einseitig, zu sagen, daß die alttestamentlichen Reichsweissagungen überhaupt nicht von den Segnungen sprechen, wie wir sie heute in dem gegenwärtigen Zeitalter des Evangeliums erleben. Dies würde der Art, wie das Neue Testament alttestamentliche Verheißungen zitiert, durchaus nicht gerecht werden.

Umgekehrt aber wäre es ebenfalls einseitig, zu erklären, daß, weil sie von diesen heute gegenwärtigen Segnungen reden, nun etwa keine weitere, vielleicht noch umfassendere Entfaltung ihrer Erfüllung kommen könne, als wie heute.

Es wäre also einseitig, die alttestamentliche Reichsprophetie nur auf die Zukunft, das Millennium, zu beziehen und sie von dem gegenwärtigen Evangeliumszeitalter zu lösen; und ebenso wäre es einseitig, sie nur auf die Gemeindezeit zu beziehen, sie total zu vergeistigen und so vom Millennium zu lösen und eine buchstäbliche Erfüllung zu bestreiten.

Das eine stände im Widerspruch zu der neutestamentlichen Art, alttestamentliche Weissagungen zu verwenden. Das andere stände im Widerspruch zu den alttestamentlichen Texten selber, nämlich zu dem unmißverständlichen Textzusammenhang und Sinn, wie die alttestamentlichen Propheten es selbst gemeint und ganz offensichtlich die Erfüllung erwartet haben.

b) Eindeutig bezeugt oftmals das Neue Testament, daß die alttestamentlichen Propheten von „diesen Tagen" geredet haben, also nicht nur vom endgeschichtlichen Messiasreich der Vollendung. Dabei bezieht es „diese Tage" auf das gegenwärtige Zeitalter des Evangeliums.

So sagt die betende Urgemeinde in Jerusalem, daß die Feindschaft gegen den Messias seitens der Juden und Heiden, wie sie David in Psalm 2 geweissagt hatte, „in dieser Stadt" Jerusalem in der Verwerfung Jesu und der Verfolgung der Seinen ihre Erfüllung gefunden habe (Apg. 4, 26—28), also in den Erdentagen Jesu und der sich unmittelbar anschließenden Folgezeit der jerusalemischen Urgemeinde, das heißt, im gegenwärtigen Heilszeitalter.

Desgleichen erklärt Paulus von diesem selben davidischen Psalm, daß er schon am Anfang des gegenwärtigen Zeitalters in die Erfüllung eingetreten sei. Denn er bezeugt, daß das dort genannte Wort: „Du bist mein Sohn; heute habe ich dich gezeugt" in der Auferweckung Jesu erfüllt wurde (Apg. 13, 33).

So erklärt Petrus am Pfingsttage von der Joelweissagung von der Ausgießung des Heiligen Geistes „in den letzten Tagen": „**Dies** (!) ist es, was durch den Propheten Joel gesagt ist."[37]) So ist der Anfang des gegenwärtigen Zeitalters also Erfüllung der Weissagung dieses alttestamentlichen Propheten. Kurze Zeit später erklärt derselbe Petrus: „Aber auch alle Propheten, von Samuel an und der Reihe nach, so viele ihrer geredet haben, haben auch »diese Tage« verkündigt" (Apg. 3, 24). Er bezieht also die Vorausverkündigung „dieser Tage" nicht nur auf David, sondern ebenso auf Samuel, ja auf „alle" (!) ihm folgenden Propheten.

Auch das „Evangelium Gottes", wie es Paulus, der Pionier-Apostel des gegenwärtigen Zeitalters, verkündigte, war, nach seinem eigenen Zeugnis im Römerbrief, „durch Seine (Gottes) Propheten in heiligen Schriften zuvor verheißen" (Röm. 1, 1; 2). In Antiochia begründet er die Hinwendung seiner Botschaft von den Juden zu den Nationen mit dem Hinweis auf ein alttestamentliches Prophetenwort. „So wenden wir uns zu den Heiden. Denn (!) also hat uns der Herr geboten: »Ich habe dich zum Licht der Nationen gesetzt«."[38]) Er sieht also in der Heidenpredigt des gegenwärtigen Zeitalters, wie er sie selbst vollzieht, eine Erfüllung der Jesaja-Prophetie. Ja, vor König Agrippa bezeugt er, der Hauptevangelist der Gemeindezeit, im Hinblick auf seine Evangeliumsbotschaft, daß er „nichts sage außer dem, was auch die Propheten und Moses geredet haben" (Apg. 26, 22; 23).

Die Verpflichtung, daß die Judenchristen und die Heidenchristen der gegenwärtigen Gemeindezeit sich gegenseitig aufnehmen sollen (Röm. 15, 7—13), begründet Paulus mit einer Reihe alttestamentlicher Einzelweissagungen, die er alle auf die Heidenbekehrung des gegenwärtigen Zeitalters bezieht, unter diesen sogar die Reichsweissagung des Jesaja von dem kommenden „Wurzelsproß Isais, der dasteht, über die Nationen zu herrschen"![39])

Ja, in seinem ersten Brief (1, 12) bezeugt Petrus sogar seinen Lesern, die, wie wir, nach Pfingsten, also in dem gegenwärtigen Zeitalter des Evangeliums lebten,

[37]) Apg. 2, 16; 17; Joel 2, 28; 29.
[38]) Jes. 49, 6; Apg. 13, 47.
[39]) Jes. 11, 10; Röm. 15, 12.

daß die alttestamentlichen Propheten zwar kein Licht empfangen hätten, auf welche oder welcherlei Zeit der Geist Christi, der in ihnen war, hindeutete, daß sie aber von dem „Heil“ und der „Gnade gegen euch (= uns)“ geweissagt haben und „für euch (= uns)“ die Dinge bedienten, die „euch“ (= uns) „jetzt“ verkündigt werden durch die, welche „euch (= uns)“ das „Evangelium“ gepredigt haben durch den vom Himmel gesandten Heiligen Geist, also in dem Zeitalter seit Pfingsten, das heißt, in der gegenwärtigen Gnadenzeit.

d) Ebenso ist erkennbar, daß David von einer Zwischenzeit gewußt hat, zwischen der Himmelfahrt des Messias und dem Endtriumph Seines Reiches in Herrlichkeit. „Setze dich zu meiner Rechten, bis daß ich lege deine Feinde zum Schemel deiner Füße“ (Ps. 110, 1). Gerade auch wir, die wir an ein sichtbares Gottesreich noch auf dem Schauplatz der alten Erde glauben, sollten dies klar erkennen. Es ist die „Wartezeit“, die auch der Hebräerbrief auf das gegenwärtige Zeitalter des Evangeliums bezieht (Hebr. 10, 13).

Hierbei tragen wir nicht etwa neutestamentliche Erkenntnisse von der Erfüllung aus hinterher in das Bewußtsein des alttestamentlichen Propheten hinein. Nein, da David, wie Petrus am Pfingsttage erklärt, gerade auch „Prophet“ war (Apg. 2, 30), hat er das Königtum des Messias, seines Nachkommen, „gewußt“ und Seine Auferstehung „vorausgesehen“ (V. 31)! Hierbei hat David, wie sein Psalm 110 zeigt, erkannt, daß vor dem Reichstriumph des Messias eine Zeitperiode sein würde, in der Er im Himmel auf Gottes Thron sitzen und als Priesterkönig nach der Ordnung Melchisedeks regieren werde, nämlich „bis daß“ Gott Ihm Seine Feinde zu Füßen legt. Ebenso hat David, wie derselbe Psalm zeigt, gewußt, daß dieses Königsregiment des Messias eingeleitet werden würde durch Seine Himmelfahrt. „Setze dich zu meiner Rechten.“

Er hat ferner gewußt, daß der Messias einst sterben würde. Denn wenn er in Psalm 16 — „voraussehend“ (Apg. 2, 31) — von der Auferstehung des Messias sprach, so konnte dies ja nur geschehen im Zusammenhang mit dem Wissen um ein Sterben (Ps. 16, 8—11). Schließlich hat David, seit der Sendung des Propheten Nathan (2. Sam. 7, 16), auch Kenntnis darüber gehabt, daß der Messias als sein „Sohn“, als Glied seines Hauses, also einst als Mensch, geboren werden würde.

So hat David alle drei großen, messianischen Perioden geschaut, und zwar ist

die erste — die Geburt Jesu als Mensch und Davidssohn, Sein Sterben, Seine Auferstehung und Seine Himmelfahrt;

die zweite — die sich an diese Himmelfahrt anschließende „Wartezeit“ des Messias als König und Priester zur Rechten Gottes auf dem Thron des Himmels;

die dritte — der Sieg Seines Reiches, die Niederwerfung Seiner Feinde und der Triumph Seiner Herrlichkeit.

Es ist also nicht möglich, zu erklären, das ganze, gegenwärtige Evangeliumszeitalter sei den alttestamentlichen Propheten völlig verborgen und ein absolutes Geheimnis gewesen. Vielmehr haben sie — jedenfalls David — von dem Bestehen einer solchen Periode vor der Aufrichtung des Reiches gewußt, wenn ihnen allerdings auch der Inhalt dieser Zwischenperiode im einzelnen noch nicht klar bekannt war.

e) Von einer kommenden Heidenbekehrung haben sie allerdings Kenntnis gehabt. Hierbei haben sie diese Heidenbekehrung in der Regel mit der zukünftigen Errettung Israels zusammengeschaut. Dennoch haben sie niemals ausdrücklich erklärt, daß es Heidenbekehrung überhaupt erst werde geben können, nachdem ganz Israel als Nation errettet und erneuert ist. In bezug auf die Reihenfolge der Ereignisse, die einzelnen Stufen in der Durchführung dieser Verheißungen und überhaupt über bestimmte, weitere, wichtige Einzelheiten war ihnen noch kein Licht geschenkt. Die „Zeiten" in der Erfüllungsgeschichte waren ihnen verborgen (1. Petr. 1, 11; 12).

Vor allem war ihnen noch nicht geoffenbart, daß in dieser „jetzigen" Zeit, von der sie redeten, der Grundsatz der Gleichheit zwischen Juden und Heiden im Volk Gottes bestehen würde. Nirgends sagt das Alte Testament in ausdrücklicher Form, daß die Heiden ohne Gesetzesbeobachtung und Beschneidung, also direkt als Heiden, rein auf Grund des Glaubens, in das Volk Gottes aufgenommen werden könnten. Es herrschte völliges Schweigen über die Frage, ob die Heiden erst „Juden" werden müßten, um Zulassung gewinnen zu können in das Königreich des Messias. Im ganzen Alten Testament gab es keine einzige Weissagung, die diese Frage klärte. Der Grundsatz der Nicht-Beschneidung der gläubigen Heiden in der Gemeinde war in der Vergangenheit ein absolutes Geheimnis.

Im Epheserbrief drückt sich Paulus, in Übereinstimmung mit dieser Tatsache, außerordentlich genau aus. Er erklärt nicht etwa, daß die alttestamentlichen Propheten überhaupt nichts gewußt hätten von dem, was in der gegenwärtigen Gnadenzeit geschieht, sondern er sagt, daß dies in den vorangegangenen Zeitaltern den Söhnen der Menschen nicht so bekannt gemacht worden sei, „wie es jetzt geoffenbart worden ist Seinen heiligen Aposteln und Propheten durch den Geist", in besonderer Weise ihm, Paulus, selbst (Eph. 3, 4—6). Die allgemeine Tatsache, die Heidenberufung an sich, war schon im Alten Testament bekannt, nicht aber die Einzelheiten, die mit dieser Berufung zusammenhingen. Über diese gibt erst das Neue Testament die vollere Offenbarung.

Darum war dies das „Geheimnis", von dem Paulus in Epheser 3 spricht, daß die gläubigen Heiden mit den gläubigen Juden in der christlichen Gemeinde einen Stand vollständiger Gleichheit einnehmen sollten. Sie sind „Miterben, Miteinverleibte (wörtl. Mit-Leib) und Mitteilhaber seiner Verheißung in Christo Jesu durch das Evangelium" (Eph. 3, 6). Hierbei drückt das von Paulus gebrauchte Vorwort „mit" (griech. syn) engste Verbindung und unterschiedlose Gleichsetzung zwischen Juden und Heiden in der Gemeinde Christi aus.

Da aber nun gerade dieser Grundsatz der Gleichheit zu den entscheidendsten Wesenszügen der neutestamentlichen Gemeinde gehört, muß gesagt werden: Keiner der alttestamentlichen Propheten hat es je vorausgesehen, daß in der kommenden Zeit einmal ein solcher Gottesbau bestehen würde, und in diesem Sinne war zwar nicht die Tatsache einer neutestamentlichen Gottesgemeinde (Ekklesia) an sich, wohl aber ihre Zusammensetzung, ihr Wesen und ihr organischer Gemeinschaftsgrundsatz ein im Alten Testament noch nicht geoffenbartes „Geheimnis".

Von hier aus wird auch verständlich, warum das Neue Testament in seiner vom Geist Gottes inspirierten, ungemein sorgfältigen Ausdrucksweise niemals die gegenwärtige Heilszeit als solche als „Geheimnis" bezeichnet, sondern stets nur bestimmte, mit ihr zusammenhängende Einzelgrundsätze und Einzelwahrheiten — wie es auch niemals die Ekklesia als solche ein „Geheimnis" nennt, sondern ebenfalls nur bestimmte, allerdings höchst wesenhafte und wichtige Einzelheiten bezüglich der Ekklesia.[40])

f) Ebenso weiß das Neue Testament nichts von einem „Angebot" des irdischen Messiasreiches durch den Herrn an das jüdische Volk zu Beginn Seines öffentlichen Dienstes, wobei dann die Juden dies Angebot abgelehnt hätten und das Reich folglich auf eine spätere Zeit „verschoben" worden sei; dann sei das gegenwärtige Evangeliumszeitalter als etwas völlig Unvorhergesehenes und nie Angekündigtes, gleichsam wie eine Klammer, dazwischen „eingeschaltet" worden. Drei Hauptgründe sprechen dagegen:

(1) Das Schweigen der Bibel. In der ganzen Heiligen Schrift gibt es keine einzige Stelle, die in ausdrücklichen Worten von einem solchen „Angebot" und einer solchen „Verschiebung" des irdischen Messiasreiches spricht. Vielmehr beruhen alle diesbezüglichen Auslegungen auf nicht ganz genauer Beachtung des Wortlauts der biblischen Texte oder auf Schlußfolgerungen, die aus gewissen Bibelworten gezogen werden.

(2) Ein Angebot und eine Aufrichtung des Messiasreiches war ja vor Golgatha auch gar nicht möglich. Denn ohne Sündenvergebung konnte keine Reichsherrlichkeit kommen. Sündenvergebung aber war nur auf Grund des stellvertretenden Sühntodes Jesu möglich, und Jesus ist von vornherein gekommen, Sein Leben zu geben als ein Lösegeld für viele (Matth. 20, 28). Ein solches Angebot hätte darum von vornherein — und zwar von Gott Selbst her! — in stärkstem Widerspruch gestanden zu den entscheidendsten Grundsätzen Seines eigenen Erlösungsplans. Darum stand auch dem Herrn, sofort schon „bei Seinem Eintritt in die Welt", das Kreuz als Allerserstes vor Augen (Hebr. 10, 5—10). Erst Verwerfung, dann Erhöhung! Erst Dornenkrone, dann Königskrone! Darum hat Ihn auch Johannes der Täufer, Sein Wegbereiter, gleich zu Anfang in dieser Weise angekündigt mit dem Ruf: „Siehe, das Lamm Gottes, das die Sünden der Welt (hinweg)trägt" (Joh. 1, 29). Die Reihenfolge war eben von vornherein: Durch Kreuz zur Krone! Durch Buße zum Heil! Nur durch Sündenvergebung zur Verherrlichung! Niemals umgekehrt.

[40]) Das „große Geheimnis" von Eph. 5, 32 ist nicht die Ekklesia an sich, sondern die Liebesbeziehung zwischen Christus und der Ekklesia. „Dieses Geheimnis ist groß. Ich aber sage es in bezug auf Christus und die Ekklesia." Genau so ist ja auch im Irdischen der Ehemann und die Ehefrau nicht ein „Geheimnis", sondern die Liebesbeziehung, die sie beide miteinander verbindet

(3) Auch der gesamte Wortlaut der Himmelreichspredigt ist zu beachten. Johannes der Täufer und Jesus haben erklärt: „Tut Buße; d e n n das Himmelreich ist nahe herbeigekommen" (Matth. 3, 2; 4, 17). Sie haben nicht gesagt: „W e n n ihr Buße tut, d a n n kommt das Königreich der Himmel." Die Buße war nicht die Bedingung für das Kommen des Reiches, sondern das Kommen des Reiches war die Begründung für die Forderung der Buße. Das Reich selbst kam in jedem Fall. „Das Reich i s t nahe herbeigekommen." Daran konnte selbst der Unglaube nichts ändern. „In welche Stadt ihr aber eingetreten seid, und sie nehmen euch nicht auf, da gehet hinaus auf ihre Straßen und sprechet: Auch den Staub, der uns aus eurer Stadt an den Füßen hängt, schütteln wir gegen euch ab; doch dieses wisset, daß das Reich Gottes nahe gekommen i s t !" (Luk. 10, 10; 11.) Für jeden einzelnen war eben der Eintritt in dies Reich an die Bedingung seiner persönlichen Buße gebunden. Jeder einzelne hat die Möglichkeit gehabt, sich der Königsherrschaft Gottes zu unterstellen und damit gesegnet zu werden, oder aber — wie die Pharisäer es taten — „den Ratschluß Gottes für sich s e l b s t unwirksam zu machen" (Luk. 7, 30 wörtl.).

Überhaupt müssen wir uns hüten vor einer gar zu schnellen Gleichsetzung von „Reich" = „Tausendjähriges Reich". Das „Reich Gottes" selbst hat zwar in der Endzeit seine sichtbare Erscheinungsform in Herrlichkeit. Seinem Wesen nach aber ist es „das Königsein Gottes" allgemein, Sein königliches Herrschen als Gebieter und Rettergott, wobei Er diese Seine Herrschaft in den verschiedenen Zeiten und Haushaltungen in immer neuen Offenbarungsformen zur Durchführung bringt.

Darum schließt der Ausdruck „Reich Gottes" das „Tausendjährige Reich" mit in sich ein, umfaßt aber noch m e h r als dies. Nur der jeweilige Zusammenhang des Textes kann klarmachen, welche geschichtliche Erscheinungsform von Fall zu Fall im einzelnen gemeint ist — ob alttestamentliches Reich (Matth. 21, 43), ob gegenwärtig geistliches Reich („im Geheimnis": Matth. 13, 11), ob sichtbares Reich (Luk. 19, 11), ob ewiges Reich.

Allerdings ist die gegenwärtige Gemeindezeit in bezug auf die n a t i o n a l e Geschichte Israels eine Klammer (Parenthese). Denn Israel als Volk ist bis zu seiner Wiederannahme beiseitegesetzt, „bis die Vollzahl der Nationen eingegangen sein wird" (Röm. 11, 25; 26). „Jerusalem wird zertreten werden von den Nationen, bis die Zeiten der Nationen erfüllt sein werden" (Luk. 21, 24). Dies ist aber nicht erfolgt auf Grund irgendeiner Ablehnung eines von Jesus den Juden etwa angebotenen, sichtbaren Messiasreiches, sondern wegen der geistlichen und sittlichen Verwerfung Seiner Person und Seiner Botschaft durch den Unglauben Seiner jüdischen Zeitgenossen.

Gott aber hatte dies alles schon von Ewigkeit vorausgesehen. Darum war alles in Seinem Heilsplan miteingerechnet und dementsprechend — wenn auch in stark verborgener Form — durch die alttestamentlichen Propheten mit angekündigt.

g) Genau so muß aber auch das andere Extrem abgewehrt werden. Die Tatsache besteht, daß in der neutestamentlichen Gemeindezeit alttestamentliche Weissagungen von der Bekehrung der Heiden erfüllt werden. Hierbei handelt es sich, wie die Erfahrung und die Schrift selbst bezeugen, zunächst um Errettung e i n z e l n e r. Gott will „a u s den Völkern ein Volk herausrufen für seinen Namen" (Apg. 15, 14). Diese Tatsache widerlegt aber nicht, daß Gott auch hier — im Rahmen der Durchführung dieses e i n e n umfassenden Heidenmissionsprogramms — einst eine noch größere Heidenmissionszeit herbeikommen lassen wird, in der dann die Völker a l s V ö l k e r sich bekehren und mit Israel als V o l k unter der gemeinsamen Herrschaft des Messiaskönigs und Menschheitskönigs Christus in einem gemeinsamen Segens- und Friedensbund stehen werden (Jes. 19, 23—25).

Darum ist die Tatsache, daß das Neue Testament zahlreiche, alttestamentliche Weissagungen von Heidenbekehrung auf das jetzige Zeitalter bezieht, in keiner Weise eine Widerlegung eines sichtbaren Gottesreiches in der Gesamtmenschheit im Millennium. Die alttestamentlichen Propheten weissagen eben von einer Bekehrung der Heiden nur ganz a l l g e m e i n. W i e diese im einzelnen durchgeführt wird — in welchen Stufen und Zeitabschnitten, in welcher Art und in welchem wachstümlichen Ausmaß —, darüber sagen sie nichts Genaueres. Darum können solche allgemein gehaltenen Weissagungsworte und ihre Anführung im Neuen Testament auch nicht als Gründe gelten, um den unverkennbaren, alttestamentlichen Sinn a n d e r e r Verheißungen von einer Volksbekehrung Israels und einer Völkerbekehrung der Nationen in einem sichtbaren, messianischen Gottesreich durch „Vergeistigung" umzudeuten oder gar sie als „irrende Prophetie" zu bestreiten.

h) Zugleich aber schauen diese Heilsweissagungen in die Ewigkeit hinüber. Auch das Tausendjährige Reich ist nur Vorstufe der Vollendung. Darum wird erst dann die Verheißung der Heidenbekehrung ihre volle Verwirklichung erreicht haben.

So vollzieht sich die Durchführung der alttestamentlichen Weissagungen vom Heil für die Völkerwelt in drei großen, gewaltigen Stufen:[41])

Im gegenwärtigen Zeitalter des Evangeliums
: durch Errettung zahlreicher einzelner und ihre Eingliederung in den Organismus der Gemeinde.

Im kommenden, sichtbaren Gottesreich der Vor-Vollendung
: (Millennium) durch Erneuerung ganzer Völker und ihre Ein- und Unterordnung, mit Israel, unter die Königsherrschaft des in Herrlichkeit erschienenen Messias.

In der Ewigkeit, im Zustand der neuen Welt,
: als Nationen auf der neuen Erde, die im Licht der vom Himmel herabgekommenen Gottesstadt, des neuen Jerusalem, leben.

---

[41]) Genaueres vgl. „Morgenrot", S. 166. 167.

XI.

„Die alttestamentlichen Weissagungen von einem zukünftigen Tempel- und Opferdienst, besonders bei Hesekiel, können nicht buchstäblich aufgefaßt werden, da dies im Widerspruch stehen würde zu den Belehrungen des Hebräerbriefes. Dieser erklärt, daß durch das eine Opfer Christi die vielen, alttestamentlichen Opfer für immer erfüllt und damit zugleich abgeschafft seien.[42])

Dasselbe geht hervor aus dem Verhältnis von »Schatten« und »Körper«, wie das Neue Testament die Beziehungen zwischen dem alttestamentlichen Opfersystem und dem Erlösungswerk Christi charakterisiert.[43]) Denn hat nicht der Schatten zu weichen, wenn der Körper, das Wesenhafte, erschienen ist? Wie können Schatten und Körper gleichzeitig in Kraft sein? Welchen Wert soll ein prophetisches Symbol (ein Typus) noch haben, wenn es erfüllt ist? Warum sollen die, die das Wesenhafte haben, zum Schatten zurückkehren? Welche Bedeutung soll das Blut von Böcken und Stieren, das doch keine Sünde hinwegnehmen kann (Hebr. 10, 4), noch haben, nachdem das Opfer Christi dargebracht ist, das aber die Sünden hinwegnehmen kann? Wäre es nicht geradezu sinn- und bedeutungslos, den alttestamentlichen Opferdienst nach Golgatha wiederherzustellen?

Muß man überhaupt nicht für eine Schriftstelle eine b i l d l i c h e Auslegung annehmen, wenn ihre buchstäbliche Auslegung notwendigerweise zu Schlußfolgerungen führen würde, die mit anderswo in der Schrift geoffenbarten Wahrheiten im Widerspruch stände?"

Wir antworten:

a) Der letzte Satz des obigen Einwandes wäre richtig, wenn es von vornherein ausgemacht wäre, daß wir alle Offenbarungen Gottes letzten Endes zu verstehen vermöchten. Dies ist aber nicht der Fall. Das Göttliche tritt uns sehr oft in der Form des Paradoxen entgegen. Wir sind mit unserem, an Raum und Zeit gebundenen Denkvermögen durchaus nicht in der Lage, das Überräumliche und Überzeitliche voll zu erfassen. Darum zeigen sich zuweilen auch in der Schrift zwei parallele Linien, die sich nicht in der Zeit, sondern eben erst in der Unendlichkeit schneiden. In solchen Fällen haben wir die Pflicht, diese Schriftaussagen, ihrem offensichtlichen Wortsinn entsprechend, einfach stehen zu lassen und in Geduld zu warten, bis uns das volle Licht beim Anbruch der Ewigkeit geschenkt wird (1. Kor. 13, 9; 10). In jedem Fall ist Vorsicht geboten.

b) Was aber nun die Weissagungen von einem zukünftigen Tempeldienst in der messianischen Zeit betrifft, so gehen sie an zahlreichen Stellen derartig genau in Einzelheiten, daß ein rein geistiger Sinn für jeden unbefangenen Leser einfach ausgeschlossen ist. So spricht Jesaja von einem „Altar" Gottes im kommenden Messiasreich (60, 7) und der „Stätte Seiner Heiligkeit", die Gott schmücken will (60, 13). So spricht er vom „Speisopfer" (66, 20), von „Priestern und Leviten" (66, 21), von „Neumonden" und „Sabbaten", an denen dann alles Fleisch kommen wird, um den Herrn anzubeten (66, 23). So spricht auch Jeremia von „Priestern und Leviten", von „Speisopfer", „Brandopfern" und „Schlachtopfern" im König-

[42]) Hebr. 10, 1—8; 14; 18.
[43]) Kol. 2, 16; 17; Hebr. 10, 1.

reich des einst regierenden, gerechten Sprosses Davids (33, 18; 21; 22). So schildert vor allem Hesekiel einen zukünftigen Tempel mit derartig vielen Einzelangaben und Teilmaßen, daß es schlechterdings unmöglich erscheinen will, zu erklären, dies alles sei nur bildlich gemeint und müsse darum „vergeistigt" werden.

Am zukünftigen Passahfest sollen täglich genau 7 Farren und 7 Widder als Sündopfer und ebenso genau 7 Farren und 7 Widder als Brandopfer dargebracht werden. Die Speisopfer im kommenden Tempeldienst, wie Hesekiel ihn schaut, bestehen aus 1 Epha Feinmehl, 1 Hin Öl (Hes. 45, 21—25).

Am Laubhüttenfest, dessen Datum — ganz genau wie früher — auf den 15. Tag des 7. Monats festgelegt wird, sollen die gleichen Opfer dargebracht werden (45, 25).

Andere Zahlen aber gelten für die gewöhnlichen Wochentage. An jedem Morgen soll nur 1 Lamm geopfert werden, und das dazugehörige Speisopfer soll nicht aus einem ganzen Epha, sondern nur aus 1/6 Epha bestehen, und vom Öl soll nicht ein ganzes Hin, sondern nur 1/3 Hin beigegeben werden (46, 13; 14).

An den Sabbaten soll der Stammesfürst genau 6 Lämmer und 1 Widder darbringen, und zu jedem Widder wieder genau 1 Epha Feinmehl und 1 Hin Öl (46, 4; 5). Für das Neumondsfest sind die Zahlen wieder verschieden. Dann sollen es genau 1 Farre, 6 Lämmer und 1 Widder sein (46, 6; 7).

Wer durch das Nordtor hineinkommt, soll durch das Südtor hinausgehen; wer durch das Südtor hineinkommt, soll durch das Nordtor hinausgehen (46, 9).

Im Vorhof sollen 4 Tische auf der einen Seite aufgestellt sein, wo man schlachten würde, und 4 Tische auf der anderen Seite, zusammen also 8 Tische, und noch weitere 4 steinerne Tische, je 1 1/2 Ellen lang und breit und 1 Elle hoch (40, 39—43). Selbst die gabelförmigen Doppelpflöcke sind genannt, je 1 Spanne breit, zum Aufhängen der geschlachteten Tiere, offenbar beim Abziehen ihrer Haut (40, 43).

Ungesäuertes Brot soll gegessen werden (45, 21). Salz soll gestreut werden (43, 24). Blut soll angewandt werden (45, 19). Ebenso Feuer (43, 21).

Das Priestertum soll in den Händen der Söhne Zadoks aus dem Stamme Levi sein.[44])

Und was sollen wir zu den Einzelmaßen des Tempels selber sagen, wie sie Hesekiel angibt! Die Gesamttempelfläche soll ein Quadrat von 500 Ruten (= 750 Meter) sein (42, 15—20). Die erste Schwelle des Osttores soll genau eine Rute breit sein (6 bzw. 7 Ellen = 3,50 m, Hes. 40, 6). Am Eingang des Tores sollen 6 Wachtzimmer für die Tempelwache sein, je 3 gegenüberliegend, jedes je 1 Rute lang und 1 Rute breit, und zwischen den einzelnen Wachtzimmern ein Zwischenraum von 5 Ellen (40, 6; 7; 10). Die engen Fenster dieser Wachtzimmer sollen vergittert (40, 16a) und die Pfeiler in ihnen mit ausgehauenen Palmen verziert sein (40, 16b).

Die große Türöffnung soll eine Breite von 10 Ellen und das Tor eine Länge von 13 Ellen haben (40, 11). Am Außenrand des Steinpflasters des Vorhofes sollen sich 30 Zellen befinden (40, 17).

---

[44]) Hes. 43, 19; 44, 15 vgl. 2. Sam. 15, 24.

Der Rauchaltar soll 3 Ellen hoch und je 2 Ellen lang und breit sein (41, 22). Besonders genau wird der Brandopferaltar beschrieben. Er soll sich in drei Absätzen erheben und zwar über einem Sockel, der seinerseits 1 Elle hoch ist. Hierbei soll sich der erste Absatz 1 Elle über dem Sockel, der zweite, kleinere, 2 Ellen über dem ersten und der dritte, kleinste, 4 Ellen über dem zweiten erheben, so daß der ganze Altar 7 Ellen hoch ist. Der dritte, oberste Absatz, der Feuerherd, soll Quadratform haben (je 12 Ellen) und mit 4 Hörnern an den 4 Ecken versehen sein. Der Sockel und der oberste Absatz haben ein Geländer, 1/2 Elle hoch (43, 13—17).

Sollen wir fortfahren? Es wäre ein Leichtes, diese Liste von Einzelangaben und Teilmaßen noch lange fortzusetzen. Das bisher Wiedergegebene aber dürfte genügen, um zu zeigen, daß ein wirkliches Lesen dieser prophetischen Texte es über jeden Zweifel erhebt, daß hier eine rein bildliche Vergeistigung völlig unmöglich ist, sondern daß der Prophet hier wirklich einen zukünftigen Tempel mit ganz genau angegebenen Einzelmaßen und einen zukünftigen Opferdienst mit zahlreichen, angegebenen Einzelbestimmungen erwartet. Daß man hier oft so schnell mit der Erklärung befriedigt ist, die Weissagung Hesekiels vom kommenden Tempeldienst sei rein bildlich aufzufassen und beziehe sich ausschließlich auf das geistliche Priestertum der neutestamentlichen Gemeinde, hat in sehr vielen Fällen den Grund darin, daß viele Bibelleser diese Texte des Hesekiel einfach noch nicht fortlaufend und sorgfältig gelesen haben. Dies ist auch der Grund, warum wir hier diese zahlreichen Einzelheiten so ausführlich wiedergegeben haben, um den Leser unter den Eindruck zu stellen, den ihm die prophetischen Texte unausweichlich vermitteln.

Nein, hier stehen wir wirklich vor einer unentrinnbaren Alternative: Entweder hat sich der Prophet in seiner Erwartung eines solchen kommenden Tempeldienstes geirrt und seine Weissagung wird in dem Sinn, wie er sie gemeint hat, niemals erfüllt. Oder aber, Gott wird in der messianischen Zeit auch diese buchstäblich gemeinten Tempelweissagungen noch buchstäblich erfüllen. Eine andere Wahl bleibt wohl kaum denkbar.

c) Unmöglich ist auch der Versuch, an der Buchstäblichkeit des Hesekielschen Tempels festzuhalten und seine endgeschichtliche Zukünftigkeit dennoch zu bestreiten, indem man ihn auf den Serubabelschen Tempel bezieht, der ja bald, kurz nach Hesekiels Zeit, in den Jahren 536—516 v. Chr. von den aus der babylonischen Gefangenschaft Zurückgekehrten gebaut wurde.[45]) Denn die Maße des Serubabelschen Tempels stimmen durchaus nicht mit den Maßen des Hesekielschen Tempels überein. Nach Esra 6, 3 sollte der Serubabelsche Tempel 60 Ellen hoch und 60 Ellen breit sein, während Hesekiel 41, 12; 13 ganz andere Zahlen nennt (70, 90, 100 Ellen). Auch die Schilderungen des Serubabelschen Tempels, wie sie die Makkabäer-Bücher geben, zeigen ein vollständig anderes Bild.[46]) Ebenso wird bei den Schilderungen des Baues des Serubabelschen Tempels im Buch Esra nur seine Rückbeziehung auf den Grundplan von Stiftshütte und Salomonischem Tempel genannt (Esra

[45]) So erklärt z. B. Professor Hengstenberg
[46]) 1. Makk. 4, 47; 60; Sirach 50, 1 f.

3, 12), nirgends aber die Tempelvision Hesekiels als sein Grundriß und Muster erwähnt.

d) Daß wir bei diesem Ganzen — namentlich im Hinblick auf den Hebäerbrief — vor noch manchen ungelösten Fragen stehen, sei offen zugestanden. Aber ungelöste Fragen dürfen niemals ein Glaubenshindernis sein. Sie können uns auch nicht berechtigen, eine klare Schriftaussage durch eine unzulässige Vergeistigung ihres offensichtlich gemeinten, eigenen Sinnes zu entkleiden.

Auch wenn Erklärungen unter Umständen nicht überall in vollem Maße möglich sind, müssen wir dennoch an dem offenkundigen Sinn einer prophetischen Aussage festhalten. Die Haltung, die uns gebührt, ist dann, zu warten, bis die Erfüllung die volle Erklärung bringt.

Trotz dieser Buchstäblichkeit wird aber dennoch auch im kommenden Tempel das Symbolische die Hauptsache sein. Seine Buchstäblichkeit widerlegt nicht seine geistige Bedeutung. Gerade in seiner Zahlensymbolik wird er eine wundersame Darstellung geistlicher Wirklichkeiten sein.

Hier schließt aber weder das Erste das Zweite noch das Zweite das Erste aus. Sie bilden gemeinsam einen Organismus aus Geist und Leib.

Auch in der Stiftshütte lag ja schon im Symbolischen und Typologischen die eigentliche Hauptbedeutung, und dennoch war sie ein buchstäbliches Zelt, bestehend aus sichtbaren Stoffen mit buchstäblichen Maßen. Hier muß eben beides zusammengeschaut werden:

die Buchstäblichkeit des Äußeren und Materiellen und dennoch seine eigentliche Ausrichtung auf das Geistige,

die Einkleidung ewiger Geisteswahrheiten in stoffliche Formen und dabei dennoch die volle Realität dieses buchstäblich Stofflichen.

e) Vielleicht aber können wir doch schon zum mindesten die allgemeine Richtung erkennen, in der sich eines Tages die Lösung auch dieser Fragen zeigen mag. Allerdings sagt der Hebräerbrief: „Wo Vergebung der Sünden ist, da ist nicht mehr ein Opfer für die Sünde" (Hebr. 10, 18). Damit ist aber keineswegs bewiesen, daß es nach Christi Erlösungswerk nun überhaupt keine symbolischen Gottesdiensthandlungen mehr geben könne, wie sie Hesekiel 40—44 aber doch eindeutig bezeugt.

Symbolische Gottesdiensthandlungen sind auch n a c h Golgatha noch möglich. Zwar sind sie dann nicht mehr — in alttestamentlich-typologischem Sinne — v o r - wärtsschauende, prophetische Symbole, wohl aber — in neutestamentlichem Sinne — r ü c k wärtsschauende, symbolische Handlungen. Denn wenn es nach Golgatha überhaupt keine sinnbildlichen Gottesdiensthandlungen mehr geben könnte, mit denen für den Glaubenden auch geistliche Segnungen verbunden sind, wo wäre dann noch die Möglichkeit der neutestamentlichen Taufe und des Abendmahls der Gemeinde? Sind diese letzteren doch ebenfalls kultische, äußerlich sichtbare, symbolische Handlungen, mit denen für den Glaubenden auch heute der Empfang tatsächlicher, von Gott gegebener Segnungen verbunden ist.

Allerdings ist es wahr, daß, nach Hesekiel, die von ihm geweissagten, zukünftigen Opfer nicht nur rein sinnbildliche Handlungen sind, die lediglich der Erinnerung und dem Gedächtnis des Werkes Christi dienen; sondern sie sind tatsächlich verbunden mit dem Gottesgeschenk von Sündenvergebung und Versöhnung (Hes. 43, 21—27; 45, 17). Aber ebenso gehen auch die neutestamentlichen Handlungen von Taufe und Abendmahl, nach den Belehrungen des Neuen Testaments, über das rein Symbolische und Erinnerungsmäßige hinaus und sind verbunden mit dem Empfang göttlicher Segnung (vgl. bes. 1. Kor. 10, 16—21). So ist denn mit dem Hinweis auf den Hebräerbrief keine grundsätzliche Widerlegung zukünftiger, buchstäblicher Tempelhandlungen gegeben. Bewiesen ist nur, daß diese Handlungen dann in einem völlig neuen Sinn und einer völlig neuen Blickrichtung geschehen werden. Der alttestamentliche Opfer- und Priesterdienst in seinem mosaischen, vorausschauenden, vorchristlichen Sinn wird allerdings nie wiederkehren. Der „Alte Bund" ist für immer dahin und wird niemals wieder erstehen und neu eingesetzt werden. Ganz bestimmt wird diese neue Theokratie (Gottesherrschaft) kein Rückfall in das Alte Testament sein. Vielmehr wird alles im Geist des „Neuen Bundes" geschehen. Die alten Formen werden mit völlig neuem Geist ausgefüllt sein.

Professor Auberlen, einer der Hauptbahnbrecher für die Erwartung eines sichtbaren Gottesreiches noch auf der unverklärten Erde, in den Kreisen der gläubigen, wissenschaftlichen Theologie (früher Professor für lutherische Theologie an der Universität Basel), beschreibt das Verhältnis dieses neuen Tempeldienstes im Millennium zu den Haushaltungen von Gesetz und Gnade folgendermaßen: „Was zu den Zeiten des Alten Bundes nur auf äußerliche Weise, im »Buchstaben«, geschah, was in der Zeit der Gemeinde umgekehrt sich in das inwendig verborgene »Geistes«wesen zurückzog, das wird in der Zeit des Tausendjährigen Reiches, beides vereinend, auf pneumatische Weise sich auch äußerlich darstellen und ausgestalten. Im Alten Bund war das ganze, israelitische Volksleben in all seinen verschiedenen Erscheinungsformen, Haus- und Staatswesen, Arbeit und Kunst, Literatur und Kultur, auf äußerlich gesetzliche Art religiös bestimmt. Die Gemeinde hatte vor allem auf Herzenserneuerung zu dringen. Im Tausendjährigen Reich werden alle diese »äußeren« Lebensgebiete von »innen« heraus wahrhaft christianisiert werden."[47]) Auf diese Weise werden sie dann beide in hohem Maße harmonisch vereint sein: das Äußere und das Innere, die sichtbare Erscheinungsform und das unsichtbare Geistesleben des Herzens.

f) Zuletzt aber müssen wir erklären: Wie immer auch die Weissagungen Hesekiels aufzufassen sind, so sind sie durchaus nicht die entscheidende Grundlage für die Erwartung eines sichtbaren, irdischen Gottesreiches. Wohl gehören Hesekiels Weissagungen zu den bedeutsamsten Schilderungen zentraler Einzelheiten dieses Millenniums. Die Begründung des Millenniums selber aber hat ihre Hauptwurzeln in anderen Weissagungen. Von diesen haben wir einige der wichtigsten

---

[47]) Vgl. Prof. D. Langes Bibelwerk zu Hes. 46.

auf Seite 189. 190 kurz zusammengestellt. Im Rahmen unseres Buches hier haben wir es uns lediglich zur Aufgabe gestellt, den Nachweis zu erbringen, daß die gegen die urchristliche Erwartung eines sichtbaren Gottesreiches der Endzeit erhobenen Einwände unzureichend und hinfällig sind. Sie reichen nicht aus, zu beweisen, was sie beweisen wollen, nämlich daß es kein Tausendjähriges Reich geben könne, beziehungsweise daß ein solches von der biblischen Prophetie gar nicht angekündigt sei. Die eigentliche, positive Beweisführung für diese Erwartung haben wir ausführlicher in unserem Buch „Der Triumph des Gekreuzigten" gegeben (S. 166—196, besonders S. 166—177).

XII.

„Das Königtum Christi auf dem »Thron Davids« beginnt nicht erst mit Seinem Erscheinen in Herrlichkeit, sondern begann gleich bei Seiner Himmelfahrt, also nicht erst am Ende, sondern schon am Anfang des gegenwärtigen Evangeliumszeitalters, desgleichen auch der Wiederaufbau der »verfallenen Hütte Davids« (Apg. 15, 16) und Christi Königsherrschaft über die Völker als »Wurzelsproß Isais« (Röm. 15, 12; Jes. 11, 10)."

Wir unterschätzen durchaus nicht die Bedeutung dieses Einwandes.

„Des Namen sollst du Jesus heißen. Der wird groß sein und ein Sohn des Höchsten genannt werden, und Gott der Herr wird ihm den Thron seines Vaters David geben, und er wird König sein über das Haus Jakob ewiglich" (Luk. 1, 31—33).

„Darnach will ich wiederkommen und will wieder bauen die Hütte Davids, die zerfallen ist . . . auf daß, was übrig ist von den Menschen, nach dem Herrn frage, dazu alle Heiden, über welche mein Name genannt ist"[48]) (Amos 9, 11; 12).

„Es wird sein die Wurzel Jesses und der da aufstehen wird, zu herrschen über die Heiden."[49])

Zwei Auslegungen stehen sich hier gegenüber.

Nach der einen wird das Königtum des Messias erst bei der Aufrichtung Seines Herrlichkeitsreiches beginnen, das heißt, bei Seiner Wiederkehr in der Endzeit.

Nach der anderen hat das davidische Königtum des Messias schon bei der Himmelfahrt begonnen, eben bei der Erhöhung des göttlichen Davidssohnes zur Rechten des Thrones der Majestät in den Himmeln.

Beide Auslegungen stimmen darin überein, daß die Ausdrücke „Thron Davids" und „Hütte Davids" nicht buchstäblich, sondern bildlich zu verstehen sind. Sie stimmen ferner darin überein, daß das davidische Königtum durch den davidischen, messianischen Gottkönig eine Ausdehnung an Umfang und Herrlichkeit erfahren wird.

---

[48]) Apg. 15, 16; 17; Amos 9, 11; 12.
[49]) Röm. 15, 12; Jes. 11, 10.

Der Unterschied ist hauptsächlich ein dreifacher:

Erstens im Hinblick auf das Ausmaß dieser Ausdehnung, das heißt, den Umfang, welche Personen und Länder eingeschlossen werden, in welchem Außmaß Israel und in welchem Ausmaß die anderen Nationen.

Zweitens im Hinblick auf die Art und Weise dieser Herrschaft, ob sie nur innerlich und geistlich oder, darüber hinaus, auch sichtbar und äußerlich, ja geschichtlich und geradezu „politisch" sein wird.

Drittens im Hinblick auf den Zeitpunkt dieses davidischen Königtums des Davidssohnes, ob sein Anfang bei Himmelfahrt und Pfingsten liegt oder erst bei Seiner zukünftigen Wiederkehr und Erscheinung (Parusie, Epiphanie).

Im Rahmen unserer gegenwärtigen Aufgabe — nämlich der Beantwortung der Frage nach der biblischen Berechtigung der Erwartung eines sichtbaren Gottesreiches auf dieser Erde — ist es von entscheidender Bedeutung, das es leicht nachzuweisen ist, daß diese beiden Auffassungen sehr wohl in Übereinstimmung mit einer solchen Erwartung des Tausendjährigen Reiches stehen. Und zwar ist dies in dem Sinne der Fall, daß die eine Erklärungsweise dies geradezu lehrt und die andere ihr jedenfalls keineswegs notwendigerweise widerspricht, sondern sich durchaus harmonisch in sie einfügt. Nur müssen sich auch hier beide Seiten vor Extremen bewahren lassen und keine Schlußfolgerungen ziehen, die die Bibel selbst nicht zieht.

Dies zu zeigen, ist hier unsere einzige Aufgabe. Es würde den Rahmen unserer Arbeit überschreiten, eine ausführliche Stellungnahme zu den zahlreichen, hiermit zusammenhängenden Fragen zu geben. Einzelauslegung ist hier nicht unser Ziel.

Von vornherein ist klar, daß der Ausdruck „Thron Davids" im Hinblick auf die Herrschaft des Messias nicht buchstäblich gemeint ist. Niemand behauptet — auch der extremste Vertreter des Glaubens an ein Tausendjähriges Reich nicht—, daß es sich um buchstäblich denselben Thronsessel handeln wird, auf dem einst, um 1000 vor Christus, der König David gesessen hat. So ist der Ausdruck „Thron Davids" also in jedem Fall bildlich zu verstehen, eben im Sinn von „Königsherrschaft des Messias als Nachkomme Davids und als Erbe seines Königtums."

Auf dem sogenannten Apostelkonzil in Jerusalem zitiert Jakobus die Weissagung des Amos: „An jenem Tage werde ich die verfallene Hütte Davids aufrichten, ihre Risse vermauern und ihre Trümmer wieder aufrichten." Was ist mit dieser „Hütte Davids" gemeint?

Zweifellos nicht eine buchstäbliche Hütte, die David zu seiner Zeit besessen oder bewohnt habe; sondern auch dieser Ausdruck ist bildlich zu verstehen.

Ebenso wohl sicherlich auch nicht lediglich der irdisch-nationale-politische Staat Davids, sondern sein „Haus", sein „Königshaus", seine Königsdynastie. So reden wir ja auch heute noch von „Königshäusern", z. B. „Haus" Windsor, „Haus" Habsburg, „Haus" Hohenzollern. Und so hatte es Gott Selbst dem David durch den Propheten Nathan verkündigen lassen: „Jehovah wird dir ein »Haus« bauen", was im gleichen Zusammenhang sofort hinterher als „Königshaus" = Königsdynastie erklärt wird: „Und es wird geschehen . . . Ich werde deinen Samen nach dir erwecken . . . und werde sein Königtum befestigen . . . , und sein Thron soll fest sein auf ewig" (1. Chron. 17, 10b; 11; 14).

Dies einst so mächtige Königs„haus" Davids war aber nach dem Zusammenbruch des jüdischen Staates (586 v. Chr.) zu einer verfallenen „Hütte" geworden.[50]) Auch Davids Familie selbst war in arme, sozial schlichteste Verhältnisse herabgesunken, so daß, als Christus erschien, Er als Glied einer davidischen Handwerkerfamilie erzogen wurde.

Nun aber kündigt die Weissagung an: Gott wird dieses Königshaus wieder aufrichten. Er wird den verfallenen Glanz der Königsdynastie Davids wieder erneuern. Dies wird durch den kommenden Davidssohn Christus, den Messiaskönig, geschehen, und das Königtum, das dieser Sohn Davids einnehmen wird, wird noch viel weitreichender und herrlicher sein, als es je das Königtum Seines irdischen Ahnherrn gewesen war.

Auch im Hinblick auf diese letztere Tatsache, daß das davidische Königtum des Messias eine Ausdehnung und Erhöhung des davidischen Königtums des ursprünglichen Ahnherrn des Messias sein wird, besteht volle Übereinsimmung unter den Schriftauslegern.

Dies wird jeder bejahen, der das Königtum Christi schon auf das Zeitalter der Gemeinde bezieht. Denn dann sind es ja, außer den Gläubigen aus Israel, zugleich die Tausende mal Tausende und Zehntausende mal Zehntausende aus allen Völkern und Sprachen, die Christus durch den Heiligen Geist ihren Herrn nennen (1. Kor. 12, 3), so daß also der Rahmen dieses geistlichen Königtums des Messias viel weiter und völkerumspannender ist, als das vornehmlich auf Israel beschränkte Königtum des ursprünglichen David.

Eine gewaltige Ausdehnung des Königtums des Davidsohnes über den Rahmen des Königtums des davidischen Ahnherrn hinaus wird aber auch jeder bejahen, der alle diese davidischen Reichsweissagungen lediglich auf die Zukunft, auf das Millennium, bezieht. Denn gerade auch im buchstäblichen Millennium wird die Herrschaft des Messias auf dem Thron Davids einen weiteren Umfang umfassen als das einstige Königtum Davids selbst. Gerade im Millennium, wenn Christus König sein wird auf dem Thron Davids, wird Er zugleich Schiedsrichter zwischen den Nationen und Gottkönig der Gesamtmenschheit sein.[51]) Ferner wird Seine Herrschaft, da die Gemeinde ja schon vor Anfang der tausend Jahre leiblich auferweckt ist (1. Thess. 4, 14—17) und da überhaupt das Tausendjährige Reich durch die „erste Auferstehung" eingeleitet sein wird (Off. 20, 4—6), nicht nur allgemeine, unverklärte Erdenbewohner, sondern zugleich auch auferstandene Menschen mitumfassen. Als leiblich Auferstandener und himmlisch Verklärter wird Er zugleich über leiblich Auferstandene und himmlisch Verklärte regieren.

---

[50]) Das hier für „Hütte" gebrauchte Wort hat nichts mit der mosaischen Stiftshütte zu tun. Dasselbe Wort kommt vor in Jes. 1, 8 im Sinn von schlichter „Hütte" im Weinberg.

[51]) Jes. 2, 4; Zeph. 3, 9; Sach. 14, 9.

In jedem Fall wird also die Königsherrschaft des Messias auf „Davids Thron" eine Ausdehnung der Herrschaft des ursprünglichen David und des ursprünglichen Davidsreiches sein. „Christus auf Davids Thron" umschließt viel mehr, als „David auf Davids Thron" je in sich schloß. Mit der Erhöhung des davidischen Thronerben findet auch eine Verherrlichung des davidischen Königsthrones statt.

So ist ja auch sonst jeder Antitypus größer als sein Typus. Jede Erfüllung überragt ihre Verheißung. Stets übertrifft der „Körper" den „Schatten" (Kol. 2, 17), die neutestamentliche Wirklichkeit ihre alttestamentliche Vorausdarstellung. In geradezu unendlichem Maß ist dies nun auch bei Christus der Fall. Als der „Herr" Seines Ahnherrn überragt Er in Seiner Person wie auch in Seinem Königtum diesen Seinen Vorfahren in unvergleichlichstem Maße (Matth. 22, 42—45).

In welchem Zeitabschnitt und auf welche Weise wird der Messias die „verfallene Hütte" Davids wieder aufbauen, d. h. als Davidssohn den Glanz des Davidshauses und seiner Königsherrschaft wiederherstellen?

Auf dem Apostelkonzil in Jerusalem weist Jakobus zum Nachweis, daß die Bekehrung der Heiden in Harmonie mit Gottes Wort stehe, auf dies Wort des Propheten Amos von der Hütte Davids hin. Petrus hatte durch seinen Bericht über die Ereignisse im Hause des Kornelius (Apg. 10) den Erfahrungsbeweis gegeben. Nun fügt Jakobus noch den Schriftbeweis hinzu. „Und hiermit (d. h. mit der Bekehrung der Heiden) stimmen die Worte der Propheten überein, wie geschrieben steht: Nach diesem will ich zurückkehren und wieder aufbauen die Hütte Davids, die verfallen ist . . . damit die übrigen der Menschen den Herrn suchen und alle Nationen, über welche mein Name angerufen ist" (Apg. 15, 14—17).

Mit diesem Argument weist Jakobus darauf hin, daß die Heidenbekehrung sich harmonisch einfügt in den von den Propheten angekündigten Gesamtrahmen der heilsgeschichtlichen Ereignisse. Die Weissagung der Schrift, auch die davidische Reichsprophetie, läßt Raum für die Zeit der Evangeliumsverkündigung in der Völkerwelt. Im Sinn des Propheten selbst bezieht sich der Ausdruck „Wiederaufbau der Königsherrschaft des Hauses Davids" zweifellos auf die Wiederherstellung Israels als Volk und die Wiederaufrichtung seines Königtums nach der Zeit der Gerichte, „nach diesem", d. h. nach der Vertilgung des sündigen Königreiches Israel vom Erdboden hinweg, nach der Sichtung des Hauses Israel unter allen Nationen, nach dem Sterben aller Sünder des Volkes Israel durch das Schwert, die da sagen: Das Unglück wird uns nicht nahen und nicht an uns herankommen, also „nach diesem" Gerichtshandeln Gottes mit Israel, wovon der Prophet gerade unmittelbar vorher und in diesen Ausdrücken gesprochen hatte (Amos 9, 8—10). In diesem Zusammenhang des Propheten selbst ist die Ankündigung, daß Gott „an jenem Tage", „nach diesem", die verfallene Hütte Davids wieder aufbauen wird, fraglos israelitisch und endgeschichtlich zu verstehen. Auch Jakobus kann mit seiner Anwendung dieses Prophetenwortes keinesfalls diesen Sinn umändern oder gar verneinen wollen. Von diesem Gesichtspunkt aus und in Verbindung mit der neutestamentlichen Evangeliumsperiode ergeben sich fünf aufeinanderfolgende Stufen der Ereignisse:

1. Das Gericht über das sündige Reich Israel und dessen Zerstörung.

2. Die Heimsuchung der Nationen mit dem Evangelium Gottes, um aus ihnen ein Volk zu nehmen für Seinen Namen, das heißt, die Herausberufung der Gemeinde im Zeitalter des Evangeliums.

3. Die Wiederkunft des Herrn. Nach diesem „will ich zurückkehren".

4. Der Wiederaufbau der Hütte (der Königsdynastie) Davids, das heißt, die Wiederaufrichtung des Thrones Davids über das Haus Israel.

5. Die Bekehrung der übrigen der Menschen, verbunden mit der Wiederherstellung Israels und der Wiederaufrichtung des davidischen Königtums.

In diesem Sinne wird diese ganze Stelle zu einem Zeugnis *für* die Aufrichtung eines endgeschichtlichen, sichtbaren, Israel und die Menschheit umfassenden Gottesreiches.

Darüber hinaus aber vollzieht Jakobus, nach der Erklärung zahlreicher anderer Schriftausleger, geradezu auch eine gewisse, *direkte* Anwendung der Amosstelle vom Wiederaufbau der Hütte *Davids* auf das *gegenwärtige* Zeitalter des Evangeliums selbst und sieht in den Vorgängen im Haus des Kornelius ein gewisses Maß der Erfüllung dieser alttestamentlichen Stelle. Nachdem Petrus seinen Bericht über die erste Vollheiden-Bekehrung im Haus des Kornelius gegeben hat, sagt er: „Simon hat erzählt, wie Gott zuerst die Nationen heimgesucht hat, um aus ihnen ein Volk zu nehmen für Seinen Namen. Und *hiermit* (d. h. mit der Heimsuchung der Nationen, von der Petrus gerade gesprochen hatte, also mit dem Herausnehmen eines Volkes für Seinen Namen aus den Völkern in der *gegenwärtigen* Haushaltung!) stimmen die Worte der Propheten überein, wie geschrieben steht: »Nach diesem will ich zurückkehren und wiederaufbauen die Hütte *Davids* . . . damit die übrigen der Menschen den Herrn suchen" (Apg. 15, 14—17). Jesus, der Sohn der Maria, der schlichten Jungfrau aus dem verarmten Geschlecht (der „Hütte") Davids, ist zugleich der Heiland der Welt. „Das Heil kommt von den Juden" (Joh. 4, 22). Christus, der Messias Israels, der aus dem Königshaus Davids kommt, ist der Erlöser, an den die Heiden glauben.

In diesem Zusammenhang sagt Jakobus aber nicht nur, daß die alttestamentlichen Propheten lediglich schweigend „Raum lassen" für ein Zeitalter der Heidenbekehrung, das dann dem Wiederaufbau der Hütte Davids *voran*gehe — von dem sie selber aber nichts aussagen —, sondern daß sie damit „übereinstimmen", also davon *reden*! Sonst hätten die Worte der Propheten, von denen Jakobus als ein Hauptbeispiel das Amoswort anwendet, ja gar keine Beziehung zu den *gegenwärtigen* Vorgängen, von denen gerade die Rede war und für die Jakobus doch gerade den Schriftbeweis geben wollte! Er verknüpft also die Wiederherstellung der aus dem Hause *Davids* kommenden Königsherrschaft mit der Rettertätigkeit Jesu als des Heilandes der Welt schon in dem gegenwärtigen Zeitalter des Evangeliums.

In ähnlichem Sinne wendet auch Paulus im Römerbrief eine Weissagung vom Königtum des „Wurzelsprosses Jesses" auf die gegenwärtige Zeit der Gemeinde und die Bekehrung der Heiden an (Röm. 15, 12). Er begründet seine Ermahnung, daß die im gegenwärtigen Gemeindezeitalter lebenden Judenchristen und Heidenchristen sich gegenseitig aufnehmen sollen unter anderem mit dem Hinweis auf die Tatsache, daß Jesus, der Wurzelsproß Isais, auch die Heidenchristen unter Seine Königsherrschaft gestellt hat. „Nehmet einander auf, gleichwie auch Christus euch aufgenommen hat . . ., ein Diener der Beschneidung . . ., daß aber auch die Nationen Gott verherrlichen möchten um der Begnadigung willen, wie geschrieben steht: . . . Es wird sein der Wurzelsproß Isais und der da aufsteht, über die Nationen zu herrschen —, auf den werden die Nationen hoffen."[52]) Diese Beweisführung des Apostels ist nur dadurch möglich, daß er diese Königsherrschaft Jeus, als des „Wurzelsprosses Isais", des Stammvaters Davids, schon auf die gegenwärtige Gemeindezeit anwendet.

In Antiochia erklärt derselbe Apostel: „Daß Gott Ihn (Christus) aus den Toten auferweckt hat . . . hat er also (auf diese Weise) ausgesprochen »Ich will euch die gewissen Gnaden Davids geben«, d. h. die dem David verheißenen, unverbrüchlichen Gnadengüter."[53]) Auch hier also verbindet er die grundsätzliche Erfüllung dieser Weissagung von den „gewissen Gnaden Davids" nicht etwa erst nur mit Jesu glorreicher Wiederkunft, zu Beginn Seines zweiten Erscheinens, sondern schon mit Seiner Auferstehung am Ende Seines ersten Kommens. Dasselbe tut er unmittelbar vorher in der gleichen Rede in Antiochia mit einem Wort des davidischen (Apg. 4, 25) zweiten Psalms: „Wir verkündigen euch die gute Botschaft von der zu den Vätern geschehenen Verheißung, daß Gott dieselbe uns, ihren Kindern, erfüllt hat, indem Er Jesus auferweckte; wie auch in dem zweiten Psalm geschrieben steht: Du bist mein Sohn, heute habe ich dich gezeugt."[54])

In Wirklichkeit aber stehen sich, was die Frage des Millenniums betrifft, diese beiden Gesichtspunkte der Auslegung gar nicht unversöhnlich gegenüber. Niemand bestreitet, daß eine Anwendung alttestamentlicher, auch davidischer Weissagungen auch auf das gegenwärtige Zeitalter berechtigt ist, ja, daß die Haushaltung des Evangeliums in gewissem Sinne eine „Erfüllung" nicht weniger Weissagungen des Alten Bundes bringt. Denn die jetzige Heilsperiode ist zugleich Einleitung und geistliche Vorausdarstellung der kommenden Vollendung, und die Heidenbekehrung der Jetztzeit ist zugleich Weissagung auf die noch größere Heidenbekehrung im Millennium, so daß sie darum in gewissem Sinne beide zusammengehören.

Und ist es nicht auch in anderen Prophetenstellen klar erkennbar, daß sie nicht nur eine einfache, sondern oft eine doppelte, ja zuweilen eine dreifache Erfüllung haben? Werden darum nicht auch sonst andere Prophetenworte, die sich im Sinn des Propheten zweifellos auf das messianische Herrlichkeitsreich der Endzeit und

---

[52]) Röm. 15, 7—9; 12; Jes. 11, 10.
[53]) Apg. 13, 34; Jes. 53, 3.
[54]) Apg. 13, 33; Ps. 2, 6; 7.

auf die Ewigkeit beziehen, im Neuen Testament desgleichen auf die Zeit der Gemeinde angewandt, und zwar ohne daß damit ihr ewigkeitlicher, endgeschichtlicher, buchstäblicher Sinn bestritten wird? Darum, wenn Jakobus vielleicht auch wirklich die Amosweissagung vom Wiederaufbau der Hütte Davids als geistliche Vorerfüllung auf die Heidenbekehrung im Zeitalter der Gemeinde bezieht, ist damit genau so wenig ihre tatsächliche, vom Propheten selbst gemeinte, endgeschichtliche Voll-Erfüllung verneint, wie etwa bei jenen anderen, im Neuen Testament in ähnlicher Weise angewandten, alttestamentlichen Gottesworten. Wir weisen hin auf unsere Ausführungen über die Vergeistigungsmethode des Neuen Testaments im Abschnitt IX, Seite 162—170.

Wenn Christus wirklich als der aus dem „Samen Davids" Gekommene[55]) und, wie Paulus später bezeugt, als „Wurzelsproß Isais", schon heute durch den Heiligen Geist über die einzelnen Gläubigen aus Israel und aus den Nationen königlich regiert (Röm. 15, 12) — eben weil diese aus der Obrigkeit der Finsternis schon heute versetzt sind in das „Königreich"[56]) des Sohnes der Liebe Gottes (Kol. 1, 13) — wie soll damit widerlegt worden sein, daß Er einst auch noch eine Zeit kommen lassen wird, in der Sein Königtum auf dem „Thron Davids" über ganz Israel und über alle Nationen nicht nur geistlich, sondern auch sichtbar aufgerichtet werden wird und somit der Wiederaufbau der Hütte Davids auch sichtbar vollendet wird?

Wie soll hier das Eine das Andere ausschließen? Ist denn der „Thron Davids" niemals auf Erden, sondern immer nur im Himmel gewesen? Wie soll eine geistliche Vor-Erfüllung als Beweis gelten können, daß eine endliche Voll-Erfüllung nicht mehr zu erwarten sei? Ist es nicht völlig unbestreitbar, daß — wenn diese Verheißungen auch eine geistliche Vorauserfüllung in der neutestamentlichen Gemeindezeit haben mögen — die alttestamentlichen Propheten, auf Grund des inspirierten Wortlauts, selber dennoch eine buchstäbliche Erfüllung im Sinn eines erneuerten Israel und einer erretteten Völkerwelt in einem sichtbaren Gottesreich erwartet haben und darum auch von Gott nicht enttäuscht werden können?

Nein, hier gehört das Zweite zum Ersten, ja ist geradezu der Abschluß und die Vollendung des Ersten. Die Königsherrschaft des hocherhöhten Davidssohnes soll nicht nur die Sphäre des Geistlichen und Sittlichen erfassen, sondern nun auch das Äußere und Sichtbare durchdringen. Diese Ausrichtung auf Totalität gehört zu einer wahren Volldurchführung Seiner Davidischen Königsherrschaft. Auch das Irdische und Sichtbare ist ja Gottes Schöpferwerk. Und überhaupt gehört es zu der Ganzheit und Vollkraft jedes wahrhaft starken Inneren, daß es sich niemals auf die Dauer nur auf das Geistige und Unsichtbare beschränkt, sondern daß es von diesem seinem Inneren, gleichsam von „oben" her, bis zur Erfüllung und Verklärung auch des Äußeren und Unteren voranschreitet.

---

[55]) Röm. 1, 3; 2. Tim. 2, 8.
[56]) Griech. basileia, vgl. basileus = „König".

Damit ist aber der Nachweis gegeben — ganz abgesehen davon, ob Jakobus nun die Erfüllung der Weissagung von der mit dem Wiederaufbau der Hütte Davids verbundenen Heidenbekehrung lediglich auf die Endzeit oder auch schon auf das gegenwärtige Evangeliumszeitalter anwendet —, daß in keinem Fall eine Widerlegung eines sichtbaren, kommenden Gottesreiches gegeben ist.

Damit aber bricht der Einwand, der auch von dieser Seite her gegen das Millennium erhoben worden ist, ebenfalls zusammen. Dies ist aber in unserem Zusammenhang hier das Entscheidende.

Darüber hinaus muß aber noch ausdrücklich hervorgehoben werden: Solche bildhaften Ausdrucksformen, wie „Hütte Davids", sind überhaupt gar nicht das ausschlaggebende Fundament für die Erwartung eines Millenniums. Wir wiederholen, daß wir es uns in diesen unseren Darlegungen vornehmlich zum Ziel gesetzt haben, zu erweisen, daß die Gegengründe, die man gegen die urchristliche Erwartung eines sichtbaren, endgeschichtlichen Gottesreiches geltend gemacht hat, nicht stichhaltig und beweiskräftig genug sind. Unsere positive Beweisführung dafür haben wir in dem Buch „Der Triumph des Gekreuzigten" niedergelegt. Dennoch stellen wir hier — wenn auch nur kurz und überblickartig — die wichtigsten Schriftzeugnisse für dies urchristliche Hoffnungsgut zusammen. Grundlegend für die Erwartung eines irdischen Gottesreiches der Vorvollendung nach der Erscheinung des Herrn in Herrlichkeit sind:

(1) die eindeutigen Prophetenworte von einer zukünftigen, nationalen Wiedervereinigung des Zweistämme- und Zehnstämmereiches in der messianischen Zeit: Hes. 37, 15—24; Hos. 1, 11; Jer. 3, 18; Sach. 10, 6

(2) das eindeutige Zeugnis der Prophetie, daß Israel in der messianischen Zeit dann wieder im Land seiner Väter (Jer. 16, 15), in ihrem Land (Hes. 28, 25), in „diesem" Land (Jer. 32, 41), im Land Gilead (!) und auf dem Libanon (!) wohnen wird (Sach. 10, 10)

(3) die ebenfalls eindeutige Ankündigung, daß dies aber nur in Verbindung mit dem Erscheinen des Messias (Sach. 14, 4; Dan. 7, 13; 14; Matth. 26, 64; 24, 30; Off. 1, 7) und mit der inneren Erneuerung Israels verbunden sein wird: Hos. 3, 5; Jes. 4, 4; 11, 9; Hes. 36, 26; Sach. 13, 1

(4) die in gleicher Weise unmißverständliche Ankündigung, daß mit dieser inneren und äußeren Erneuerung Israels auch eine Bekehrung und Erneuerung der Völkerwelt verbunden sein wird: Jes. 2, 3, 4; 19, 23—25; Zeph. 3, 9; Sach. 14, 9; Mal. 1, 11

(5) die prophetische Deutung der Traumgesichte im Buche Daniel. Diese sagt von dem „Reich des Menschensohnes", das den vier Raubtierweltreichen der vorangegangenen Menschheitsgeschichte folgt: „Alsdann wird das Königtum und die Herrschaft und die Macht über die Reiche unter dem ganzen Himmel dem

Volke der Heiligen des Höchsten verliehen werden" (Dan. 7, 27). Auch das Traumgesicht Nebukadnezars besagt, daß der Stein, der die Füße des Monarchienstandbilds zertrümmert, zuletzt zu einem großen Berge wird, der „die ganze Erde füllt", daß also das Reich Gottes den Raum einnehmen wird, den bis dahin die Königreiche der Menschen innehatten (Dan. 2, 35; 38; 39). So wird auch hier die irdische Beziehung des kommenden Gottesreiches eindeutig bezeugt. — Hinzu kommt aus dem Neuen Testament

(6) die unverkennbare Antwort Jesu an Seine Jünger, als sie Ihn fragten: „Herr, stellst du in dieser Zeit dem Volke Israel (!) das Königreich wieder her?" (Apg. 1, 6.) Da hat Er sie nicht wegen irdischer oder gar fleischlicher Vorstellungen gescholten und das Kommen des von ihnen gemeinten, sichtbaren Gottesreiches überhaupt in Abrede gestellt, sondern nur gesagt: „Es gebührt euch nicht, zu wissen Zeit oder Stunde, welche der Vater Seiner Macht vorbehalten hat". Nicht also ihre Erwartung eines solchen irdisch-sichtbaren Gottesreiches an sich hat Er verneint, sondern ihre Neugier und ihre Ungeduld in dieser ihrer Erwartung. Damit aber bezeugt der Herr Selbst durch diesen Seinen prophetischen Ausdruck „Zeit oder Stunde", daß das Reich Israel tatsächlich eines Tages aufgerichtet werden wird.

Zuletzt nennen wir noch einmal, da wir hier eine Zusammenfassung geben,

(7) das Zeugnis der Offenbarung des Johannes. Hier ist völlig unbestreitbar von einer tausendjährigen Königsherrschaft die Rede, die nach der Wiederkunft Christi in Herrlichkeit (Off. 19, 11—21) und vor dem Weltuntergang (Off. 20, 9; 10) genannt wird (20, 4—7), die also — jedenfalls was die Meinung des heiligen Schreibers selbst betrifft — als ein endgeschichtliches „Zwischenreich" zwischen Parusie und Weltvollendung noch auf dem Schauplatz der alten Erde eintreten wird.

Der Abschluß und die Vollendung dieses königlichen Wunderwerkes ist dann das Herniederkommen des Himmlischen Jerusalem auf die erneuerte Erde. Dies ist die Wohnstatt der Vollendeten sowohl aus Israel als auch aus der Gemeinde. Es ist die Verklärung des israelitischen, alttestamentlichen Allerheiligsten (vgl. Würfelform), das Urbild und die Vollendung der israelitischen Vorzeit. Daher stehen auch die Namen der 12 Stämme der Söhne Israels an seinen Toren (Off. 21, 12) Denn „das Heil ist aus den Juden" (Joh. 4, 22). Darum heißt auch Der, der, wie in der Vorbereitung, so im Hinblick auf die Vollendung (!) dies alles bezeugt, die „Wurzel und das Geschlecht Davids", der glänzende Morgenstern (Off. 22, 16). Die israelitische Davidsprophetie zielt letzten Endes auf die Ewigkeit hin.

Bei diesem Ganzen aber ist es nicht Israel, um dessen Ehre es geht, sondern Gott und Seine Herrlichkeit. „So spricht der Herr, Herr: Nicht um euretwillen tue ich es, Haus Israel, sondern um meines heiligen Namens willen" (Hes. 36, 22).

Himmlisch ist der Quell des Heils. Völker-umfassend und weltweit ist der Ozean, in den sein Strom einmündet. Israel ist hierbei Segensempfänger und Segenskanal. Darum gehört Gott allein aller Ruhm.

ANHANG

Anleitung zum rechten Lesen der Heilskarte

Die große, helle, mehrfarbige Kreisfläche im Hauptteil der Heilskarte ist die eigentliche Darstellung des Erlösungsplanes. Der blaue Sternenhintergrund deutet nur seine überirdische, über Erde und Mensch hinausgehende (kosmische) Weltweite an.

A. Die Haupteinteilung der Heilskarte im allgemeinen

Weltschöpfung, Welterlösung, Weltvollendung — dies ist der dreifache und doch zugleich einheitliche Grundinhalt der göttlichen Offenbarung. Alles stammt „von" Gott her (Weltschöpfung). Alles wird „durch" Gott bewirkt (Welterhaltung, Welterlösung). Alles strebt „zu" Gott zurück (ideale Bestimmung zur Weltvollendung). So ist Gott Anfang und Ende, Ursprung und Ziel des gesamten Weltwerdegangs. Daher das A l p h a u n d O m e g a, das A und O ganz zu oberst im Gesamtkreis der Karte. Alpha ist der erste, Omega der letzte Buchstabe im griechischen Alphabet.

Das D r e i e c k, das ganz leicht als Hintergrund dieses A und O angedeutet ist, weist hin auf das unerklärbare Geheimnis der Dreieinheit des göttlichen Wesens.

Indem aber alles „von" Gott ausgeht und, seiner idealen Bestimmung nach, „für" Ihn geschaffen ist und „zu" Ihm wieder hinstrebt, gleicht der ganze Offenbarungs- und Geschichtsverlauf einer gewaltigen K r e i s b e w e g u n g. Dies ist der Grund, warum wir auf unserer Karte nicht die Darstellungsform einer horizontalen Ebene gewählt haben, sondern die Kreisform, so daß das Ganze gleichsam wie das Zifferblatt einer W e l t e n u h r zu lesen ist, gleichwie wir es ja auch gewohnt sind, auf einer Uhr die Aufeinanderfolge der Zeitabschnitte (Stunden und Minuten) nicht in einer horizontalen Linie, sondern in einer Kreisform abzulesen.

Daß der F e u e r s e e (rechts) a u ß e r halb der großen Kreisbewegung eingezeichnet ist, soll sagen, daß wir in der Schrift keine Begründung finden können für die Lehre von der endlichen Errettung aller. Die Darstellung der Kreisbewegung versinnbildlicht also die i d e a l e Bestimmung der Gesamtentwicklung, die aber nur da ihre praktische, „reale" Verwirklichung findet, wo die Kreatur in lebendigem Glauben Gottes Heilswerk in Christus, dem Gekreuzigten und Auferstandenen, ergreift.

Alle Seine Ratschlüsse vollführt Gott in Christus. Der Sohn ist darum die Zentralsonne im Gesamtkreislauf des Geschehens. Er ist Mittler der Weltschöpfung, der Welterhaltung, der Welterlösung, der Weltvollendung, und weil Gott, in der Voraussicht des Falls, von Ewigkeit her Ihn als Lamm Gottes ersehen hatte, gehört das Kreuz zu dieser Sonne, und die Bundestreue Gottes, deren Symbol, nach der Schrift, der Regenbogen ist, bürgt für die Durchführung dieses göttlichen Heilsratschlusses. Darum gehören auch in unserer Zeichnung, im Kreismittelpunkt der Karte, die Christus-Zentralsonne, das Kreuz und der Regenbogen zusammen.

Dieser Plan Gottes geht über die irdische Schöpfung hinaus. Wenn er auch durchaus Erde und Mensch zum Kristallisationspunkt hat, so ist er doch nicht auf sie beschränkt. Er ist nicht erdgebunden und menschheitsbegrenzt. Auch Sonne, Mond und Sterne, ja die unsichtbare Engelwelt und die „himmlischen Dinge" sind in irgendeiner Weise — nach Art und Ausmaß uns allerdings noch undurchschaubar — mit der Heilsgeschichte verbunden (Hebr. 1, 14; 9, 23; Jes. 30, 26). Diese Weltallbeziehung des Erlösungsplans wird auf unserer Heilskarte dadurch ausgedrückt, daß der eigentliche Kreislauf der in der Bibel bezeugten Offenbarungsgeschichte in einen Sternenhintergrund gestellt ist mit den vier Cherubimsymbolen höchster, kreatürlicher Lebenskraft (Stier, Löwe, Adler, Mensch[1]), Darstellungen, welche sich zugleich als Hauptsternbilder auf die vier Himmelsgegenden des Firmaments verteilen.

Von der Geschichte der Erde sagt die Heilige Schrift nur das, was sich in der Zeit zwischen Menschenschöpfung und Weltvollendung vollzieht. Alles andere liegt im Geheimnis der vorweltlichen und nachweltlichen Ewigkeit. Nur dies ist erkennbar, daß der Ursprung des Bösen zu irgendeinem Zeitpunkt der urweltlichen Vorentwicklung stattgefunden haben muß und daß er gewisse katastrophale Auswirkungen auch schon für die vormenschliche Erdgeschichte hatte.[2]) Demnach zeigt unsere Karte von der Heilsgeschichte der Erde in ausführlicherer, deutlich gezeichneter Form nur den geoffenbarten Mittelabschnitt (vom Ursprung des Bösen bis zu seiner Überwindung), während sie die vorgeschichtliche und nachweltliche Ewigkeit nur ganz leicht — in aufleuchtenden bzw. immer mehr zurücktretenden Lichtringen — andeutet, eben als Entwicklungen, die aus der Ewigkeit Gottes im Verlauf urweltlicher Äonen allmählich hervortreten bzw. in die Ewigkeit Gottes im Verlauf kommender Äonen einst wieder einmünden. Aus dem Lichtmeer der göttlichen Unendlichkeit leuchteten sie auf; in das Lichtmeer der göttlichen Unendlichkeit tauchen sie wieder ein. Dies ist der Sinn der beiden, länglichen Lichtfelder zu beiden Seiten der oberen Hälfte des Gesamtkreislaufs der Karte, die die „Spitze" des Gesamten (A und O) und den ausführlicher darge-

---

[1]) Letzterer hierbei in der urchristlichen Gebetshaltung mit beiden, erhobenen Händen vgl. 1. Tim. 2, 8.

[2]) Vgl. die Tatsache des Todes in den geologischen Schichten.

stellten Mittelabschnitt, d. h. die Veranschaulichung des geoffenbarten Geschichtsverlaufs, miteinander verbinden. Das eine (linke) bezieht sich auf den „Urzustand der Erde vor Einbruch der Sünde", das andere (rechte) auf den „Vollendungszustand der (neuen) Erde nach Überwindung der Sünde". In dieser kommenden Herrlichkeit aber wird dann das himmlische Jerusalem, gleichsam als Welten-Hauptstadt des verklärten Universums, auf der neuen Erde sein — dargestellt in der Sinnbildersprache des Buches der Offenbarung durch die Raumsymbolik eines Würfels als des vollkommensten Raumes (Gleichmaß nach allen Seiten, durchsichtig wie Kristall: Offb. 21, 11).

In dieser gewaltigen Von-Gott-zu-Gott-Bewegung ist das Kreuz Christi das Zentrum aller Geschichte. Es ist zwar nicht zeitlich, wohl aber geistig und sachlich, also „heilsgeschichtlich", die eigentliche „Mitte" des Weltgeschehens. Das Kreuz ist das eine, unvergleichbare, alles an Bedeutung überragende Zentral-Ereignis der Weltall-Geschichte. Deshalb steht es auch in unserer Heilskarte nicht nur im Mittelpunkt des lang gestreckten Feldes, das den Geschichtsverlauf darstellt, sondern übertrifft auch — in zeichnerischer Symbolik bewußt auffällig — an Größe und Höhe sämtliche anderen, zeichnerischen Darstellungen aller sonstigen Heilsereignisse des gesamten Erlösungsplanes. Seine schwarze Farbe aber weist hin auf das Dunkel des Todes, den Christus für uns erlitten hat und durch den Er, hinabsteigend in die schwarze „Todeslinie", den zunichte gemacht hat, der die Gewalt des Todes hat, den Teufel (Hebr. 2, 14).

„INRI" — Jesus Nazarenus Rex Judaeorum = Jesus von Nazareth, der König der Juden — diese Inschrift über dem Kreuz in lateinischer, griechischer und hebräischer Sprache ist zugleich — wenn auch von den Menschen zunächst völlig ungewollt — dennoch von Gott her ein Zeugnis von der Weltgeltung von Golgatha. Der, der aus Israel kam, ist zugleich Heiland der Welt (Joh. 4, 22). Darum soll Er verkündigt werden in allen Sprachen der Erde. Darum predigen wir Christum, den Gekreuzigten (1. Kor. 1, 23). Darum ist im Wort vom Kreuz allein Heil (Apg. 4, 12).

B. Die verschiedenen Felder und Einzellinien der Heilskarte

Die grünen Felder

Die grünen Felder stellen je Hauptabschnitte in der Heilsgeschichte der Völkerwelt dar. Solange das Menschengeschlecht als Ganzheit noch im Lichtkreis der unmittelbaren Gottesoffenbarung war, sind die entsprechenden Felder ungeteilt und einfarbig grün. So in der Uroffenbarung von der Menschenschöpfung an bis zur Erwählung Abrahams. Ebenso, nach der Entrückung der Gemeinde in der Endzeit, besonders nach der Wiederannahme der Völkerwelt bei Anbruch des Tausendjährigen Reiches. In der Zwischenzeit, zwischen Abraham und der Vollendung der Gemeinde, geht Gott Seinen Sonderweg mit Israel und Seinem neutestamentlichen

Bundesvolk, während die Nationen, offenbarungsgeschichtlich, vorübergehend ausgeschaltet sind. Dies deutet die Heilskarte dadurch an, daß für diese Heilszeiten die Felder geteilt sind: Die untere, grüne Hälfte bezeichnet die beiseite gesetzte Völkerwelt, die obere, blaue Hälfte Gottes Sonderweg mit dem alttestamentlichen Volk Seiner Wahl und der neutestamentlichen Ekklesia.

Die beiden, wie zwei auseinanderstrebende Linien geschriebenen Namen der Kainiten und Sethiten im zweiten, grünen Feld weisen auf die zwei Hauptlinien der Urmenschheit seit Adam hin, von denen die eine im Unglauben (Kain: 1. Mos. 4, 17—24), die andere zunächst im Glauben lebte (1. Mos. 5), bis auch diese vom Unglauben später überwunden wurde und beide miteinander (mit Ausnahme der Familie Noahs) im Flutgericht untergingen. Der Gipfelpunkt kainitischer Rebellion war Lamech (1. Mos. 4, 19—24), der Höhepunkt sethitischer Frömmigkeit Henoch (1. Mos. 5, 21—24).

Nach dem Flutgericht kommt es zu einer neuen Ausbreitung des Menschengeschlechts und zwar nach drei Hauptstämmen, die von Sem, Ham und Japhet, den Söhnen Noahs, ausgehen (1. Mos. 10). Als aber diese Menschheit in zusammengeballter Kraft sich im Turmbau zu Babel ein Zeichen gottgelöster Selbstverherrlichung errichten wollte, zerschlug Gott ihre Einheit und bereitete die Beiseitesetzung der Völkerwelt und die Berufung Abrahams vor.

In den grünen Feldern unten, die die Völkergeschichte der letzten Jahrhunderte vor der Zeitenwende darstellen, stehen die Weltreichsymbole der Weissagungen Daniels und zwar so, daß zugleich das Monarchienbild Nebukadnezars mitangedeutet ist. Dies geschieht dadurch, daß jedes der vier Raubtiersymbole auf einem Metallsockel steht, desen Metall-Art dem entsprechenden Metall des Standbildes Nebukadnezars entspricht. Das heißt:

der babylonische „Löwe“ steht auf „Gold“,
vgl. das goldene „Haupt“ (606—536);
der medopersische „Bär“ steht auf „Silber“,
vgl. die silbernen „Brust und Arme“ (536—333);
der griechisch-mazedonische „Panther“ auf „Kupfer“,
vgl. den kupfernen „Bauch“ und die „Lenden“,
(333: Schlacht bei Issus bis zum 2. Jahrhdt. vor Chr.);
das letzte, das furchtbarste Schreckenstier steht auf „Eisen“,
vgl. die eisernen „Beine und Füße“.

Hauptmacht Roms, bes. vom 2. Jahrhdt. vor Chr. ab.
202 Schlacht bei Zama (Sieg über Karthago).
133 „Pergamenische Erbschaft“: Begründung der Vormacht im Osten abgeschlossen.
31 Beginn der Alleinherrschaft des Augustus und damit Anfang des römischen Kaiserreichs.

Das lateinische Zahlenzeichen LXX (70) oberhalb des Raubtiersymbols des dritten Weltreichs soll darauf hinweisen, daß während des Bestandes des aus dem Reich Alexanders des Großen hervorgegangenen, hellenistischen Ptolemäerreiches (Ägypten) zwischen 250 und 120 v. Chr. die griechische Übersetzung des Alten Testaments entstand, die später die von Paulus und den ersten Christen gebrauchte Weltmissionsbibel des Urchristentums wurde. Sie trägt, aus noch nicht klar bekannt gewordenen Gründen, den Namen „Septuaginta“ (lat. Siebenzig).[3])

Daß die eiserne Linie sich vom Raubtiersymbol des vierten Weltreiches durch das grüne (unter den sieben, goldenen Leuchtern befindliche) Feld des gegenwärtigen Zeitalters hindurchzieht und in die Zeit des antichristlichen Weltsystems einmündet, soll andeuten, daß das vierte Weltreich — im Sinn der Prophetie — bis an das Ende der jetzigen Haushaltung andauert. Dies ist am Ende der eisernen Linie durch die beiden Tiersymbole von Offenbarung 13 und den „Turmbau“ des endgeschichtlichen „Babel“ (Off. 19) ausgedrückt. Nach der Zerschmetterung der antichristlichen Weltmacht werden dann die beiden „Tiere“ von Off. 13 in den Feuersee geworfen, das heißt, der Antichrist und der falsche Prophet. Dies ist in der Zeichnung durch die zwei schwarzen Linien ausgedrückt, die von diesen beiden Tiersymbolen in den Feuersee gehen (vgl. Off. 19, 20).

Mit der Wiederannahme der Völkerwelt im sichtbaren Gottesreich hat dann die Beschränkung der göttlichen Heilsoffenbarung ein Ende, die seit Abraham eingesetzt war, und der Heilsuniversalismus beginnt von neuem. Daher in der Zeichnung jetzt nicht mehr eine Zweiteilung der Felder in zwei parallel-laufende, verschiedenfarbige Halbflächen (grün und blau), sondern — wie für die Zeit des Universalismus der Uroffenbarung, so jetzt wieder für die Zeit des Universalismus der Endoffenbarung — schlechthin durchgehend einfarbige Ungeteiltheit des Gesamtfeldes. Die Königskrone im Mittelpunkt des Feldes besagt, daß diese Wiederannahme der Völkerwelt eben die Zeit der Königsherrschaft des Messiasreiches ist, d. h. die Zeit der sichtbaren Herrschaft des in Herrlichkeit regierenden Gottkönigs.

Erschütternd ist dann der Aufruhr der Völkerwelt in der „kleinen Zeit“ nach dem Reich der tausend Jahre (Off. 20, 7—10). Gog und Magog werden, nach der Schrift, die Führung dieser letzten Menschheitsrevolte haben. Das Ende aber wird flammender Untergang und Weltgericht sein. Aber aus diesen letzten Katastrophen und nach dem Endgericht vor dem Großen Weißen Thron wird Gott eine neue Erde erstehen lassen, und auf dieser neuen Erde wird es erneuerte Völker geben, die im Licht des himmlischen Jerusalems wandeln (Off. 21, 1; 24; 22, 2).

Die rote Linie

Die Geschichte Israels ist gleichsam der rote Faden, der sich seit Abraham durch die ganze Offenbarungsgeschichte hindurchzieht. Keines der Völker stand Gott

[3]) Über Antiochius Epiphanes, dessen Name im grünen Feld unweit der letzten zwei Raubtiersymbole eingetragen ist, vgl. S. 55.

zur Verfügung, so daß Er es hätte berufen können. So begann Er, in freier Entscheidung (Röm. 9), Seinen neuen Sonderweg mit einem Einzelmann (Abraham). Die rote Linie beginnt also gleichsam als ein Punkt, der sich erst in der Folgezeit zu einem eigentlichen, bandartigen Strich verbreitert (siehe Plan).

Die „Reichsteilung" nach Salomos Tod (10. Jahrhdt. vor Chr.) ist auf der Heilskarte dadurch angedeutet, daß das rote Band von der betreffenden Zeit ab durch einen schwarzen Mittelstrich halbiert ist.

Da, wo die rote Linie von ihrer normalen Höhenlage nach unten sinkt, drückt sie Geschichtszeiten aus, in denen die Nachkommenschaft Abrahams nicht in ihrem Lande, sondern in heidnischen Ländern ist (bloßer, allerdings notvoller Aufenthalt in der Fremde, Gefangenschaft oder Zerstreuung). Dies geschieht dreimal in Israels Geschichte. Demzufolge sinkt die rote Linie auch dreimal nach unten in das grüne Völkerfeld:

Zuerst kurz nach der Patriarchenzeit: Aufenthalt in Ägypten (ungef. 1700—1500 vor Chr.).[4])

Dann in einem doppelten Zusammenbruch: Gefangenschaft in Mesopotamien:[5])
Wegführung des nördlichen Zehnstämmereiches Israel nach Assyrien, 722.
Wegführung des südlichen Zweistämmereiches Juda nach Babylonien, 586.

Schließlich seit der Zerstörung Jerusalems (70): Zerstreuung in der allgemeinen Völkerwelt.

Hierbei tauchen seit 722 die zehn Stämme des Nordreiches in der Völkerwelt einfach unter („Die verlorenen, zehn Stämme"). Ihre rote Linie verliert sich sozusagen allmählich im grünen Feld, um erst in der Endzeit, unmittelbar vor der Aufrichtung des Messiasreiches, wieder aufzutauchen, sich dann mit der gleichzeitig ebenfalls wieder auftauchenden, roten Linie der zwei Stämme zu verbinden und in gemeinsamem Zusammenfluß einzumünden in das sichtbare Reich Gottes.

Die Linie des Zweistämmevolkes sinkt nach der Zerstörung Jerusalems durch Nebukadnezar (586) gleichfalls in das grüne Völkerfeld herab, verliert sich dort aber nicht in die allgemeine, grüne Fläche, sondern steigt bald wieder empor, was die Rückkehr des Zweistämmevolkes unter Serubabel und Josua, nach Ablauf der siebenzig Jahre, sowie unter Esra (457) und Nehemia (445) zum Ausdruck bringen soll.

Dann bleibt diese rote Linie des wiederhergestellten Volkes in ihrer normalen Höhenlage, d. h. Israel bleibt im Lande bis in die Tage des Messias und des Beginns Seiner Gemeinde. Dann aber wird das Volk wegen der Verwerfung seines

---

[4]) Die Zeit zwischen Abraham und Mose wird in Gal. 3, 17 auf 430 Jahre angegeben. Da nun für die Lebenszeit der drei Patriarchen (Abraham, Isaak und Jakob), seit Abrahams Berufung bis zur Einwanderung nach Ägypten in den Tagen des Joseph, etwas über 200 Jahre zu errechnen sind, verbleibt für die Dauer des eigentlichen Hauptaufenthalts in Ägypten eine Zeitspanne von ungefähr der Hälfte. Daher die Zahl 215 auf der Zeichnung in der ersten, den Aufenthalt in Ägypten darstellenden Vertiefung der roten Linie.

[5]) Das Wort „Exil", das in der zweiten, die babylonische Gefangenschaft darstellenden Vertiefung der roten Linie steht, heißt „Verbannung, Gefangenschaft" (lateinisch).

Messias unter das Gericht gestellt. Jerusalem wird zerstört (70), der jüdische Staat, nach Besiegung des falschen Messias Bar Kochba, aufgelöst und das Volk in die Zerstreuung geschickt (135). Nun sinkt also auch die rote Linie der südlichen, zwei Stämme vollständig in das grüne Völkerfeld und taucht — so wie auch die rote Linie der zehn verlorenen Stämme — erst am Ende des gegenwärtigen Zeitalters wieder auf. Das Endziel aber ist das Zusammenströmen dieser beiden und ihr Hineinfließen in das Messiasreich, in dem Jesus von Nazareth, der Gottkönig und Messias, gekrönt sein wird mit der goldsilbernen Krone der Königs- und Priesterwürde.

Die vier Geschichtszahlen am Ende des grünen Feldes und zwar da, wo das Rot ganz allmählich aus dem Grün wieder auftaucht, deuten vier Hauptgeschichtsereignisse an, in denen wir Marksteine und Hauptetappen in der Geschichte Israels im Vorfeld der Endzeit erblicken.

1791: Aufhebung aller Ausnahmegesetze gegen die Juden durch die französische Nationalversammlung
1897: Gründung des Zionismus.
1917: Balfour-Erklärung. Palästina zur nationalen Heimstätte des jüdischen Volkes erklärt.
1948: Gründung des Staates Israel.

So zeigt das dreifache Herabsinken der roten Linie Israels Leidens- und Gerichtsweg in Ägypten, Mesopotamien und der allgemeinen Völkerwelt. Wie aber im Verlauf der Geschichte alle Hauptrassen der Welt an Israels Not und Gericht mitgewirkt haben — die Hamiten im ägyptischen, die Semiten im assyrisch-babylonischen und die Japhetiten im römischen und allgemeinen Exil —, so wird einst Gottes Barmherzigkeit über Sünde und Gericht triumphieren, und alle werden einst zusammen, gemeinsam mit Israel, im kommenden Herrlichkeitsreich gesegnet werden (Jes. 2, 2—4; 19, 24; 25).

Die weiße Linie

Weiß ist im alttestamentlichen Gottesdienst die Hauptfarbe des Priestertums. Denn es ist die Farbe des Lichts, der Reinheit und Helligkeit und darum auch das Farbensymbol der unsichtbaren, geistigen, göttlichen Welt. Gerade aber zu Gott als dem Heiligen und zu Seiner himmlischen Welt des Lichts sollte ja das Priestertum die Vermittlung darstellen und herstellen.

Zur Durchführung dieser Aufgabe hat Gott im Verlauf der Heilsgeschichte, den Erfordernissen und Möglichkeiten der jeweiligen Geschichtslage entsprechend, immer wieder neue Formen von Tempel und Priestertum eingesetzt. Diese verschiedenen Tempel sind, ihrer geschichtlichen Aufeinanderfolge nach, in die weiße Linie der Heilskarte eingetragen. Der Hauptsache nach handelt es sich — abgesehen von dem Tempel von Off. 11, 1; 2 — um sieben Ausgestaltungen der Tempelidee:

1. Die Stiftshütte Moses (1500—1000),
2. Der Tempel Salomos (1000—586),
3. Der Tempel Serubabels (umgebaut durch Herodes: Joh. 2, 20; 516 v. Chr. bis 70 n. Chr.),
4. Der Tempel des Leibes Jesu (Joh. 2, 21),
5. Der geistliche Tempel der Gemeinde:
   a) die Gesamtgemeinde (Eph. 2, 21),
   b) die Ortsgemeinde (1. Kor. 3, 16; 17),
   c) der Einzelchrist (1. Kor. 6, 19),
6. der Tempel des Hesekiel (im Tausendjährigen Reich: Hes. 40—44),
7. das neue Jerusalem als Tempel (als himmlisches Allerheiligstes, daher symbolische „Würfel"form: Off. 21, 16; 22).

„Siehe da, die Hütte Gottes bei den Menschen."

Die goldene Linie

In der goldenen Linie ist die Geschichte des verherrlichten Christus veranschaulicht. Aus der himmlischen Herrlichkeit kam der Sohn Gottes herab (vgl. in der Zeichnung den G e b u r t s s t e r n des Messias), ging an das K r e u z, gab Sein Leben dahin, stieg hinab in die schwarze Linie des Todes. Doch als der Heilige konnte Er nicht im Tode bleiben. Er wurde auferweckt durch die Herrlichkeit des Vaters. Es ist, als wenn plötzlich aus der schwarzen Todeslinie eine g o l d e n e H e r r l i c h k e i t s l i n i e emporsteigt (vgl. Plan). Sie geht zunächst hinauf zur Erde, verläuft dort eine ganz kurze Zeit (zwischen Auferstehung und Himmelfahrt), um dann, in der Erhöhung, ganz emporzusteigen in die „himmlischen Örter" (Eph. 1, 20). Dort bleibt sie während der ganzen Zeit der Haushaltung der Gemeinde. Dann aber wird Christus herabkommen, um Seine Gemeinde zu Sich zu nehmen. Die goldene Linie läßt sich gleichsam hernieder, verbindet sich mit der ihr (in der Entrückung) entgegensteigenden, blauen Linie des Gottesvolkes „in der Luft" (1. Thess. 4, 17), und nun sind sie beide für immer zusammen: die goldene Christuslinie und die blaue Gemeindelinie. Mit Seiner Ekklesia zusammen macht Sich Christus dann bei der Aufrichtung Seines Reiches voll offenbar (Kol. 3, 4). Mit Seiner Ekklesia zusammen regiert Er im kommenden Gottesreich in verklärter Geistleiblichkeit von der himmlischen Welt her. Mit Seiner Ekklesia zusammen wird Er in der ewigen Herrlichkeit sein. So steigt die goldene Linie, verbunden mit der blauen, unmittelbar vor der Aufrichtung des sichtbaren Gottesreiches aus dem „Luftgebiet" bis ganz auf die Erde herab. Dann wendet sich diese Doppellinie wieder nach oben, bleibt „über" dem grünen Feld, das das Millennium bedeutet, und mündet schließlich ein in die neue Welt. Dort wird Christus regieren mit Seiner Gemeinde in Ewigkeit.

Die blaue Linie

Durch die aus dem blauen Feld der sieben, goldenen Leuchter herausgehende, blaue Linie wird die zukünftige Geschichte der Gemeinde angedeutet. In der gegenwärtigen Zeit gleicht Gottes Volk, seiner idealen Bestimmung nach, sieben Leuchtern aus Gold, kostbar in den Augen des Herrn, leuchtend in klarem Zeugnis vor der Welt, erfüllt mit dem Öl des Geistes Gottes als der lebendigen, göttlichen Leuchtkraft (Off. 1, 20). Das Endziel der Gemeinde ist ihre Verherrlichung. Wir werden Christus entgegengerückt werden in Wolken in die Luft und allezeit bei dem Herrn sein (1. Thess. 4, 17). Die aus dem blauen Feld der goldenen Leuchter emporsteigende, blaue Linie wird sich, bildlich gesprochen, mit der aus dem Himmel herabsteigenden, goldenen Linie der Geschichte des verherrlichten Christus im Luftgebiet vereinen, und beide Linien werden fortan dauernd zusammenbleiben. So steigt denn die blaue Linie, gemeinsam mit der goldenen Linie, bei der Herabkunft des verklärten Christus zur Aufrichtung Seines sichtbaren Herrlichkeitsreiches bis auf die Erde herab. So bleiben beide Linien während der Zeit des Messiasreiches im Himmel vereint. So gehen beide gemeinsam, nach den Ereignissen des Weltendes, ein in die Herrlichkeit der neuen Erde. Denn auch in dem ewigen Reich Gottes und Christi wird der Sohn mit den Seinen vereint bleiben. Der Thron Gottes und des Lammes wird auf der neuen, verklärten Erde sein (Off. 22, 3), und die Gemeinde wird „mit Christus" regieren von Ewigkeit zu Ewigkeit (2. Tim. 2, 12; Off. 22, 5).

Die schwarze Schlangenlinie

Vom Ursprung des Bösen wie überhaupt vom übersinnlichen Hintergrund des irdischen Geschehens spricht die Heilige Schrift nur in sehr zurückhaltender Form. Sie deutet aber an, daß Satan ursprünglich als ein reines und fleckenloses Geschöpf aus der Hand Gottes hervorgegangen war, daß er aber zu irgendeinem Zeitpunkt der äonischen Vorgeschichte von Gott abgefallen und damit unter den göttlichen Zorn gestellt war. Von diesem urweltlichen Sturz Satans und dem damit verbundenen, flammenden Gottesgericht spricht der Blitzstrahl auf der Zeichnung.

Seit dem Sündenfall des Menschen am Baum der Erkenntnis drang das Dämonische in drei Hauptbeziehungen in die Geschichte der Menschheit ein: als Dämonisierung der Weltgeschichte, als Gewalt des Todes und als Herrschaft des Dämonischen vom Luftgebiet her (Eph. 2, 2; 6, 12). So geht in der Zeichnung die schwarze Schlangenlinie vom Baum der Erkenntnis, als dem Schauplatz der Niederlage, züngelnd nach drei Richtungen:

hinunter in die schwarze Todeslinie; denn der Tod ist der Sünde Sold (Röm. 6, 23), und Satan ist fortan der, der die Gewalt des Todes hat (Hebr. 2, 14). Also: Satans Macht im Reich des Todes;

hinein in die Weltgeschichte; denn die Fortentwicklung der Menschheit ist von nun an unter dem Bann des Dämonischen (vgl. Dan. 10, 13; 20). Also: Satans Macht in der Sünde des Menschen;

hin in die „himmlischen Örter"; denn Satan ist der Fürst der Gewalt der Luft (Eph. 2, 2; 6, 12). Also: Satans Macht in den niederen Himmelsregionen.

Von nun an zieht sich die Schlangenlinie als das von der Luft her die Menschheit immer wieder beeinflussende Dämonische durch alle vorchristlichen Zeiten hindurch. Am Kreuz findet endlich der Entscheidungskampf statt (1. Mos. 3, 15). Satan ist fortan ein grundsätzlich besiegter Feind (Kol. 2, 15; Joh. 12, 31—33). Dies drückt die Heilskarte dadurch aus, daß die Zahlen, die die Hauptgeschichtsperioden vor dem Kreuzessieg von Golgatha darstellen, unter der Schlangenlinie stehen (2, 3, 4, 5), daß aber die Zahlen, die die neutestamentlichen Offenbarungsabschnitte bezeichnen (6 und 7), sich über der Schlangenlinie befinden.

In der Endzeit wird Satan, nach den Weissagungen der Offenbarung, vom Erzengel Michael besiegt und aus den himmlischen Örtern auf die Erde geworfen (Off. 12, 7—9). In der Folgezeit wirkt er in besonderer Weise auf der Erde und entfacht das gottfeindliche Weltsystem des Antichristentums (Off. 13). Dann aber, nach dessen Besiegung durch die Erscheinung des Herrn in Herrlichkeit, wird Satan gebunden und für die Zeit des Tausendjährigen Reiches im „Abgrund" gefesselt gehalten (Off. 20, 1—3), um in der „kleinen Zeit" nach dem Millennium noch einmal losgelassen zu werden. Das Ende ist seine völlige Überwindung und sein Geworfenwerden in den Feuersee auf ewig (Off. 20, 7—10).

Die Schlangenlinie wird also gleichsam kurz vor der Zeit des Antichristen gewaltsam aus den „himmlischen Örtern" entfernt und nach unten gezwungen. Sie windet sich dann eine Zeitlang, d. h. während des antichristlichen Reiches, auf Erden, um dann hinterher — nach dem Sturz des Antichristentums — ganz nach unten gedrückt zu werden. Dann läuft sie, zeichnerisch ausgedrückt, unter dem grünen Feld des Millenniums entlang, richtet sich aber nach dem Millennium wieder nach oben, kehrt auf die Erde zurück, bewirkt die Revolte unter Gog und Magog und wird schließlich im allerletzten Endkampf auf ewig hinabgestürzt in den Feuersee. Verbunden mit ihr wird auch die schwarze Todeslinie in den Feuersee hinabgezwungen. „Der Teufel, der sie (Gog und Magog) verführte, wurde in den Feuer- und Schwefelsee geworfen . . . . , und der Tod und der Hades wurden in den Feuersee geworfen. Dies ist der zweite Tod, der Feuersee" (Off. 20, 10; 14).

C. *Die Haupteinzelheiten der Heilskarte, nach den Kapiteln geordnet*

Wir schließen mit einer überblickartigen Zusammenstellung der wichtigsten Haupteinzelheiten der Heilskarte, und zwar so, daß sie geordnet sind nach der wesentlichen Reihenfolge, in der sie zu den einzelnen Kapiteln des Textes in Beziehung stehen, so daß Text und Zeichnung sich gegenseitig erklären.

1. **Himmel und Erde im Heilsplan Gottes**
   Der ewige Gott — das A und O
   Das „trinitarische" Dreieck
   Christus — der Heilsmittelpunkt
   Der Regenbogen
   Das Sternenweltall als Hintergrund der Heilsoffenbarung
   Die vier Cherubimsymbole Stier, Löwe, Adler, Mensch
   Die Erde vor Einbruch und nach Überwindung der Sünde.

2. **Sieben Hauptoffenbarungswege Gottes mit der Menschheit**
   Drei Nachtbezirke des Dämonischen
   Sieben Heilszeiten im großen Gesamtkreislauf
   Ungeteiltheit und Einfarbigkeit der Anfangs- und Endfelder des Kreislaufs (grün) bzw. Doppelfarbigkeit und parallellaufende Zweiteilung der Mittelfelder (grün und blau), letztere zwischen Abraham und Entrückung.

3. **Das Geheimnis des Volkes Israel**
   Die rote Linie

4. **Die Geschichte der Tempel Gottes**
   Die weiße Linie
   Die Goldsilberkrone des Priesterkönigs
   Der „Würfel" des himmlischen Allerheiligsten (Jerusalem)

5. **Das Christuszeugnis des Alten Testaments**

6. **Die Völker vor Gott**
   Die grünen Felder
   Die Raubtiersymbole
   Der urbabylonische und der endbabylonische „Turm"bau

7. **Die Geschichte des Christus**
   Der Geburtstern des Messias
   Das Kreuz (INRI) und seine Lichtstrahlen
   Die goldene Linie

8. Das gegenwärtige, völlige Heil in Christo

9. Die Gemeinde des lebendigen Gottes
Die sieben goldenen Leuchter
Die blaue Linie

10. Die „Tage" Gottes

11. Der Richterstuhl Christi und der große Weiße Thron
Die zwei Throne

12. Der Triumph des Reiches Gottes

13. Satan – der Widersacher Gottes
Der flammende Blitzstrahl
Die schwarze Schlangenlinie
Die Todeslinie
Der Feuersee

14. Gottes Gesamtreichsplan und die Gemeinde